aus 2:
Philipp Wilhelm
(1669–1711),
Markgraf zu Schwedt
⚭ Johanna Charlotte von
Anhalt-Dessau
(1682–1750)

Friedrich Wilhelm, Markgraf
von Brandenburg-Schwedt
(1700–1771)
⚭ Sophie von Preußen
(1719–1765)

Sophie
(1719–1765)
⚭ Friedrich
Wilhelm,
Markgraf von
Brandenburg-
Schwedt
(1700–1771)

Luise Ulrike
(1720–1782)
⚭ Adolf Friedrich,
König von
Schweden
(1710–1771)

August Wilhelm
(1722–1758)
⚭ Luise Amalie
von Braunschweig-
Wolfenbüttel
(1722–1780)

Amalie
(1723–1787)

Ferdinand
(1730–1813)
⚭ Luise von
Brandenburg-
Schwedt
(1738–1820)

Friedrich Wilhelm II. (1744–1797),
König von Preußen 1786
⚭ 1. Elisabeth Christine von
Braunschweig-Wolfenbüttel
(1746–1840)
⚭ 2. Friederike Luise von Hessen-
Darmstadt (1751–1805)

Wilhelmine
(1751–1820)
⚭ Wilhelm V. von
Oranien
(1748–1806)

Louis Ferdinand
(1772–1806)

Uwe A. Oster
Sein Leben war das traurigste der Welt

Uwe A. Oster

Sein Leben
war das traurigste
der Welt

Friedrich II. und der Kampf
mit seinem Vater

Mit 24 Abbildungen im Text

Piper München Zürich

Mehr über unsere Autoren und Bücher:
www.piper.de

Von Uwe A. Oster liegen im Piper Verlag vor:
Preußen
Wilhelmine von Bayreuth
Die Frauen Kaiser Friedrichs II.

ISBN 978-3-492-05411-9
© Piper Verlag GmbH, München 2011
Gesetzt aus der: Adobe Garamond
Satz: Fotosatz Amann, Aichstetten
Litho: Lorenz und Zeller, Inning am Ammersee
Druck und Bindung: Bercker Graphischer Betrieb
GmbH & Co. KG, Kevelaer
Printed in Germany

Inhaltsverzeichnis

Einleitung

Latein zu lernen – das war aus der Sicht des preußischen Königs Friedrich Wilhelm I. (1688–1740) vergeudete Zeit. Eine tote Sprache, mit der man nichts anfangen konnte. In der Instruktion für die Erziehung des Kronprinzen hielt er daher knapp und bündig fest: »Was die lateinische Sprache anbelangt, so soll mein Sohn solche nicht lernen.«[1] Dass Latein immer noch zum klassischen Bildungskanon gehörte, kümmerte den »Soldatenkönig« wenig. Das sah der Lehrer des Kronprinzen, der Hugenotte Jacques Égide Duhan de Jandun (1685–1746), anders und ließ diesem heimlich Lateinunterricht erteilen. Und dann kam, was kommen musste, wie sich Friedrich der Große noch als König inmitten des Siebenjährigen Krieges mit Schaudern erinnerte: »Ich deklinierte mit meinem Lehrer: *mensa, ae, dominus, i, ardor, ris,* als plötzlich mein Vater ins Zimmer trat. ›Was machst du da?‹ – ›Papa, ich dekliniere *mensa, ae‹,* sagte ich in kindlichem Tone, der ihn hätte rühren müssen. ›O du Schurke, Latein für meinen Sohn! Geh mir aus den Augen!‹ Und er verabreichte meinem Lehrer eine Tracht Prügel und Fußtritte und beförderte ihn auf diese grausame Weise ins Nebenzimmer. Erschreckt durch diese Schläge und durch das wütende Aussehen meines Vaters, verbarg ich mich, starr vor Furcht, unter dem Tische, wo ich in

Sicherheit zu sein glaubte. Ich sehe meinen Vater nach vollbrachter Hinausbeförderung auf mich zukommen – ich zittere noch mehr; er packt mich bei den Haaren, zieht mich unter dem Tische hervor, schleppt mich so bis in die Mitte des Zimmers und versetzt mir endlich einige Ohrfeigen: ›Komm mir wieder mit deiner *mensa*, und du wirst sehen, wie ich dir den Kopf zurechtsetze.‹«[2] Was Friedrich Wilhelm I. so sehr in Rage gebracht hatte, war die – wie er es sah – Nutzlosigkeit der Beschäftigung seines Sohnes. »Was habe ich davon?«, war die erste Frage, die der König bei allem zu stellen pflegte. Daran war alles zu bemessen. Und im Falle des Lateinischen war die Antwort aus seiner Sicht klar: Nichts!

Für den »Soldatenkönig« gab es nichts Schlimmeres als Müßiggang: »Parol in dieser Welt ist nichts als Müh' und Arbeit, und wo man nicht … die Nase in allen Dreck selber steckt, so gehen die Sachen nicht, wie sie gehen sollen, denn auf die meisten Bediensteten kann man sich nicht verlassen, wenn man nicht selbst danach sieht.«[3] So wie er selbst sollten auch alle seine Untertanen ihre Pflicht erfüllen, ohne zu »räsonniren« (zu klagen). Schon als Kind war er sparsam bis zum Geiz; jede noch so geringfügige Rechnung hielt er in einem penibel geführten Ausgabenbuch fest. Am glücklichsten war Friedrich Wilhelm, wenn er mit seinen Soldaten exerzieren konnte. Nichts erfreute ihn mehr als der Anblick eines hochgewachsenen Grenadiers. Die Lustgärten in Potsdam und Berlin verwandelte er in Exerzierplätze. Hölzerne Stühle zog er dick gepolsterten Sesseln vor, und in einer Zeit, in der die Angst vor dem als Krankheitsüberträger gefürchteten Wasser verbreitet war, wusch er sich täglich mehrmals mit kaltem Brunnenwasser. Auf Reisen machte es ihm nichts aus, in Scheunen zu übernachten. Vergnügungen der barocken Art, wie sie seine Eltern, König Friedrich I. (1657–1713) und Königin Sophie Charlotte (1668–1705), geliebt hatten, waren ihm ein Gräuel. In einer Instruktion mahnte er seinen Nachfolger 1722: »Mein lieber Successor muss auch nicht zugeben, dass in seinen Ländern und Provinzen Komödien, Operas, Ballettes, Maskeraden, Redouten [Maskenbälle mit Tanz] gehalten werden, und ein Gräuel davor haben, weil es gottlos und teuflisch ist, da dadurch Satanas sein Tempel und Reich vermehret werden.«[4]

Seine Ablenkungen waren einfach gestrickt: Er liebte die Jagd und sein abendliches Tabakskollegium, eine bierselige, rauchgeschwängerte Männerrunde, in der sich der König im Kreis echter und vermeintlicher Freunde ein wenig Entspannung von der ihn förmlich auffressenden täglichen Pflichterfüllung gönnte. In dieser Gesellschaft wollte der König »nur als Privatmann erscheinen« und verbot daher »jede zeremonielle Begrüßung…, so dass… niemand aufstehen durfte, wenn er eintrat«.[5] Jeder Teilnehmer der Runde »hatte die Erlaubnis, sich nach seiner Denkungsart mit ungeschminkten Worten auszudrücken, wenn er nur bei der Wahrheit blieb«.[6] Unterstrichen wurde der beabsichtigte zwanglose Charakter dieser Veranstaltung auch dadurch, dass keine Diener im Raum waren. Jeder Gast musste sein Bier selbst einschenken; den Salat, der zu Butterbroten und Käse gereicht wurde, machte der König höchstpersönlich an.

Kein anderer Ort ist geeigneter, das Wesen Friedrich Wilhelms I. zu erfassen, als das südlich von Berlin gelegene Schloss Wusterhausen. »Wunderlicher« als dort habe »wohl nie ein König Hof gehalten. Ein ländlicher Gutshaussaal mit Geweihen und jagdlichen Emblemen an Pfeilern und Wänden, eine Tabakstube, die zugleich als Speisekammer an den kalten, regnerischen Tagen diente; zwei Räume für die

Königin, die als einzige am Kamin ein wenig schmückende
Stukkatur aufwiesen; ein paar enge Kammern für die ...
Gäste; ein schmales Gelass mit einem steinernen Waschtrog
für ihn selbst – dies alles genügte dem König.«[7] Bei Manö-
vern wurden sogar noch Soldaten im Schloss einquartiert.
In seinen »Wanderungen durch die Mark Brandenburg« zog
Theodor Fontane (1819–1898) das Fazit: »Ein prächtiger
Platz für einen Waidmann und eine starke Natur, aber frei-
lich ein schlimmer Platz für ästhetischen Sinn.«[8]

Der französische Philosoph Voltaire (1694–1778) hat
über diesen seltsamen Monarchen ein vernichtendes Urteil
gefällt: »1740 starb in Berlin ... der unwirscheste aller
Könige, der unbestreitbar sparsamste und der an flüssigem
Geld reichste: der dicke Preußenkönig Friedrich Wilhelm.
Sein Sohn ... unterhielt seit mehr als vier Jahren eine
ziemlich rege Verbindung mit mir. Vielleicht waren auf der
ganzen Welt Vater und Sohn sich nie so unähnlich wie diese
beiden Monarchen. Der Vater, ein wahrer Vandale, war
während seiner ganzen Regierungszeit nur darauf bedacht,
Geld anzuhäufen und mit so geringen Kosten wie möglich
die schönsten Truppen Europas zu unterhalten ... Auf
diese Weise brachte er es fertig, in den 28 Jahren seiner
Regierung in den Kellern seines Schlosses in Berlin an die
20 Millionen Taler anzuhäufen, die in großen mit Eisen-
reifen beschlagenen Fässern aufbewahrt wurden ... Der
Monarch verließ dieses Schloss zu Fuß, in einem schäbigen
Rock aus blauem Tuch mit Messingknöpfen ..., und wenn
er sich einen neuen Rock anschaffte, ließ er die alten
Knöpfe verwenden. In diesem Anzug, mit einem dicken
Feldwebelknüppel bewaffnet, nahm Seine Majestät täglich
die Parade ... ab ... Wenn Friedrich Wilhelm die Parade
abgenommen hatte, spazierte er durch seine Stadt; jedermann ergriff schleunigst die Flucht. Wenn er einer Frau

begegnete, fragte er sie, warum sie ihre Zeit auf der Straße vertrödle: ›Scher dich heim, Weib; eine anständige Frau gehört ins Haus.‹ Und er begleitete diese Ermahnung mit einer saftigen Ohrfeige, mit einem Fußtritt in den Bauch oder mit ein paar Stockschlägen. So traktierte er auch die Diener des heiligen Evangeliums, wenn es sie gelüstete, die Parade zu sehen. Es lässt sich denken, wie erstaunt und verdrossen dieser Vandale war, einen geistreichen, anmutigen, höflichen Sohn zu haben, der gefallen und sich bilden wollte, musizierte und Verse schrieb. Sah er ein Buch in den Händen des Kronprinzen, warf er es ins Feuer; spielte der Prinz Flöte, zerbrach er die Flöte; und bisweilen traktierte er die Königliche Hoheit [= den Kronprinzen], wie er die Damen und die Prediger auf der Straße traktierte.«[9]

Voltaire hat den »Soldatenkönig« nicht persönlich gekannt. Alles, was er über ihn geschrieben hat, wusste er nur vom Hörensagen. Manches mag ihm Friedrich der Große selbst erzählt haben. Daher entbehrt das verheerende Urteil des Philosophen nicht der Fehler und der Übertreibungen, wie sie beim »Hörensagen« gern vorkommen. Doch der Kontrast zwischen König und Kronprinz hätte tatsächlich kaum größer sein können. Und ebendieser Gegensatz war die Saat für das Drama eines Vater-Sohn-Konflikts, das in der gescheiterten Flucht des 18-jährigen Kronprinzen seinen Höhepunkt erreichte.

Konflikte zwischen Herrschern und Thronfolgern waren in der frühen Neuzeit keine Seltenheit. Der erste preußische König Friedrich I. war nach dem Tod des eigentlichen Kurprinzen Karl Emil (1655–1674) immer nur die ungeliebte zweite Wahl seines Vaters geblieben, und auch der »Soldatenkönig« selbst hatte zu seinen Eltern ein problematisches Verhältnis gehabt. Weder konnte er mit dem künstlerischen Mäzenatentum seiner intellektuellen Mutter etwas anfangen noch mit der barocken Sucht nach Selbstdarstellung, die sein Vater zelebrierte. Doch keine dieser Auseinandersetzungen war von einer vergleichbaren körperlichen und seelischen Gewalt begleitet wie der Konflikt zwischen Friedrich Wilhelm I. und Friedrich dem Großen. Keine steuerte fast wie in einer antiken griechischen Tragödie auf einen solchen Höhepunkt zu.

Noch im Siebenjährigen Krieg wachte Friedrich, der damals schon als »der Große« gefeiert wurde, mitten in der Nacht schweißgebadet auf – nicht wegen der Grausamkeiten des Krieges um ihn herum, sondern weil er von seinem Vater geträumt hatte. Seinem Vorleser Henri de Catt (1725–1795) erzählte der König 1759: »Mein Leben ist seit meiner zartesten Jugend bis zu diesem Augenblicke eine Kette von Leiden gewesen. Für einige Freuden habe ich tausend Mühen erfahren, und selbst mitten in den Freuden, die ich genieße, taucht das Bild meines Vaters auf, um sie zu vermindern. Wie rau ist er gegen mich gewesen! Sie können sich davon keine Vorstellung machen, mein Lieber.«[10]

Und doch erkannte Friedrich der Große die Lebensleistung des »Soldatenkönigs« in seinen »Denkwürdigkeiten zur Geschichte des Hauses Brandenburg« ohne Umschweife an: »Er arbeitete an der Wiederherstellung der Ordnung in Finanzwirtschaft, Verwaltung, Rechtspflege und Heerwesen, denn diese Gebiete waren unter der vorangegangenen Regierung gleichermaßen verwahrlost. Er besaß eine arbeitsame Seele in einem kraftvollen Körper. Es hat nie einen Mann gegeben, der für die Behandlung von Einzelheiten so begabt gewesen wäre. Wenn er sich mit den kleinsten Dingen abgab, so tat er das in der Überzeugung, dass ihre Vielheit die großen zuwege bringt. Alles, was er tat, geschah im Hinblick auf das Gesamtbild seiner Politik; er strebte nach höchster Vervollkommnung der Teile, um das Ganze zu vervollkommnen ... Er gab das Beispiel einer Sittenstrenge und Einfachheit, die der ersten Zeiten der römischen Republik würdig waren ... Ein politisches Ziel schwebte Friedrich Wilhelm bei seiner Reorganisation des Innern vor: Er wollte sich durch ein mächtiges Heer bei seinen Nachbarn in Respekt setzen ... Er war der Demütigungen satt, die bald die Schweden, bald die Russen seinem Vater zugefügt hatten, indem sie ungestraft seine Staaten durchquerten ... Ein so überlegener Geist wie der Friedrich Wilhelms durchdrang und erfasste die größten Fragen. Besser als irgendeiner von seinen Ministern oder Generalen kannte er die Interessen des Staates.«[11]

Friedrich Wilhelm I. hatte Preußen geformt, zu einem Staat gemacht, der wie ein Uhrwerk funktionierte. Die viel zitierten preußischen Tugenden – Ordnung, Fleiß, Unbestechlichkeit, Pünktlichkeit, Sparsamkeit, Selbstbeschränkung, Disziplin –, sie gehen in ihrem Ursprung auf den »Soldatenkönig« zurück. Und Friedrich Wilhelm hatte die Staatskasse gefüllt, ohne die sein Sohn keinen einzigen seiner Kriege hätte führen können.

Die Jagd mochte Friedrich der Große als Erwachsener so wenig, wie er sie als Kind gemocht hatte. Musik und Philosophie blieben seine Leidenschaft. Ein guter Christ im Sinne des »Soldatenkönigs« wurde er gleichfalls nicht. Doch in vielen Dingen wurde er seinem Vater ähnlicher, als er es sich in seiner Kindheit je hätte vorstellen mögen. Dazu gehört an erster Stelle das preußische Credo der Pflichterfüllung, wie es Friedrich in seinem zweiten »Politischen Testament« von 1768 formuliert hat: »Pflicht eines jeden guten Bürgers ist es, dem Vaterlande zu dienen, daran zu denken, dass er nicht allein für sich auf der Welt ist, sondern dass er zum Wohle der Gesellschaft, in die die Natur ihn gesetzt hat, arbeiten muss.«[12]

Die Erziehung eines Kronprinzen

Die Freude war groß im Haus Hohenzollern, als dem damaligen Kronprinzenpaar Friedrich Wilhelm und Sophie Dorothea (1687–1757) am 24. Januar 1712 endlich ein Sohn geboren wurde – der so dringend ersehnte Thronfolger. Zwar hatte die Kronprinzessin bereits 1707 und 1710 Söhne zur Welt gebracht, doch beide Kinder überstanden das erste Jahr nicht. 1709 wurde Wilhelmine (1709–1758), die älteste Tochter des Paares, geboren. Mit ihr ließen sich diplomatische Ehebande knüpfen, doch den Thron würde sie nie besteigen können. Das Königreich Preußen war durch Erhebung des Kurfürsten zum König erst 1701 gegründet worden, ein angreifbarer Flickenteppich, dessen Rang in Europa noch längst nicht gefestigt war. Ohne einen männlichen Thronfolger wären alle Mühen darum vergeblich gewesen.

Noch lebte König Friedrich I., den Gerüchte für den Tod der ersten beiden Söhne des Kronprinzenpaares verantwortlich gemacht hatten: Bei dem ersten habe er in seiner Begeisterung zu laute Kanonenschüsse abfeuern lassen, dem zweiten die Krone zu fest auf den Kopf gedrückt. Solcher Überschwang würde zwar zu der barocken Persönlichkeit des ersten preußischen Königs passen; zum Tod der Kinder hat sicher weder das eine noch das andere geführt.

Die Kindersterblichkeit im 18. Jahrhundert war hoch, auch in adligen Familien. Gerade deshalb war – männlicher – Nachwuchs für ein Herrscherhaus ungeheuer wichtig. So wichtig, dass es möglichst alle gleich wissen sollten, wenn das glückliche Ereignis denn eintrat. An die Höfe Europas wurde die Nachricht von der Geburt des preußischen Thronerben daher sogleich übermittelt, zumal Mutter und Kind ganz offenkundig gesund waren, wie einem Brief des Königs an seine Schwiegermutter Kurfürstin Sophie von Hannover (1630–1714) zu entnehmen ist: »Gottlob, dass ich durch diese Zeilen Eurer Kurfürstlichen Durchlaucht abermals zu einem Prinzen kann gratulieren; der höchste Gott lasse deroselben an diesem Prinzen noch viel Freude erleben, und dass wir insgesamt Ursache haben, Gott noch ferner dafür zu danken. Die Kronprinzessin befindet sich zur Zeit recht wohl und mein Enkel ebenfalls. Er schreit brav und ist recht fett und frisch.«[1]

Nach dem Tod der ersten beiden Söhne des Kronprinzenpaares war der Großvater sehr besorgt um die Gesundheit des späteren Thronerben. Der Tod der kleinen Prinzen war möglicherweise durch Entzündungen beim Zahnen hervorgerufen worden. Umso zufriedener konnte der König seiner Schwiegermutter in einem weiteren Brief berichten: »Eure Kurfürstliche Durchlaucht werden sich zweifelsohne mit uns erfreuen, dass der kleine Fritz nunmehr sechs Zähne hat, und [dies] ohne die geringste Incommodität [Unannehmlichkeit].«[2]

Die wichtigsten Bezugspersonen in den ersten sechs Lebensjahren des kleinen Prinzen waren seine Mutter Sophie Dorothea und seine Gouvernante, Marthe de Roucoulle (1659–1741), die in den Quellen meist nur als »Madame de Roucoulle« bezeichnet wird. Und hier liegt ein weiterer Keim für die kommenden Zerwürfnisse. Denn Sophie

Dorothea war das glatte Gegenbild ihres Mannes. Wie ihre Schwiegermutter Sophie Charlotte war sie eine gebürtige Welfin. Sophie Dorothea besaß zwar nicht den intellektuellen Scharfsinn ihrer Vorgängerin, die den berühmten Philosophen Gottfried Wilhelm Leibniz (1646–1716) nach Berlin geholt hatte. Doch liebte sie wie diese Maskeraden, Bälle, Opern und Theater, sosehr ihr Mann dergleichen Zerstreuungen ablehnte.

Darüber hinaus legte sie viel Wert auf höfische Etikette und eine entsprechende Tischkultur – wiederum im Gegensatz zu ihrem Mann, der sich in der Rolle des biederen Hausvaters am wohlsten fühlte. Dass man ob seines Geizes hungrig von der königlichen Tafel aufgestanden sei, ist gleichwohl eine (von seiner Tochter Wilhelmine aufgebrachte) Mär: »Die Abstellung des Überflusses, so Friedrich Wilhelm bei seiner Tafel eingeführt hatte, war nicht dergestalt übertrieben, dass diejenigen, die an derselben gezogen zu werden die Ehre hatten, hungrig nach Hause gehen mussten, sondern so viel, als zur vollkommenen Sättigung der Eingeladenen erfordert wurde, war allemal vorhanden.« Allerdings fand man auf seiner Tafel nicht mehr die unter seinem Vater gewohnten »Leckerbissen«, sondern bloß dasjenige, »was unter dem Namen von Hausmannskost bekannt ist und sich für die deutschen Magen am besten schicket«.[3] Besonders gern aß der König Erbsensuppe, Schweinefleisch mit Sauerkraut oder Hammelkaldaunen mit Weißkohl und trank dazu Ducksteiner Bier – die Rezepte holte er sich zum Teil bei seinen Spaziergängen durch Potsdam. Duftete es aus einem Haus besonders angenehm, trat der König in die Küche und lud sich selbst zum Essen ein. Dabei ließ er sich auch über die Kosten informieren. Entdeckte er auf den Abrechnungen der Hofküche für die gleichen Speisen höhere Beträge, setzte es für den Koch eine

Tracht Prügel. Statt des an anderen Höfen üblichen, fein gemahlenen Weißbrots bevorzugte Friedrich Wilhelm Pumpernickel, also Vollkornbrot aus Roggenschrot – aus heutiger Sicht ernährungsphysiologisch sinnvoll, für einen Adligen des 18. Jahrhunderts eine grauenvolle Vorstellung.

Königin Sophie Dorothea teilte die Vorlieben ihres Mannes keineswegs und brachte ihre Kinder dazu, gegen das Essen an der Tafel des Vaters zu rebellieren. Friedrich Wilhelm hatte für das Repräsentationsbedürfnis seiner Frau zwar wenig Verständnis, doch wenn fürstlicher Besuch nach Berlin kam, wusste selbst er, dass ein entsprechendes Auftreten erwartet wurde, und dann gab es auch an der Tafel des »Soldatenkönigs« erlesene Speisen. Für die Königin waren dies willkommene Abwechslungen. Zudem konnte Sophie Dorothea in ihrem Schloss Monbijou einen gewissen Kontrapunkt zum nüchternen Alltag am Hof ihres Mannes setzen, und an Geburtstagen oder zu Weihnachten ließ sich der König sogar zu kostbaren Geschenken an sie hinreißen. Doch blieb der Haushalt der Königin von den allgemeinen Sparmaßnahmen nicht verschont, was dazu führte, dass sie stets in Geldsorgen steckte. Ein zeitgenössischer Beobachter, der Lingener Regierungspräsident Johann Michael von Loen (1694–1776), stellte bei einem Besuch in Berlin 1717 erstaunt fest: »Ein paar schlechte Kutschen mit sechs alten Pferden bespannet und ein kleiner Mohr zu Seiten; dieses ist gemeiniglich der ganze Aufzug dieser großen Königin.«[4] So hatte sich die stolze Welfin ihr Dasein als preußische Königin nicht vorgestellt.

Umso mehr setzte sie daran, ihren ältesten Sohn in Opposition zu seinem Vater zu erziehen. Aus Friedrich sollte einmal kein ungehobelter Grobian werden, sondern ein kultivierter, gebildeter junger Mann, mit dem sich im wahrsten Sinn des Wortes Staat machen ließ. Friedrich

Wilhelm I. wiederum, so seltsam dies bei einem solchen Berserker erscheinen mag, wollte vor allem geliebt werden: von seinen Untertanen und natürlich von seiner Familie. Seiner Frau, die er in biederer Zärtlichkeit »Fiekchen« nannte, blieb er ein Leben lang treu. Eine Mätresse zu nehmen wäre mit seinen christlichen Moralvorstellungen niemals in Einklang zu bringen gewesen. Allerdings war er nicht frei von krankhafter Eifersucht, die sich auf die Ehe sehr belastend auswirkte.

Seinem ältesten Sohn sollten die Erzieher begreiflich machen, »dass er keine … Furcht, sondern nur eine wahre Liebe und vollkommenes Vertrauen für mich haben und in mich setzen müsse, da er dann finden und erfahren sollte, dass ihm mit gleicher Liebe und Vertrauen begegnet würde«. Und würde er sich doch einmal »unartig« aufführen, »sollten … sie ihm bedeuten, es der Königin zu hinterbringen, und müssen sie ihm mit derselben alle Zeit schrecken, mit mir aber niemals«.[5] Angst vor der Königin sollte Friedrich also schon haben – vor seinem Vater aber nicht! Dahinter steckte offensichtlich die Befürchtung, dass der Kronprinz sich zu sehr an seine Mutter und deren Vorstellungen klammern könnte. Die Zerrissenheit Friedrichs zwischen Vater und Mutter nahm bereits in frühester Kindheit ihren Anfang.

Friedrich Wilhelm I. liebte seinen ältesten Sohn und wollte ihn nach seinem Vorbild formen. Umso größer wurde die Enttäuschung, als sich der Kronprinz in allem zu seinem Gegenteil zu entwickeln schien. Darin liegt der Kern des Konflikts zwischen Vater und Sohn. All die Demütigungen und Schläge sollten ihn auf den richtigen Weg bringen. Dass der »Soldatenkönig« Friedrich damit nicht nur körperlich, sondern auch seelisch tief verletzte, spürte er nicht oder wollte es nicht spüren. Die Bürde des Königtums lastete schwer auf Friedrich Wilhelm I., und seine Sorge war es, dass sein Nachfolger nicht in der Lage sein könnte, diese Bürde zu tragen. Er dachte, Friedrich würde das preußische Königtum aufs Spiel setzen, wenn er nicht ebenso pflichtbewusst, arbeitsam und fromm würde wie der Vater selbst.

Gouvernante, Lehrer und Gouverneure

Keine Experimente wollte der König bei der Wahl der Gouvernante eingehen – Madame de Roucoulle hatte die gleiche Funktion bereits bei ihm selbst ausgeübt, und offensichtlich erinnerte sich Friedrich Wilhelm gern an diese Zeit, sie besaß sein vollstes Vertrauen. Marthe de Roucoulle gehörte zu jenen protestantischen Glaubensflüchtlingen, die Ludwig XIV. (1638–1715) durch die Aufhebung der im Edikt von Nantes zugesicherten Glaubensfreiheit aus dem Land getrieben hatte. Dem hatte der » Große Kurfürst « Friedrich Wilhelm von Brandenburg (1620–1688) 1685 sein Edikt von Potsdam entgegengestellt, das den Hugenotten – wie die französischen Protestanten genannt wurden – die Aufnahme in seinen Ländern zusicherte. Mit ihrem Fleiß und ihrem wirtschaftlichen Talent gewannen sie schnell das Wohlwollen des Herrscherhauses, während man im gemeinen Volk die zahlreichen Privilegien für die Immigranten nicht immer gerne sah. Da sie über eigene Gemeindestrukturen verfügten, lebten die Einwanderer zunächst eher neben als mit der alteingesessenen Bevölkerung.

Diese Parallelgesellschaft fand ihren Niederschlag auch in der Sprache. So haben viele Hugenotten der ersten Generation niemals Deutsch gelernt – zu ihnen gehörte Marthe de Roucoulle. Zwar schimpfte der » Soldatenkönig «

gern über die seiner Meinung nach verweichlichte »welsche« Lebensart, doch war selbst ihm klar, dass der preußische Thronfolger Französisch lernen musste, war dies doch die Sprache, in der sich die europäischen Höfe des 18. Jahrhunderts verständigten. Natürlich sprach auch der König selbst fließend Französisch. Allerdings unterhielt er sich in der Regel auf Deutsch und hielt es für überhebliches Getue, wenn bei einem Gespräch nur Deutsche anwesend waren und diese trotzdem auf Französisch miteinander kommunizierten. Insofern waren die mangelhaften Deutschkenntnisse der Gouvernante nicht tragisch, doch hat sich dies in Verbindung mit einer weiteren Personalentscheidung möglicherweise in eine Richtung entwickelt, die dem König kaum gelegen sein konnte.

Im Jahr 1714 wurde Madame de Roucoulle zur »Gouvernante beim Kronprinzen und den Königlichen Prinzessinnen« ernannt; von diesem Zeitpunkt an war sie die ständige Wegbegleiterin Friedrichs und seiner beiden Schwestern, der älteren Wilhelmine und der 1714 geborenen Friederike Luise (1714–1784). In den Instruktionen wurde der Gouvernante eingeschärft, »immer bei den Prinzen und Prinzessinnen zu sein, ohne sie zu verlassen und sie bei allen ihren Tätigkeiten sorgfältig zu beobachten, damit sie sie korrigieren kann, wenn sie sich unwürdig verhalten«. Marthe de Roucoulle entschied auch darüber, mit wem Friedrich näheren Kontakt haben durfte: »Die Gouvernante achtet sorgfältig darauf, dass nicht alle Welt ohne Unterschied bei den Prinzessinnen und Prinzen Aufnahme findet, sondern sie trifft eine Auswahl unter den Personen, mit denen die Konversation nützlich sein könnte.« Und weil »die Verehrung der Eltern einer der ersten Artikel der Frömmigkeit ist, soll es die Gouvernante nicht daran mangeln lassen, den Prinzen und Prinzessinnen begreiflich zu machen, dass sie gegenüber uns [= dem König] und Ihrer Majestät, der Königin, immer Respekt und Unterwerfung bezeugen.«[6] Das Verlangen der absoluten Unterwerfung unter die Gewalt des Königs war eine Maxime, die Friedrich von klein auf eingetrichtert wurde. Es sei ihm bewusst, schrieb Friedrich am 27. Juli 1717 an seinen Vater, »dass all mein Glück in dieser Welt von dero Gnade dependiret [abhängt]«.[7] Als der kleine Prinz diesen Brief schrieb, war er gerade einmal fünf Jahre alt. Das Original zeigt, dass seine Hand dabei geführt worden ist, auch der Inhalt dürfte kaum auf ihn selbst zurückgehen. Doch unabhängig davon, wie viel ihm in seinen frühen Briefen an den Vater diktiert worden ist und wie viel davon eigenes kindliches Mühen war, zeigt sich darin, wie fixiert alles Handeln auf die Gunst des Königs war.

Im Alter von vier Jahren erhielt der Kronprinz einen eigenen Lehrer: Jacques Égide Duhan de Jandun. Es ist bezeichnend, wie der »Soldatenkönig« auf den damals 30-jährigen Hugenotten aufmerksam geworden ist: Im Winter 1715/16 nahm Friedrich Wilhelm an der Spitze der preußischen Truppen im sogenannten Nordischen Krieg an der Belagerung Stralsunds teil, das damals noch zu Schweden gehörte. Dabei fiel ihm ein Offizier wegen seiner Tapferkeit und seiner Einsatzbereitschaft besonders auf. Bald stellte sich heraus, dass der junge Mann der Hofmeister der Söhne des Burggrafen Alexander zu Dohna (1661–1728) gewesen war. Der ältere Dohna wiederum war seinerseits als Gouverneur einer der Erzieher des Königs gewesen. Diese Mischung aus vorbildlicher soldatischer Haltung und persönlicher Empfehlung durch einen Vertrauten ließen Friedrich Wilhelm zu der Überzeugung kommen, dass Duhan de Jandun der geeignete Mann war, die Erziehung des Thronfolgers zu übernehmen. Es mag darüber hinaus eine Rolle gespielt haben, dass Duhan de Jandun aus gutem Hause kam. Sein Vater war in Frankreich Staatsrat unter Ludwig XIV. gewesen. Nach der Aufhebung des Edikts von Nantes war er nicht bereit, seine religiösen Überzeugungen zu verleugnen, und verließ sein Heimatland. In Brandenburg trat er alsbald in die Dienste des Großen Kurfürsten. Seinem Sohn ließ er eine ausgezeichnete Erziehung zukommen. Zu dessen Lehrern gehörten Mathurin Veyssière de La Croze (1661–1739), ein aus seinem Kloster geflohener Benediktinermönch, der sich in Berlin als Privatgelehrter eingerichtet hatte und als wandelnde Bibliothek galt, sowie der Mathematiker Philippe Naudé (1654–1729). Auch über diese Hintergründe wird Graf Dohna dem König berichtet haben.

Nachdem Friedrichs Welt durch Madame de Roucoulle und Duhan de Jandun bis dahin weitgehend französisch geprägt gewesen war, trat mit Generallieutenant Albrecht Konrad Finck von Finckenstein (1660–1735) als Gouverneur 1718 erstmals ein einheimischer Adliger auf den Plan. Zusammen mit dem gleichfalls aus Ostpreußen stammenden Oberst Christoph Wilhelm von Kalckstein (1682–1759) als Untergouverneur war er für die militärische Erziehung des Thronfolgers zuständig, hatte aber auch Weisungsbefugnis gegenüber Duhan de Jandun und allen anderen mit der Erziehung Friedrichs betrauten Personen. Die Kinder der beiden Gouverneure wurden zu Spielgefährten Friedrichs. Und während Duhan de Janduns Tätigkeit mit dem 15. Geburtstag des Kronprinzen beendet war, blieben die beiden Gouverneure auch darüber hinaus an seiner Seite.

Finck von Finckenstein war kein bornierter Kommisskopf, sondern ein weit gereister, gebildeter Mann, der nicht nur in preußischen, sondern auch in holländischen und französischen Diensten gestanden hatte. Beide Gouverneure hatten 1709 an der Schlacht von Malplaquet teilgenommen, in der John Churchill, der Herzog von Marlborough (1650–1722), und Prinz Eugen von Savoyen (1663–1736) im Spanischen Erbfolgekrieg eine französische Armee unter dem Befehl des Marschalls de Villars (1653–1734) besiegt hatten. Der »Soldatenkönig«, damals noch Kronprinz, hatte im Lager des Herzogs von Marlborough bei Malplaquet seine »Feuertaufe« erlebt. Zeitlebens hielt er die Erinnerung an dieses Ereignis wach und fühlte sich allen Teilnehmern der Schlacht eng verbunden. Es mag daher kein Zufall gewesen sein, dass er zwei Malplaquet-Veteranen zu Erziehern seines ältesten Sohnes machte. Finck von Finckenstein war Friedrich Wilhelm I. darüber hinaus seit seiner Jugend bekannt. Vor allem auf seine militärischen Kenntnisse hielt er große Stücke: Er sei mit »vielen in Kriegsoperationen nötigen Wissenschaften begabt«.[8] Schließlich sei noch Hilmar Curas (1673–1747) genannt, der normalerweise am Joachimsthaler Gymnasium, also einer öffentlichen Schule, unterrichtete. Er sollte dem Thronfolger Lesen und Schreiben beibringen. An diesem Unterricht nahm auch Friedrichs ältere Schwester Wilhelmine teil, was die beiden noch enger zusammenschweißte.

Ein Lehrplan, der es in sich hat

Stundenplan und Lerninhalte waren den Erziehern Friedrichs bis ins Detail vorgegeben, und der »Soldatenkönig« hatte sehr genaue Vorstellungen darüber, was sein Sohn lernen sollte – und wie. Dabei erlegte er ihm ein Arbeitspensum auf, das den eher zarten und kränklichen Kronprinzen vollkommen überforderte. Und anders als man es bei dem späteren »Philosophen von Sanssouci« vermuten könnte, tat sich Friedrich zunächst eher schwer mit dem Lernen. Zumindest berichtet dies seine Schwester Wilhelmine.

Zusammen mit der Bestallung Finck von Finckensteins und Kalcksteins erließ Friedrich Wilhelm I. im August 1718 eine Instruktion,[9] in der er die Grundsätze der Erziehung seines Sohnes zusammenfasste. Zwar benutzte er als Grundlage hierfür eine auf den berühmten Philosophen Leibniz zurückgehende Vorlage seines Vaters von 1695, nach der er selbst erzogen worden war. Doch hat er in diese nicht nur redaktionell eingegriffen, indem er sie von barocker Blumigkeit befreite, sondern auch inhaltlich.

Größten Wert legte der »Soldatenkönig« auf die religiöse Erziehung seines Sohnes. Die »rechte Liebe und Furcht vor Gott« war in seinen Augen »das Fundament und die einzige Grundlage unserer zeitlichen und ewigen Wohlfahrt«. Weil »große Fürsten« keine menschlichen Strafen zu erwarten hätten, müsse Friedrich klargemacht werden, dass er vor Gott nur »Staub und Asche« sei und einst für seine Taten vor dem Allerhöchsten Rechenschaft ablegen müsse. Es war die eigene Auffassung vom »Amtmann Gottes«, die der König seinem Sohn auf diese Weise einpflanzen wollte.

Erstaunlich mag im ersten Moment erscheinen, dass »nächst der Gottesfurcht« in den Augen Friedrich Wilhelms nichts »ein fürstliches Gemüt mehr zum Guten antreiben und vom Bösen abhalten kann, als die wahre Glorie und Begierde zu Ruhm, Ehre und Bravour«. Die Ruhmbegierde hat Friedrich selbst später als einen der Gründe für seinen Angriff auf das österreichische Schlesien bezeichnet. War er darin also ein gelehriger Schüler seines Vaters? Eine Antwort auf diese Frage muss letztlich spekulativ bleiben. Natürlich sollte sein Sohn zum Ruhm des Hauses Hohenzollern beitragen und danach streben – das war er seinem königlichen Amt schuldig. Doch verband Friedrich Wilhelm das Hohelied der Ruhmbegierde mit einer eindringlichen Warnung vor jeglichem Hochmut, vor ungerechten Kriegen und dem Hinweis auf die unausweichliche Verantwortung vor Gott. Das Streben nach »Gloire« war jedenfalls früh in Friedrich angelegt. Darauf deutet auch eine »Ode auf den Ruhm«, die der Kronprinz 1734 geschrieben hat: »Ein Gott hat sich meiner Seele bemächtigt. Ich fühle ein himmlisches Brennen. O Ruhm! Deine göttliche Flamme versengt mich bis in den Grund des Herzens. Erfüllt von deinem stärkenden Rausch, will ich zu den süßen Klängen meiner Leier deine Segnungen preisen. Du krönst den wahren Verdienst, und dein göttlicher Lorbeer regt die Menschen zu allen ihren Erfolgen an.«[10] Auch für den sächsischen Gesandten Ulrich Friedrich von Suhm (1691–1740), einen engen Freund des Kronprinzen, stand fest, dass der Ruhm Friedrichs größte Leidenschaft sei.

Nach allgemeinen Vorbemerkungen wird in der Instruktion für die Erziehung des Kronprinzen genau dargelegt, welche Fächer unterrichtet werden und welche Schwerpunkte seine Lehrer dabei setzen sollen. An Sprachen werden explizit Deutsch und Französisch genannt; in beiden solle sich der Kronprinz eine »elegante und kurze Schreibart« angewöhnen – der Erfolg war, so viel sei vorweggenommen, mäßig: Nicht nur Friedrichs Deutsch ist grammatikalisch und orthografisch stets abenteuerlich geblieben, auch sein geliebtes Französisch war nicht frei von Fehlern, was darauf zurückzuführen sein dürfte, dass er es vor allem sprechen und weniger schreiben gelernt hat. So wurde bei Friedrich beispielsweise aus »à cette heure« – um diese Stunde – »asteure«.[11] Latein sollte Friedrich, wie eingangs erwähnt, nicht lernen – anders als dies in der Instruktion seines Vaters von 1695 für dessen Erziehung noch vorgegeben gewesen war. Ein bezeichnender Unterschied findet sich auch in den Angaben zum Französischunterricht. Während 1695 dafür noch explizit von der Lektüre guter französischer Bücher die Rede war, findet sich ein solcher Hinweis beim »Soldatenkönig« nicht mehr.

Darauf folgen in der Instruktion Rechenkunst, Mathematik, Artillerie und Ökonomie – diese Fächer sollte der Kronprinz »aus dem Fundamente erlernen«. Dies entsprach dem auf die praktische Anwendung ausgerichteten Denken Friedrich Wilhelms. Waren die mathematischen Grundlagen gelegt, sollte nämlich, »sobald des Prinzen Alter es zulässt, der Anfang mit Zeichnen oder Reißen zu machen sein, nachgehends ... kann man ihm, was nötig von der Fortification, von Formierung eines Lagers und anderen Kriegswissenschaften ... beibringen«. Die Mathematik war für den »Soldatenkönig« eine Grundlage für die militärische Ausbildung seines Sohnes, der sich »von Jugend auf« wie ein »Offizier und General« verhalten sollte. »Absonderlich« hätten die beiden Gouverneure dem Kronprinzen »die wahre Liebe zum Soldatenstande einzuprägen«. Gerade diese Konzentration auf das Soldatische sollte ein weiterer Konfliktstoff im Vater-Sohn-Drama werden.

Noch deutlicher wird der praktische Ansatz Friedrich Wilhelms bei der Behandlung der Geschichte. So wenig wie er wollte, dass sein Sohn Latein lernte, so wenig hielt er es für sinnvoll, die »alte Historie« allzu breit zu behandeln. »Aufs Genaueste« sollte er sich lediglich mit den vergangenen 150 Jahren befassen – also jenem Teil der Geschichte, der nach Ansicht des Soldatenkönigs noch direkte Auswirkungen auf die Gegenwart hatte. Ein besonderer Fokus sollte dabei auf der preußischen Geschichte liegen.

Für einen künftigen Herrscher war es selbstverständlich, dass er in die verschiedenen Grundlagen des Rechts eingeführt wurde. Genannt werden in der Instruktion ausdrücklich das Naturrecht (»ius naturale«) und das Völkerrecht (»ius gentium«). Unter »Naturrecht« versteht man allgemeine Rechtssätze, die unabhängig von jeder staatlichen Gesetzgebung, eben von Natur aus, gültig sind. Der Jurist Christian Thomasius (1655–1728), der an der Universität Halle an der Saale lehrte, hat die Lehre vom Naturrecht in einem Satz prägnant zusammengefasst: »Was du willst, dass andere sich tun sollen, das tue dir selbst ... Was du willst, dass andere dir tun sollen, das tue du ihnen ... Was du dir nicht willst getan wissen, das tue du andern auch nicht.«[12] Der Vorbereitung auf die außenpolitischen Aufgaben eines Königs diente schlussendlich der Geografie-Unterricht, in dem Friedrich lernen sollte, »was in jedem Land remarquable [bemerkenswert] ist«.

Duhan de Jandun war bestrebt, seinem Schüler die Zusammenhänge aufzuzeigen und ihn nicht nur Daten und Fakten stur auswendig lernen zu lassen. Es müsse genügen, wenn Friedrich die Namen berühmter Personen und besonders wichtiger Ereignisse lerne. Doch das war mit dem »Soldatenkönig« nicht zu machen. Sein Sohn sollte, wie es damals üblich war, möglichst viel auswendig lernen, stärke dies doch sein Gedächtnis.

Keine ruhige Minute

Der Tagesablauf des Kronprinzen[13] war daher von morgens bis abends durchgeplant. Wochentags wurde Friedrich um sechs Uhr morgens geweckt, dann sollte er, »ohne sich nochmals umzuwenden«, sofort aufstehen und »ein kleines

Gebet halten«. Dem Soldatenkönig war es wichtig, dass sein Sohn »propre [sauber] und reinlich« war, weshalb er dazu angehalten wurde, nach dem Aufstehen sofort das Gesicht und die Hände zu waschen. Nach dem Frühstück sollte Friedrich zusammen mit seinem Lehrer und den Dienern »das große Gebet halten«. Bis sieben Uhr morgens musste all das erledigt sein. An fünf Tagen in der Woche war danach Unterricht in den verschiedenen Fächern vorgesehen, bis auf den Mittwoch auch nachmittags. Regelmäßig sollte »Fritzchen« zum König kommen, dem der Kontakt mit seinem Sohn sehr wichtig war. Jeden Samstag wurden über drei Stunden lang die Leistungen des Kronprinzen von seinen Gouverneuren abgefragt. Waren diese nicht zufriedenstellend, »so soll er von zwei bis sechs Uhr alles repetiren [wiederholen], was er von den vorigen Tagen vergessen hat«.

Doch selbst für die knapp bemessene Freizeit gab es Vorgaben. So sollte Friedrich nach dem Unterricht »ausreiten, sich in der Luft und nicht in der Kammer divertiren [vergnügen]«. Der »Soldatenkönig« war ein Frischluftfanatiker, der das adlige Schönheitsideal der noblen Blässe nicht teilte. Im Gegenteil: Er hielt sich gern in der Sonne auf, und es freute ihn, wenn sein Gesicht Farbe bekam.

Um sieben Uhr war die Nacht für Friedrich auch am Sonntag zu Ende. Nach dem Aufstehen sollte er, »sobald er die Pantoffeln an hat ... vor dem Bette auf die Knie fallen und zu Gott kurz beten«. Für das Frühstück hatte er – exakt vorgeschrieben – sieben Minuten, ehe wieder das große Gebet mit dem Lehrer und den Dienern folgte. Danach war er angehalten, zusammen mit seinem Vater zum Gottesdienst zu gehen. Immerhin: »Der Rest vom Tage ist für ihn.«

Die frühe militärische Ausbildung von Prinzen war keine preußische Spezialität, doch stand sie für keinen anderen zeitgenössischen Herrscher so sehr im Mittelpunkt wie für Friedrich Wilhelm I. Davon zeugt, wenngleich nur auf den zweiten Blick erkennbar, schon ein Gemälde des preußischen Hofmalers Antoine Pesne (1683–1757), das Friedrich im Alter von zwei Jahren zusammen mit seiner Schwester Wilhelmine zeigt. Es ist ein Gemälde von scheinbarer Leichtigkeit und Verspieltheit. Die Kinder halten sich an den Händen; im Hintergrund ist eine kleine Kutsche zu sehen; der Kammermohr hält einen Schirm über das Geschwisterpaar. Doch Friedrich trägt bereits das orangefarbene Band des Hohen Ordens vom Schwarzen Adler, der höchsten Auszeichnung des preußischen Staates. Vor allem aber hat er eine Trommel in den Händen. Was aus heutiger Sicht gleichfalls spielerisch erscheinen mag, war es nicht. Mit der Trommel wurde den Soldaten der Marsch geschlagen; es war ein zutiefst militärisches Instrument. Und dass Friedrich daran kindliche Freude entwickelte, nahm sein Vater – fälschlicherweise – als Zeichen der frühen Neigung zum Soldatentum.

Als sein Sohn fünf Jahre alt war, ernannte er ihn zum Obristen eines Kadettenregiments, das aus 131 Jungen bestand. Der »Soldatenkönig« hatte als Kind selbst eine solche Kompanie befehligt und dabei seine Leidenschaft für alles Militärische entdeckt. Von seinem Sohn erwartete er eine ebensolche Begeisterung für diese neue Aufgabe. In einem Saal des Berliner Stadtschlosses ließ der König für den Kronprinzen sogar ein kleines Zeughaus mit Kanonen und Gewehren einrichten. Spielerisch sollte Friedrich, der jedes Mal zusammenzuckte, wenn es laut knallte, den Umgang mit Waffen lernen. Königin Sophie Dorothea ließ sogar jeden Tag eine Kanone abfeuern, damit er sich daran gewöhnte.

Der Kronprinz versuchte auch in diesem Fall, es seinem

Vater recht zu machen. In keinem Brief, den er an ihn schrieb, vergaß er, seine Kompanie zu erwähnen. Die ältere Schwester Wilhelmine versuchte den Vater 1717 ebenfalls davon zu überzeugen, dass Friedrich ganz in der Soldatenspielerei aufging: »Mein Bruder vollbringt Wunder, er spricht von nichts anderem als vom Krieg und von der Jagd, und Monsieur Duhan lässt ihn den ganzen Tag exerzieren.« Bei seiner Rückkehr werde der »liebe Papa« sehr erstaunt sein, »indem Du statt eines kleinen Hasenfußes, den Du zu hinterlassen glaubtest, einen tapferen Krieger, der vor nichts erschrickt …, vorfinden wirst«.[14] Ganz ähnlich die Briefe der Mutter: Immer wieder erzählte sie dem König, wie Friedrich mit seinen Pistolen spielte, seine Spielzeugkanonen abfeuern ließ und mit seinen Kadetten exerzierte – sprich: den ganzen Tag nichts anderes als Soldaten im Kopf hatte und überhaupt ein tapferer Junge geworden war. Man erzählte Friedrich Wilhelm I., was er hören wollte.

Beim Besuch Zar Peters des Großen (1672–1725) im September 1717 musste der Kronprinz mit seinen Kindersoldaten zur Parade aufmarschieren. Und wenn Friedrich und sein jüngerer Bruder August Wilhelm (1722–1758) ins Tabakskollegium kamen, um ihrem Vater Gute Nacht zu sagen, wurden sie zuweilen von einem der anwesenden Offiziere kommandiert und mussten vor der versammelten Männerrunde exerzieren. Friedrich mühte sich lange, seinen Vater zufriedenzustellen. Doch je älter er wurde, umso schwerer fiel es ihm, gute Miene zu diesem Spiel zu machen. Er nannte die Uniform einen »Sterbekittel«, und wann immer es ging, zog er den blauen Waffenrock aus und tauschte ihn gegen bequeme französische Kleider.

Ein guter und leidenschaftlicher Jäger sollte Friedrich ebenfalls werden. Artig bedankte er sich daher am 14. Oktober 1719 für die »schöne Koppel [Jagd]Hunde, so mein lieber Vater mir ... geschenket«. Und stolz berichtete er ihm ein Jahr später, dass er trotz Husten und Schnupfen auf der Jagd gewesen sei und sein »erstes [Reb]Huhn im Fluge geschossen«[15] habe. Nicht minder stolz schrieb Königin Sophie Dorothea dem König in einem Brief 1717, dass der – damals fünfjährige – Kronprinz den ganzen Tag auf der Jagd gewesen sei und auch sonst gern ausritt und die freie Zeit an der frischen Luft verbrachte. Ängstlich waren Friedrich und seine ganze Umgebung darauf bedacht, dem strengen Vater das Bild eines Sohnes zu vermitteln, der seinem Vorbild entsprach, der ein ganzer Kerl und kein Weichling war. Dazu passt ein Brief Sophie Dorotheas an ihren Mann vom 3. Januar 1714: »Fritz hat versprochen, dass er nicht mehr weinen wird.« – Da war der Kronprinz noch nicht einmal zwei Jahre alt![16]

Der väterliche Druck lastete bleischwer auf dem Kronprinzen, wie der spätere österreichische Gesandte Graf Seckendorff (1673–1763) bei einem Besuch in Berlin 1725 feststellte: Obwohl der König seinen Sohn »herzlich liebt, so fatiguiert [ermüdet] er ihn mit Frühaufstehen und ... Strapazen den ganzen Tag dennoch dergestalt, dass er bei seinen jungen Jahren so ältlich und steif aussieht, als ob er schon viele Campagnen [Feldzüge] getan hätte. Die Absicht des Königs geht dahin, dass er nach seiner ihm beiwohnenden Inclination [Neigung] den Soldatenstand allen übrigen Wissenschaften vorziehe, die Sparsamkeit und Genügsamkeit bei Zeiten kennenlerne und in keine Commodite [Annehmlichkeit] oder Plaisir [Vergnügen], als was er, der König, selbst nur achtet, sich verlieben sollte. Man merkt aber gar augenscheinlich, dass diese Art zu leben wider des Kronprinzen Inclination und folglich just einen konträren Effekt mit der Zeit haben wird, da des Kronprinzen Humeur [Stimmung] ohnedem mehr auf Ge-

nerosität [Großzügigkeit], Propreté [Reinlichkeit], Gemäch-
lichkeit und Magnificence [Pracht] gerichtet, dabei ... auch
liberal und barmherzig ist.« Zwar wolle Friedrich sich gern
mit Menschen unterhalten, »die etwas wissen und gelernt«
hätten, doch dürfe er keinen anderen Umgang haben als
Soldaten.[17] Und auch Friedrichs Schwester Wilhelmine
stellte fest: »Nicht die geringste Erholung war ihm vergönnt; die Musik, die Lektüre, die schönen Künste und
Wissenschaften waren ebenso viele Verbrechen, welche ihm
untersagt waren. Niemand wagte es, mit ihm zu reden;
kaum, dass er die Königin besuchen durfte. Sein Leben war
das traurigste der Welt.«[18]

Hungrig nach Bildung

Viel lieber, als auf die Jagd zu gehen, las Friedrich oder trieb
es gleich ganz auf die Spitze: Er setzte sich bei der Jagd einfach hin, ließ »Hasen wie Hirsche entwischen« – und las
derweil in einem Buch. Seinem Vorleser Henri de Catt erzählte er später, dass es Wilhelmine gewesen sei, die in ihm
die Leidenschaft für die Literatur geweckt habe: »Als Knabe
wollte ich nichts tun und war immer auf den Beinen. Da
sagte meine Schwester ... zu mir: ›Schämst Du Dich nicht,
Deine Talente so zu vernachlässigen?‹ Ich warf mich auf die
Lektüre und las Romane. Ich hatte den Peter von der Provence erhascht; man verbot mir, ihn zu lesen. Da versteckte
ich ihn, und wenn mein Hofmeister, der General Finck,
und mein Kammerdiener schliefen, huschte ich in das Nebenzimmer, wo eine Lampe auf dem Kamine stand; dort
kauerte ich mich nieder und las.«[19]

»Peter von der Provence« – eigentlich »La belle Maguelonne« – ist ein französischer Roman aus dem 15. Jahr-

hundert, eine rührende Liebesgeschichte zwischen einem Grafen der Provence und einer Königstochter aus Neapel. Weil ihre Eltern gegen die Verbindung sind, entführt Graf Pierre seine Geliebte. Doch bald trennt das Schicksal sie wieder – die Königstochter Maguelonne pilgert nach Rom, Pierre erlebt zahlreiche Abenteuer, die ihn bis an den Hof des Sultans führen. Das war ganz nach dem Geschmack eines sich selbst nach Abenteuern sehnenden Jungen, aber ganz und gar nicht im Sinne des »Soldatenkönigs«: ein Liebespaar, das die Wünsche der Eltern nicht respektiert; ein Graf, der in die ferne Welt reist, anstatt sich um seine Güter zu kümmern; und eine Königstochter, die meint, zur Kranken pflegenden Heiligen werden zu müssen. Nein, das konnten keine Vorbilder für einen pflichtbewussten preußischen Thronfolger sein.

Wenn Friedrich gegenüber de Catt erwähnte, dass seine Schwester Wilhelmine ihn zur Literatur gebracht habe, dann mag dies als auslösendes Moment tatsächlich der Fall gewesen sein. Allerdings darf an dieser Stelle sein Lehrer Duhan de Jandun nicht unerwähnt bleiben. Zwar konnte er mit seinem Schüler keine antiken Dramen studieren. Doch gab es ein Werk, in dem er ihn mit der Antike vertraut machen konnte, ohne einen gewaltigen Ärger mit dem König zu provozieren: den »Telemach« des französischen Schriftstellers und Erzbischofs von Cambrai, François Fénelon (1651–1715). Fénelon war der Erzieher des zur Thronfolge vorgesehenen Herzogs Ludwig von Burgund (1682–1712). Für diesen Enkel Ludwigs XIV. schrieb Fénelon 1694 bis 1696 einen Bildungs- und Erziehungsroman, in dem Telemach – der Sohn des Odysseus und der Penelope – zahlreiche Länder der Antike bereist und dabei von Athene gezeigt bekommt, was die Herrscher dieser Länder alles falsch machen. So sollte der Dauphin kind- bzw.

jugendgerecht mit den Aufgaben eines Königs vertraut gemacht werden. Bei Ludwig XIV. kam der »Telemach« allerdings weniger gut an, weil er darin Anspielungen auf die
zeitgenössische Situation in Frankreich sah.

Dem »Soldatenkönig« war der »Telemach« von seiner
Mutter Sophie Charlotte nähergebracht worden. Das Streben des Helden nach Ruhm und die praxisbezogenen
Ratschläge Athenes ließen Friedrich Wilhelm in dem Werk
einen sinnvollen Ratgeber auch für die Erziehung seines
Sohnes erscheinen – Antike hin, Antike her. Doch der »Telemach« blieb eine Ausnahme; im Grundsatz war der König
weiterhin der Überzeugung, dass sein Sohn alles, nur kein
Bücherwurm werden durfte, so wie Gelehrte für ihn grundsätzlich nur »Blackscheißer« (Tintenkleckser) waren, wenn
ihre Gelehrsamkeit keinen messbaren, praktischen Nutzen
für den Staat versprach. Überhaupt mochte er »schulbüchi-
sche Meinungen« nicht, und noch weniger, wenn jemand
seine Antwort auf eine Frage mit dem Hinweis unterstrich,
dass schon »Aristoteles, Plato, Seneca, Cicero oder auch
neuere Gelehrte« dergleichen »gesagt oder gedacht« hätten.
Wer so argumentiere, »kann gar leichtlich dadurch sich bei
Seiner Majestät in einen schlechten Kredit setzen«. Einem
Gelehrten, der »mit dergleichen aufgezogen kam«, habe der
König geantwortet: »Mein Freund, ich will wissen, was *Ihr*
von der Sache denkt, und nicht, was Aristoteles und Seneca
davon gedacht haben.«[20]

Bei Friedrich jedoch war die Lust am Lesen dauerhaft
geweckt. Da er wusste, dass sein Vater ihm die Bücher – zumindest wenn es sich um schöne und damit aus seiner Sicht
nutzlose Literatur handelte – im wahrsten Sinne des Wortes
um die Ohren hauen würde, konnte dies weiterhin nur
heimlich geschehen. Im Lauf der Zeit legte sich der Kronprinz eine ganze Bibliothek an, deren frühestes Verzeichnis

aus dem Jahr 1727 stammt. In nur wenigen Jahren wuchs
der Bestand auf 3775 Bände an.

Da Friedrich kein Latein und schon gar nicht Altgrie-
chisch konnte, las er auch die antiken Klassiker in französischer Übersetzung. »In der Blüte meiner Jahre«, schrieb er
1762 rückblickend, »beschäftigte ich mich mit Ovid oder
folgte Rinaldo in den Palast Armidas [eine Anspielung auf
»La Gerusalemme liberata« von Torquato Tasso], und als das
erste Haar mein Kinn umschattete, fand ich Geschmack an
Sophokles, Horaz und Cicero. In reiferen Jahren studierte
ich Caesar …, Leibniz und [Pierre] Gassendi [französischer
Philosoph des 16. Jahrhunderts], aber vor allem Epikur.«[21]
Dass es ihm in seiner Jugend nicht vergönnt war, alte Sprachen zu lernen, hat Friedrich zeitlebens bedauert. Seinem
Freund d'Argens (1703–1771) schrieb er während des Siebenjährigen Krieges: »Sie und Ihresgleichen lesen Latei-
nisch, Griechisch, Hebräisch, ich hingegen verstehe nur ein
wenig Französisch; wo mir das nicht aushilft, da bleibe ich
in der gröbsten Unwissenheit.«[22]

Neben antiken Klassikern, verschiedenen Lexika und
Wörterbüchern war ein Schwerpunkt in Friedrichs Bibliothek – natürlich – die neuere französische Literatur. Aber
auch englische (unter anderem »Gullivers Reisen« von
Swift), italienische (etwa Petrarca und Boccaccio) und spa-
nische (wie »Don Quijote de la Mancha« von Cervantes)
Werke finden sich in dem erhaltenen Katalog der Sammlung. Deutsche Literatur sucht man vergeblich – zu ihr
fand Friedrich niemals einen Zugang; auch nicht, als Les-
sing oder Goethe ihr noch zu seinen Lebzeiten zu neuer
Blüte verhalfen.

Zahlreich vertreten waren in der Bibliothek des Kronprinzen geschichtswissenschaftliche Werke, dazu kamen
naturwissenschaftliche, musikalische, politische, militäri-

sche, philosophische und erstaunlicherweise relativ viele theologische Schriften. Dass er alle diese Bücher gelesen hat, darf bei der begrenzten Zeit, die ihm dafür zur Verfügung stand, bezweifelt werden. Zudem konnte er die Bücher nicht in seinen eigenen Zimmern aufbewahren, sondern brachte sie im Haus des Finanzrats Julius von Pehne in Berlin unter. Sogar einen Bibliothekar stellte er ein. Erkennbar ist das Bemühen, eine umfangreiche Bibliothek aufzubauen, die seinen intellektuellen Ansprüchen entsprach. Bezahlt hat Friedrich das meiste mit seinem guten Namen – sprich: Er machte Schulden, nicht nur für Bücher, sondern auch für Noten, von deren Kauf sein Vater natürlich ebenfalls nichts wissen durfte. Als der König doch erfuhr, dass sein Sohn sich verschuldete, erließ er eigens ein Edikt, das verbot, Geld an Minderjährige zu verleihen. Explizit wurde darauf hingewiesen, dass dieses Gesetz auch für alle »Prinzen und Prinzessinnen des Königlichen Hauses« gelte. Wer dem zuwiderhandelte, musste mit einer Strafe »an Leib und Leben« rechnen.

Das Ende der bemerkenswerten Sammlung war tragisch: In den nach dem gescheiterten Fluchtversuch Friedrichs 1730 eingeleiteten Untersuchungen wurde seine geheime Bibliothek entdeckt. Der König ließ sämtliche Bücher in Kisten packen. Am Ende wurden sie in Amsterdam meistbietend versteigert. Das Preußen des »Soldatenkönigs« hatte keinen Bedarf an schöner Literatur und philosophischen Diskursen.

Ein Konflikt bahnt sich an

Dass Friedrich 1730 keinen anderen Ausweg mehr sah, als aus Preußen zu fliehen, wird nur verständlich, wenn man bedenkt, wie lange der Konflikt zwischen dem Kronprinzen und seinem Vater andauerte und sich dabei immer weiter hochschaukelte. Das erste Anzeichen einer Entfremdung findet sich in einem Bericht des sächsischen Gesandten Ulrich Friedrich von Suhm über ein Tauffest im Haus des Ministers Friedrich Wilhelm von Grumbkow (1678–1739). Zur Überraschung aller deutete der König in einem stillen Moment auf den Kronprinzen und sagte so laut, dass es alle Anwesenden hören konnten: »Ich möchte wohl wissen, was in dem kleinen Kopfe vorgeht. Ich weiß wohl, dass er nicht so denkt wie ich, und dass es Leute gibt, die ihm andere Gesinnungen beibringen und ihn veranlassen, alles zu tadeln, das sind aber Schufte.« Schließlich gab er seinem Sohn einen Ratschlag: »Fritz, denke an das, was ich Dir sage. Halte immer eine gute und große Armee. Du kannst keinen besseren Freund finden und Dich ohne sie nicht halten. Unsere Nachbarn wünschen nichts mehr, als uns über den Haufen zu werfen. Ich kenne ihre Absichten, und Du wirst sie auch kennen lernen. Glaube mir, denke nicht an die Eitelkeit, sondern halte Dich an das Reelle; halte immer eine gute Armee und auf Geld, darin bestehen der Ruhm und die Sicherheit eines Fürsten.« Diese Überzeugung des »Soldatenkönigs« war allseits bekannt, doch was die Beobachter verstörte, war, dass der König diese Worte »mit kleinen Schlägen auf die Wange des Prinzen« begleitete, »die aber immer heftiger wurden, so dass sie schließlich zu Ohrfeigen ausarteten«.[23]

Friedrich Wilhelm I. war ein Choleriker, der zu Gewaltausbrüchen neigte. Seine beiden ältesten Kinder Wilhelmine und Friedrich haben Schläge in einem Ausmaß bekommen, welches das damals gesellschaftlich akzeptierte Maß bei Weitem übertraf. Dass der König sich nicht scheute, seine Kinder in aller Öffentlichkeit zu verprügeln, steigerte vor allem bei Friedrich das Gefühl der Demütigung, die den sensiblen Charakter schwer belastete. Dabei brauchte Friedrich Wilhelm I. keinen großen Anlass, um handgreiflich zu werden. Je mehr er sah, dass sich sein Sohn von ihm entfernte, umso hilfloser wurde er. Und in dieser Hilflosigkeit wusste er sich nicht mehr anders zu helfen, als immer noch strenger zu werden. Es reichte, wenn der Kronprinz es mitten im Winter bei Eiseskälte wagte, Handschuhe anzuziehen. Das war für den Vater nur ein weiteres Zeichen, wie verweichlicht Friedrich war – und Grund genug für ein paar Ohrfeigen. Sein Sohn sollte ein richtiger Mann werden und keine Memme. Friedrich dagegen wurde ein Meister im Verstellen und flüchtete sich in Sarkasmus. Die zunehmende Distanz zwischen Vater und Sohn wurde auch von den Vertretern der ausländischen Höfe registriert; der französische Gesandte Friedrich Rudolf Graf von Rothenburg (1710–1751) meinte 1726 gar, dass der Kronprinz seinen Vater hasse.

»Ein Querpfeifer und Poet«

Zu einem steten Anlass des königlichen Grolls wurden die musikalischen Neigungen des Kronprinzen. Nun war es nicht so, dass Friedrich Wilhelm I. völlig unmusikalisch gewesen wäre. Allerdings hatte der »Soldatenkönig« die Hofkapelle seines Vaters aufgelöst, und wenn es ihm danach war, Musik zu hören, dann mussten die Trompeter und Pauker des preußischen Reiterregiments Gens d'Armes »bei Hofe erscheinen und Dienste tun«.[24] Am liebsten hörte er Arien und Choräle von Georg Friedrich Händel (1685–1759), bei denen er regelmäßig einschlief – allerdings nicht so fest, um nicht zu bemerken, wenn die

Musiker ein Stück abkürzten. Eine gewisse musikalische Grundausbildung sollte auch der Thronfolger erhalten. Als Lehrer stellte der König einen Violinisten der ehemaligen Hofkapelle ein, der mittlerweile Kantor und Organist der Berliner Domgemeinde war.

Friedrich aber begnügte sich nicht mit der vom Vater für notwendig erachteten Grundausbildung, sondern verschrieb sich immer leidenschaftlicher der Musik und den schönen Künsten, während er all jene Dinge, die seinem Vater wichtig waren, mehr und mehr ablehnte. In »versteckten Gewölben« veranstaltete der Kronprinz – mit Wissen der Mutter – Konzerte oder bat seine »musikalischen Freunde in den Wald, wenn der König jagte ... Während sein Vater Schweine hetzte, wurden die Flöten und Geigen aus den Jagdtaschen gezogen und im dicken Waldesdunkel wurde konzertiert.«[25] Nur im Geheimen und unter Zittern könne er sich seinen Freuden widmen, klagte der Kronprinz. Der König höhnte seinerseits: »Fritz ist ein Querpfeifer und Poet. Er macht sich nichts aus den Soldaten und wird mir meine ganze Arbeit verderben.«[26] Dabei war es ausgerechnet ein Soldat, der die Liebe des Kronprinzen zur Flöte entfacht hatte: Christoph Friedrich von Rentzell (1702–1778). Der König hatte den jungen Mann selbst zum Waffenmeister der Kadettenkompanie des Kronprinzen ernannt.

»*Der glaubt Gespenster ...*«

Am meisten Sorgen bereitete dem König, dass sein Sohn schon früh Zeichen religiöser Gleichgültigkeit zeigte, jedenfalls dem Religionsunterricht nicht die gebührende Beachtung schenkte. Am Neujahrstag 1727 gab der König bekannt, dass sein ältester Sohn am Karfreitag des gleichen Jahres konfirmiert werden sollte. Verbunden mit der Konfirmation war üblicherweise eine öffentliche Prüfung des religiösen Wissens. Doch damit haperte es gewaltig, und den beiden Gouverneuren war klar, dass das Ganze in einer Blamage zu enden drohte. Bereits am 5. Januar, also nur wenige Tage nach der Ankündigung des Königs, fragten sie daher an, ob der Kronprinz »nicht noch mehr Stunden zu seiner Information im Christentume« erhalten solle, als bisher festgesetzt gewesen seien, »indem Seine Königliche Hoheit von obgedachter Information seit acht Monaten nicht viel profitieret«.[27] Die Antwort des Königs kam prompt: Der Hofprediger Johann Arnold Noltenius (1683–1740) solle Friedrich drei zusätzliche Stunden Religionsunterricht in der Woche erteilen. Immerhin: Die Konfirmation konnte wie geplant am 4. April 1727 stattfinden, und Friedrich gab sich bei der öffentlichen Prüfung keine Blöße.

Friedrich Wilhelm I. hielt zwar nichts von »Pfaffengezänk« oder Einmischungen der Geistlichkeit in die Politik. Aber der christliche Glaube sollte der Garant dafür sein, dass die Leute nicht »liederlich« wurden, sondern ein Gott (und dem König) wohlgefälliges Leben führten und brav arbeiteten. Doch sorgte ebendieser christliche Glaube auch dafür, dass der König selbst von religiös motivierten Gewissensbissen geplagt wurde. Führte er wirklich ein rechtschaffenes Leben getreu dem Evangelium? Musste er nicht Abbitte leisten für seine Verfehlungen? Besonders wenn er es mit dem Alkohol oder mit seinen cholerischen Anfällen schlimm getrieben hatte, überkam ihn ein Hang zur Bußfertigkeit. Bestärkt wurde er in dieser Haltung durch den Einfluss des Pietisten August Hermann Francke (1663–1727). Der Theologe hatte in Halle an der Saale ein Waisen-

haus mit Armenschule gegründet, das bald zu einer regelrechten Mustereinrichtung wurde, mit eigenen Versorgungs-
und Wirtschaftsbetrieben. Das Wichtigste aber war für
Francke die Erziehung der ihm anvertrauten Kinder »zu
einer lebendigen Erkenntnis Gottes und Christi und zu
einem rechtschaffenen Christentum«.[28] Friedrich Wilhelm
schätzte das Engagement Franckes und lud ihn nach Berlin
ein, um sich von ihm bei der Gründung eines Waisenhauses
in Potsdam beraten zu lassen. Natürlich versuchte Francke,
den König auch religiös zu beeinflussen. Dabei war er weit
davon entfernt, diesem zu schmeicheln. Im Gegenteil: Er
kritisierte seinen Lebenswandel und hielt ihn an, wieder
den Weg des kindlichen Glaubens an Christus zu beschrei-
ten.

Auch nach dem Tod August Hermann Franckes blieb die
Verbindung eng. So besuchten dessen Sohn und Schwiegersohn, Gotthilf August Francke (1696–1769) und Johann
Anastasius Freylinghausen (1670–1739), im Herbst 1727
nacheinander den »Soldatenkönig« in Wusterhausen. Die
beiden erwiesen sich nicht nur als – zumindest den König –
überzeugende Theologen, sondern zudem als gute Beobachter: So fiel Francke auf, dass der Kronprinz »zwei Gesichter
hatte, je nachdem, ob der Vater nah oder fern ist«.[29] Auch
sei der Thronfolger »eines sehr stillen Wesens, bedachtsam
und gar merklich *temperamenti melancholici*«.[30]

Friedrich begegnete den Besuchern aus Halle abweisend
und machte sich erst gar keine Mühe, mit seiner Meinung
hinter dem Berg zu halten. »Der glaubt Gespenster«,[31] spot-
tete er über den Hallenser Theologen. Francke selbst bemerkte, »dass der Kronprinz mokante Miene über mich
machte … Nachher kam der Kastellan [von Schloss Wus-
terhausen] und sagte: Es scheint, dass der Kronprinz Ihnen
nicht gar gnädig ist, er macht nicht nur Mienen, sondern es

kommt auch zu Worten. Darauf erzählte er, wie der Kronprinz gestern, da er mir ein Licht gebracht, gefragt: Wem er das Licht brächte; und er geantwortet: Dem Professor Francke; habe Princeps angefangen: Da kommt ein Pharisäer zum andern.«[32]

Unter dem Einfluss Franckes und Freylinghausens steigerte sich der König immer mehr in eine Büßerrolle hinein, die er ebenso seiner ganzen Familie aufzwang. Noch Jahrzehnte später war die Wut Wilhelmines auf Francke nicht verraucht, als sie in ihren Memoiren schrieb: »Dieser geistliche Herr liebte es, Skrupel über die unschuldigsten Dinge in ihm [dem König] wachzurufen. Er verpönte alle Vergnügungen, die ihm verwerflich schienen, selbst die Jagd und die Musik. Man durfte vor ihm nur von Gottes Wort reden; alle anderen Reden waren unstatthaft.« Friedrich Wilhelm ließ sich von dieser Stimmung anstecken: »Der König hielt uns jeden Nachmittag eine Predigt; sein Kammerdiener stimmte einen Choral an, in den wir alle einstimmten; der Predigt mussten wir mit ebenso großer Aufmerksamkeit lauschen, als hielte sie ein Apostel. Mein Bruder und mich überkam der Lachreiz, und oft platzten wir los. Plötzlich stieß man dann alle Anatheme [Verurteilungen] der Kirche gegen uns aus, die wir mit reuiger Miene über uns ergehen lassen mussten, was uns recht viel Mühe kostete. Kurz, dieser Hund von einem Francke war schuld, dass wir wie die Trappisten lebten. Ja, diese übertriebene Bigotterie [Scheinheiligkeit] brachte den König auf noch seltsamere Gedanken. Er beschloss, zugunsten meines Bruders abzudanken. Er wollte sich ... mit der Königin und seinen Töchtern nach Wusterhausen zurückziehen.«[33] Dass Friedrich Wilhelm solche Gedanken hegte, bestätigte auch Francke: »Der König sprach etliche Male davon, wie er sich noch einmal besinnen wollte, die Regierung abzudanken,

denn er wolle gern … selig werden, und sehe doch keine
Möglichkeit für sich.«[34] Das war der eigentliche Grund für
die – von Francke zurückgewiesenen – Abdankungspläne:
Friedrich Wilhelm hielt es für unmöglich, ein guter König,
der auch hart und gnadenlos sein musste, und ein guter
Christ zugleich sein zu können.

Zu Besuch in Dresden

Diese düsteren Gedanken traten erst wieder in den Hintergrund, als Friedrich Wilhelm dazu bewogen werden
konnte, eine Einladung Augusts des Starken (1670–1733),
der Sachsen und Polen in Personalunion regierte, zu einem
offiziellen Besuch in Dresden anzunehmen. Äußerer Anlass
für den Reisezeitpunkt war der Karneval, der am Dresdner
Hof mit großem Aufwand gefeiert wurde, und augenscheinlich hatte man selbst den dergleichen Festivitäten
normalerweise ablehnenden »Soldatenkönig« so neugierig
gemacht, dass er das Spektakel einmal in Augenschein
nehmen wollte. »Ich gehe am Dienstag nach Dresden«,
schrieb er seinem langjährigen Freund und Wegbegleiter,
dem »Alten Dessauer«, Fürst Leopold von Anhalt-Dessau
(1676–1747), »da werde ich so viel Neues wissen. Ich freue
mich, in eine andere Welt zu kommen.«[35]

Die Politik spielte bei dieser Reise vordergründig keine
Rolle. Friedrich Wilhelm hob später sogar hervor, dass es
ihm in Dresden gerade deshalb so gut gefallen habe, »da der
König von Polen und ich uns einander das Wort gegeben,
dass bei dieser Zusammenkunft von keinen Affären [politi-
schen Angelegenheiten] gesprochen werden sollte«.[36] Allerdings konnte ein solches Treffen zweier Staatsoberhäupter,
nicht anders als heute, dazu beitragen, atmosphärische

Störungen zu beseitigen. In Sachsen sah man den Aufstieg Brandenburg-Preußens mit bangen Gefühlen, war doch aus dem lange als Streusandbüchse des Heiligen Römischen Reiches verspotteten Staat des Nachbarn mittlerweile eine respektable Macht geworden. Dem begegnete Sachsen durch eine enge Anlehnung an Österreich und Russland. Das Misstrauen ging jedoch nicht nur von Sachsen aus: August der Starke wäre gar nicht begeistert gewesen, hätte er gewusst, was der »Soldatenkönig« 1722 in der Instruktion für seinen Nachfolger geschrieben hatte: »Mit die Sachsen müsset Ihr Frieden halten, so lange sie wollen. Allianzen müsset Ihr nicht mit sie machen. Sie sind gut kaiserlich und falsch wie der Teufel, und wo Ihr Euch nicht vorseht, betrügen sie Euch.«[37]

Friedrich Wilhelm I. brach am 13. Januar 1728 zu seinem Besuch nach Dresden auf – zunächst ohne den Kronprinzen, der vergeblich darum gebeten hatte, mitkommen zu dürfen. Es war Wilhelmine, die daraufhin beim sächsischen Gesandten in Berlin, Ulrich Friedrich von Suhm, »den ich sehr gut kannte und der meinem Bruder sehr zugetan war«, intervenierte. »Ich sagte ihm, wie leid es dem Kronprinzen sei, nicht nach Dresden eingeladen zu sein. ›Wenn Sie ihm eine Freude machen wollen‹, fuhr ich fort, ›so veranlassen Sie den König von Polen, dass er den König von Preußen auffordere, ihn nachkommen zu lassen‹.«[38] Tatsächlich ließ sich der »Soldatenkönig« erweichen und seinen ältesten Sohn nach Dresden kommen. Sogar neu einkleiden ließ er ihn für die Reise.

Der insgesamt fast einen Monat dauernde Aufenthalt in Dresden begann bald seinen Zweck zu erfüllen: »Der König von Preußen vergaß seine Frömmelei, die ausschweifenden Gelage und der Ungarwein versetzten ihn wieder in gute Laune. Er schloss enge Freundschaft mit dem König von Polen.«[39] Auch Friedrich Wilhelms erster Biograf David

Fassmann (1683/85–1744), der bis 1731 in dessen Diensten stand und sein Werk noch zu Lebzeiten des Königs 1735 veröffentlichte, spricht davon, dass es in Dresden damals »sehr lustig zugegangen« sei: »Die Lustbarkeiten betreffende, so war fast alle Tage Redoute [(Masken-)Ball], nur die Sonn- und Feyertage ausgenommen. Auch ist eine Opera gespielet worden, und an Comoedien hat es nicht ermangelt. Eine große Illumination [Feuerwerk], ein Fuß-Turnier, und ein Kampf-Jagen von wilden Tieren ist ebenfalls zu sehen gewesen.«[40] Einer der Höhepunkte des Aufenthalts war eine Schlittenfahrt durch Dresden mit über 300 Wagen – den dafür notwendigen Schnee hatte man eigens mühsam aus den Vorstädten heranschaffen lassen; alles, um dem Gast aus Berlin zu imponieren. Mit Erfolg – am 27. Januar 1728 schrieb Friedrich Wilhelm an den Grafen Seckendorff: »Ich bin in Dresden und springe und tanze, ich bin mehr fatiguiret [erschöpfter], als wenn ich alle Tage zwei Hirsche tot hetze. Der König tut uns so viel Höflichkeit, dass es nicht zu sagen ist.«[41] Friedrich Wilhelm erlaubte seinem Sohn sogar, an einem der Maskenbälle teilzunehmen – um ihn am nächsten Tag vor dem versammelten Hof wie einen kleinen Jungen zu fragen, ob er auf dem Ball schön brav gewesen sei. Ganz aus seiner Haut konnte der Preuße auch in Sachsen nicht. Schon am dritten Tag seines Aufenthalts besichtigte er die Ställe und das Kadettenhaus und war damit so lange beschäftigt, dass der ebenfalls geplante Besuch des Japanischen Palais ausfallen musste.

Fast wäre es während des Aufenthalts zu einer Katastrophe gekommen: Der König hatte sein Quartier im Palais des Grafen August Christoph von Wackerbarth (1662–1734) genommen, um sich nicht dauernd an die Hofetikette halten zu müssen, wie dies bei einer Unterkunft im Residenzschloss der Fall gewesen wäre. Doch dann brach in

dem – überaus prächtigen – Palais in der Nacht vom 18. auf
den 19. Januar ein Brand aus. Mit Mühe konnte der preußische König geweckt werden, um sich dann – nur mit einem
Mantel bekleidet – in Sicherheit bringen zu lassen. Auf der
Straße begegnete er dem herbeigeeilten sächsischen Staats-
minister Jacob Heinrich Graf von Flemming (1667–1728)
und erzählte ihm von dem Unglück. Nachdem er auch jetzt
noch nicht im Schloss übernachten wollte, bot Flemming
ihm die Prunkzimmer seines Palais als Unterkunft an. Doch
der preußische König »nahm nur das Schlafzimmer davon
an und ließ dort sein Bett aufschlagen«. Im Palais Flemmings
war seit seiner Ankunft in Dresden am 17. Januar bereits der
preußische Kronprinz untergebracht, der sich von dem ganzen Geschehen unbeeindruckt zeigte. Auf die Frage, ob er
nicht aufstehen wolle, antwortete er nur lapidar: »Warum?
Ich kann das Feuer nicht löschen.«[42]

Sieht man von diesen Schrecksekunden ab, fühlte sich
der »Soldatenkönig« in Dresden pudelwohl, wie auch der
Kronprinz, für den der sächsische Hof eine neue, faszi-
nierende Welt war. Zwar hat ihn seine Spottlust nicht verlassen, und in einem Brief an Wilhelmine, geschrieben am
26. Januar 1728, nahm er den sächsischen Hof mit Ironie
aufs Korn. Doch zwischen den Zeilen spürt man, wie be-
freit er sich dort fühlte. So beschrieb er zwar die habs-
burgische Gemahlin des sächsisch-polnischen Kronprinzen
als »verboten hässlich … Wie alle kleinen Geister mag sie
die Hofnarren«, malte einen »Stammbaum der anerkannten
Bastarde des Königs« mit dem Vermerk: »Das sind die vornehmsten Damen am Hofe« und unterschrieb mit »Frédéric
le Philosophe«. Aber zugleich schwärmte er: »Ich habe mich
als Musiker hören lassen. Richter, Buffardin, Quantz, Pisen-
del und Weiß haben mitgespielt. Ich bewundere sie. Sie sind
die besten Künstler bei Hofe … Heute wird ›Tartuffe‹ ge-

spielt; ich gehe sogleich hin. Lebe wohl! Liebe mich, wie ich
Dich liebe … Ich liebe Dich so, dass ich Dir gern meinen
Platz abträte, um Dir Freude zu machen.«[43]

Als der »Soldatenkönig« bemerkte, wie sehr sein Sohn in
Dresden aufblühte, meinte er zu ihm: »Fritz, ich fürchte …,
dass es Dir hier zu sehr gefällt.« Der Kronprinz antwortete
darauf schlagfertig: »Ich glaube es, aber warum haben Sie
mich kommen lassen, wenn Sie nicht wünschten, dass ich
hier Vergnügen finden sollte.«[44] Zu Hause in Potsdam hätte
eine solche Antwort einen königlichen Wutausbruch zur
Folge gehabt, doch in Dresden war Friedrich Wilhelm
milder gestimmt und lachte darüber. Nur in einem verstand
der König auch am sächsischen Hof keinen Spaß, und das
waren die lockeren Sitten: »Was das liederliche Leben betrifft, so bin ich zwar erst zwei Tage hier«, schrieb Friedrich
Wilhelm an den Grafen Seckendorff, »aber ich kann in
Wahrheit sagen, dass ich dergleichen noch nicht gesehen.«[45]
Anteil nahm er daran nicht, wie er dem Fürsten von Anhalt-Dessau versicherte: »Ich bin wieder gekommen, als ich
hingegangen. Gott hat mir bewahret; die Verführungen
fehlten nicht.«[46]

Der in Berlin von allen weiblichen Reizen ferngehaltene
Thronfolger reagierte gänzlich anders auf die Verlockungen
der Dresdner Schönheiten: »Eines Abends nach einem
Trinkgelage«, so Wilhelmine in ihren Memoiren, »führte
der König von Polen den König wie von ungefähr in ein
reich ausgestattetes Gemach von auserlesenem Geschmack.
Mein Vater stand in Bewunderung vor all den Schätzen, als
man plötzlich eine Tapetenwand hob und ein höchst unerwarteter Anblick sich darbot. Es war eine weibliche Gestalt
im Kostüm der Eva, welche nachlässig auf einem Ruhebette
ausgestreckt dalag. Das Geschöpf war schöner, als man
Venus und die Grazien darstellt; ihr Körper wie aus Elfen-

bein war weiß wie Schnee ... Das Kabinett, welches diesen
Schatz in sich barg, war von so vielen Kerzen beleuchtet,
dass ihr Schein das Auge blendete und die Schönheit dieser
Göttin noch strahlender erschien. Die Veranstalter dieser
Komödie zweifelten nicht, dass dieser Anblick das Herz des
Königs entzünden würde; allein es kam ganz anders. Kaum
hatte der König die Schöne gesehen, als er ihr empört den
Rücken zudrehte; und meinen Bruder hinter sich gewah-
rend, schob er ihn sehr unsanft aus dem Zimmer hinaus; er
selbst verließ es auch auf der Stelle und zeigte sich über den
Streich sehr ungehalten ... Anders stand es mit meinem
Bruder. Trotz der Vorsorge des Königs hatte er vollauf Zeit
gehabt, die Venus zu betrachten, welche ihm nicht den
Abscheu einflößte, den sie bei seinem Vater hervorrief.«[47]
Auch Graf Flemming fiel bei einer Theateraufführung auf,
dass Friedrich »am meisten von den Damen entzückt« war.[48]
Eine der Dresdner Schönheiten hatte es dem Kronprinzen
besonders angetan: Er verliebte sich leidenschaftlich in Anna
Karolina Gräfin Orzelska (1707 – ca. 1769), die – wie Wilhelmine in ihren Memoiren berichtet – »zugleich die natürliche
Tochter und die Mätresse des Königs [von Polen] war«. Ob
Hofklatsch oder nicht: Die fünf Jahre ältere Gräfin, deren
Mutter Henriette Rénard-Duval (ca. 1685 – nach 1724) eine
der Mätressen Augusts des Starken gewesen war, erwies sich
nicht nur als ausgesprochen hübsch, sondern zudem als in-
telligent und den schönen Künsten zugetan; eine geradezu
perfekte Mischung für Friedrich.

Nach seiner Rückkehr aus Dresden verfiel der Kronprinz
in tiefe Depressionen – aus Sehnsucht nach der Gräfin und
den Freuden des sächsischen Hoflebens. Der Vater dachte
für kurze Zeit daran, dass sein Sohn ernsthaft erkrankt sei,
und fürchtete schon um dessen Leben. An den Fürsten von
Anhalt-Dessau schrieb er am 23. April 1728: »Mein ältester

Sohn ist sehr krank und wie in Abzehrung. Sie können sich einbilden, wie mir zu Mute ist. Ich will bis Montag abwarten, wenn es nicht besser wird, ein Konsilium aller Doktoren halten. Denn sie können nicht sagen, wo es ihm sitzt und er so mager als ein Schatten wird, doch nicht hustet. Gott sei anbefohlen, dem müssen wir uns alle unterwerfen … Er hat es gegeben, er kann es nehmen … Sein Wille geschehe, im Himmel als auf Erden. Meine beste Konsolation [Beruhigung] ist, wir müssen alle dahin, der eine früher der andere spät; dagegen ist kein Kraut gewachsen … Wenn die Kinder gesund sind, dann weiß man nicht, dass man sie lieb hat.«[49]

Nur drei Wochen später konnte der König dem Dessauer Freund mitteilen, dass es seinem Sohn wieder besser gehe. Dazu trug wohl nicht zuletzt bei, dass am 26. Mai August der Starke zu einem Gegenbesuch in Potsdam eingetroffen war, und in seiner Begleitung reiste Friedrichs Angebetete mit nach Preußen: Gräfin Orzelska. Zu einer Besserung von Friedrichs Laune mag darüber hinaus beigetragen haben, dass der »Soldatenkönig« sich gegenüber dem verwöhnten Herrscher von Sachsen und Polen keine Blöße geben wollte und sehr wohl wusste, dass er August den Starken standesgemäß empfangen musste. Und so gab das preußische Sparta für die kurze Zeit des Besuchs ein ungewohnt glänzendes Bild ab: Zwar gab es viele militärische Vorführungen, aber darüber hinaus auch eine »große und herrliche Illumination, von welcher diejenige, so man bei des Königs von Preußen Anwesenheit zu Dresden gesehen, weit übertroffen worden. Am 8. Juni ist zu Charlottenburg ein großes Feuerwerk präsentiert, auch nachher ein Nachtschießen eben daselbst gehalten worden.«[50] Einzig »theatralische Aufführungen« gab es nicht; darauf hatte August der Starke von sich aus zu verzichten gebeten – wohl wissend, dass sein

Gastgeber überhaupt kein entsprechendes Ensemble gehabt hätte, von einem mit Dresden vergleichbaren Hoforchester ganz zu schweigen.

Das Fegefeuer von Wusterhausen

Friedrich Wilhelm I. musste sich immer mehr eingestehen, dass der Kronprinz genau das Gegenteil von dem zu werden drohte, was er aus ihm hatte machen wollen. Wie sollte ein solcher Leichtfuß, dem das Vergnügen wichtiger war als die tägliche Arbeit, einmal sein Nachfolger werden? Alles, was er liebte, hasste der Kronprinz. Wen der König schätzte, dem drückte er seine Verachtung aus. Werde jemand wegen einer Übeltat in Arrest genommen, nehme sich sein Sohn auch noch des Delinquenten an.

Hinter seinem Rücken verspotteten Wilhelmine und Friedrich ihren Vater als »König Knirps« – wohl wissend, dass ihm dergleichen zugetragen wurde. Und Friedrich Wilhelm I. ahnte, dass in Berlin die Mäuse tanzten, wenn die Katze aus dem Haus war. Genau das geschah, als der König nach der Verabschiedung seines sächsischen Kollegen selbst zu einer Inspektionsreise nach Ostpreußen aufbrach. Mit dem Wissen der Königin kam Johann Joachim Quantz (1697–1773), der sächsische Flötist, den der Kronprinz in Dresden kennen und schätzen gelernt hatte, in die Stadt. In Monbijou gab Quantz Konzerte, und er unterrichtete Friedrich an der Flöte. Das war nicht immer ganz ungefährlich, denn der König sollte von diesen Stunden nichts wissen. Als er früher als erwartet zurückkehrte, musste sich Quantz in einem Kämmerchen verstecken und Friedrich in Windeseile seine französische Kleidung gegen die Uniform eintauschen. Es war der Beginn einer lebenslangen Freundschaft, soweit es eine solche zwischen einem Prinzen, später König, und einem Musiker überhaupt geben konnte. Es war eine heitere, unbeschwerte Zeit gewesen, die mit der Rückkehr des Königs zu Ende gegangen war, umso mehr als die ganze Familie den Herbst wieder im ungeliebten Wusterhausen verbringen musste: »In Berlin hatten wir eine zu angenehme Zeit verlebt, als dass sie von Dauer hätte sein können, und aus dem Himmel, in dem wir gewesen waren, fielen wir jetzt ins Fegefeuer«,[51] hat Wilhelmine ihre Gefühle beschrieben.

Und in diesem Herbst war alles noch schlimmer als sonst, denn der König hatte fürchterliche Laune, weil sich die Heiratspläne für seine beiden ältesten Kinder nicht wunschgemäß entwickelten. Königin Sophie Dorothea träumte von einer Doppelhochzeit zwischen dem preußischen und dem englischen Königshaus, doch die Verhandlungen darüber zogen sich endlos in die Länge. Für Friedrich wurde der Aufenthalt in Wusterhausen zur Hölle. An seinen Adjutanten Friedrich Ludwig Felix von Borcke (1702–1751), der ihm immer mehr zum Vertrauten wurde, schrieb er verzweifelt: »Wir haben hier das dümmste Sammelsurium einer bunt zusammengewürfelten Gesellschaft ... Ich bin alles dessen, was ich sehe, so satt, dass ich es aus meinem Gedächtnis auslöschen möchte, als wäre es nie gewesen. Wir erleben hier alle Tage die abscheulichsten Auftritte, ich bin dessen so müde, dass ich lieber um mein Brot betteln möchte, als in diesem Zustand weiterzuleben.«[52] Tagsüber musste er mit seinem Vater auf die Jagd, abends war seine Anwesenheit im Tabakskollegium Pflicht. Beides war ihm gleichermaßen verhasst: Im Tabakskollegium knackte er vor lauter Langeweile Nüsse, »eine Unterhaltung, die ihres Schauplatzes würdig ist«, und wie überdrüssig ihm die Jagd war, zeigt ein weiterer Brief an Borcke: »Morgen Parforcejagd [Hetzjagd], übermorgen am

Sonntag, Parforcejagd, und Montag wieder Parforcejagd.«⁵³
Im August 1726 wurden zu einer einzigen dieser Gelegenheiten 1400 Hirsche zusammengetrieben. Auch Feder- und
Kleinvieh ging es an den Kragen: Zwischen 1717 und 1738
wurden bei den Jagden in Wusterhausen 25 066 Rebhühner, 1455 Fasane und 1145 Hasen geschossen. Man kann sich
vor diesem Hintergrund leicht vorstellen, dass Friedrich
von dieser Lieblingsbeschäftigung seines Vaters bald genug
hatte, zumal er an dem Treiben selbst keinerlei Freude
hatte – im Gegenteil. Doch egal wie groß die körperliche
Anstrengung war, taute der König bei diesem »Vergnügen«
förmlich auf, während Friedrich nur davor grauste – im
Übrigen nicht allein. Sein ausgemergelter Körper werde sich
dabei den Rest holen, schimpfte Graf Seckendorff. Selbst ein
»Leib von Stahl und Eisen« würde Mühe haben, diese Strapazen auszuhalten. Und auch Seckendorff klagte über das
»miserable, kalte und elende Quartier«⁵⁴ in Wusterhausen.

Doch während es dem österreichischen Gesandten gelang,
seinen Unmut zu verbergen, machte die demonstrativ zur
Schau gestellte Langeweile Friedrichs den »Soldatenkönig«
nur noch wütender, schon sein Anblick wurde ihm regelrecht zuwider. Der Kronprinz spürte, dass eine Explosion bevorstand, und versuchte am 11. September 1728, seinen Vater
mit einem Brief zu besänftigen: »Mein lieber Papa, ich habe
mich lange nicht unternehmen mögen, zu meinem lieben
Papa zu kommen, vornehmlich aber weil ich mich noch
einen schlechteren Empfang, als den ordinären sollte vermuten sein; und aus Furcht, meinen lieben Papa mehr mit
meinem gegenwärtigen Bitten zu verdrießen, habe es lieber
schriftlich tun wollen. Ich bitte also meinen lieben Papa, mir
gnädig zu sein, und kann hierbei versichern, dass, nach lan-
gem Nachdenken, mein Gewissen mir nicht das Mindeste
gezeihet hat, worin ich mir etwas zu reprochiren [vorzuwer-

fen] haben sollte. Hätte ich aber wider mein Wissen und
Willen getan, das meinen lieben Papa verdrossen habe, so
bitte ich hiermit untertänigst um Vergebung, und hoffe, dass
mein lieber Papa den grausamen Hass, den ich aus allem
seinen Tun genug habe wahrnehmen können, werde fahren
lassen. Ich könnte mich sonsten gar nicht darein schicken, da
ich sonsten immer gedacht habe, einen gnädigen Vater zu
haben, und ich nun das Konträre sehen sollte. Ich fasse dann
das beste Vertrauen, und hoffe, dass mein lieber Papa dieses
alles nachdenken und mir wieder gnädig sein wird. Indessen
versichere ich ihm, dass ich doch mein Tage nicht mit Willen
fehlen werde und, ungeachtet seiner Ungnade, mit untertä-
nigstem und kindlichem Respekt bin.«[55] Das war eigentlich
ein äußerst geschickt formulierter Brief: Friedrich bezeigte
dem Vater seinen Respekt, gab aber zugleich zu erkennen,
dass er sich nichts vorzuwerfen hatte. Indem er seinen Vater
um Gnade bat, appellierte er an dessen religiöses Gewissen.

Geholfen hat es alles nichts – der »Soldatenkönig« fand
keinen Grund, Gnade walten zu lassen. In seiner Antwort
hat er seiner Enttäuschung über diesen aus seiner Sicht
völlig missratenen Thronfolger freie Bahn gelassen: »Sein
eigensinniger, böser Kopf, der seinen Vater nicht liebet;
denn wenn man … seinen Vater liebet, so tut man, was er
haben will, nicht wenn er dabei steht, sondern wenn er
nicht alles sieht. Zum anderen weiß er wohl, dass ich keinen effeminirten [verweichlichten] Kerl leiden kann, der …
sich schämt, nicht reiten noch schießen kann, … seine
Haare wie ein Narr sich frisieret … Zum anderen hoffärtig
[hochmütig], recht bauernstolz ist, mit keinem Menschen
spricht … und mit dem Gesichte Grimassen macht, als
wenn er ein Narr wäre, und in nichts meinen Willen tut, als
mit der Force [Gewalt] dazu angehalten; nichts aus Liebe,
und er alles dazu nichts Lust hat, als seinem eigenen Kopf

folgen, sonsten alles nichts nütze ist. Dieses ist die Antwort.«[56] Nicht einmal einen Gruß setzte der Vater unter
seinen Brief. »Wenn der Bösewicht gehet«, schalt er, bewege
er sich, als er ob zu einer Musik tanze, »auf den Zehenspit-
zen, schief und gebogen, … den Kopf und Leib nicht gerade
hält und keinem ehrlichen Menschen in die Augen siehet.«[57]

Wie verzweifelt Friedrich in diesen Tagen war, belegt ein
Brief des sächsischen Gesandten Ulrich Friedrich von Suhm
an August den Starken.[58] In einem Gespräch hatte der
Kronprinz ihm »sein Herz mit solcher Offenheit ausge-
schüttet, dass ich in Verlegenheit geriet. Er schwor, dies Leben nicht mehr ertragen zu können.« Irgendjemand werde
ihn doch »aus der grausamen Sklaverei« befreien können,
in der er gehalten werde. Er bat den sächsischen Gesandten
um die Vermittlung Augusts des Starken, damit »ich reisen
kann, einerlei wohin, wenn ich nur ein freieres Leben führen kann«. Suhm versuchte, Friedrich zu beruhigen: Wenn
er nur versuche, »seinen Vater von seiner Anhänglichkeit
und Zärtlichkeit zu überzeugen, so würde er gleiche Gefühle bei ihm erwecken.« Doch Friedrich glaubte nicht
mehr daran: »Ich habe alles versucht, alle Hebel in Bewegung gesetzt, nichts vermag ihn umzustimmen.« Nicht einmal eine Reise, um andere Länder kennenzulernen, wollte
ihm der König genehmigen – dabei hatte er einst selbst als
junger Kronprinz in den Niederlanden wertvolle Erfahrungen sammeln können und wusste um die Wichtigkeit
solcher zu dieser Zeit in adeligen Kreisen üblichen Bildungsreisen für die Entwicklung der eigenen Persönlichkeit.
Doch das hätte im Falle Friedrichs bedeutet, die Kontrolle
über ihn wenigstens zeitweise zu verlieren, und dieses – wie
er es sah – Risiko wollte der »Soldatenkönig« nicht eingehen.

Der traditionelle Abschluss des alljährlichen Herbstauf-
enthalts in Wusterhausen war das der Jagd gewidmete

Hubertusfest, das 1728 am 19. Oktober gefeiert wurde. Dabei machte ein kostbares Trinkgefäß, das August der Starke dem preußischen König geschenkt hatte, die Runde. Alle Anwesenden mussten gleich viel zu sich nehmen; auch der Kronprinz »trank viel, doch mit großem Widerwillen«. Er zeigte Suhm »sein Widerstreben und versicherte mir, er werde morgen ganz krank sein. Als der Wein zu wirken begann, wiederholte er mir ziemlich laut die Gründe seines Missvergnügens.« Langsam wurde die restliche Gesellschaft auf die Szene aufmerksam; Königin Sophie Dorothea winkte Suhm fortwährend zu, »ihn zum Schweigen zu bringen«. Der Gesandte seinerseits bat den Kronprinzen, »den Rest von Vernunft, der ihm geblieben sei, zu bewahren. Aber es half nichts.« Friedrich wurde immer lauter und »sagte alles, was ihm gerade in den Sinn« kam, doch stets mit dem Schlusssatz: »Aber ich liebe ihn doch« – wobei er auf den König wies. Der Königin wurde die ganze Geschichte peinlich, und sie verließ den Saal. Doch Friedrich ließ sich nicht beruhigen. Als die Tafel offiziell aufgehoben wurde, »konnte er nicht mehr stehen«. Bevor man ihn hinaustragen konnte, schrie er, zuerst dem König die Hand küssen zu wollen. Und so ging Friedrich zu seinem Vater, warf sich ihm an den Hals, »umarmte ihn fest und fiel dann auf die Knie. In dieser Stellung verharrte er lange.« Und das Eis brach. Der König war gerührt und sagte zu seinem Sohn: »Nun, das ist schon gut, werde du nur ein ehrlicher Kerl.« Schließlich »hob man den Kronprinzen wieder auf« und brachte ihn in sein Schlafzimmer. Auch Wilhelmine bestätigt in ihren Memoiren, dass Friedrichs Gefühlsausbruch den König sehr erfreut und ihm »auf vierzehn Tage einige Erleichterung gebracht habe. Aber die Stürme folgten auf diese kurze Ruhezeit. Der König fing von Neuem an, meinem Bruder auf das Härteste zu begegnen.«[59]

Mit ihrem Latein am Ende waren die beiden Gouverneure des Kronprinzen. Finck von Finckenstein und Kalckstein baten um die Entbindung von ihren Ämtern, die schließlich auch gewährt wurde. Die neuen Männer an der Seite Friedrichs waren fortan Dietrich Freiherr von Keyserlingk (1698–1745) und Daniel von Rochow (ca. 1686 – ?). Beide hätten Verstand, begründete Friedrich Wilhelm I. seine Wahl. Keyserlingk, »ein Strudelkopf von heißem und ruhelosem Temperament«,[60] hatte offiziell das Amt des Stallmeisters inne, wurde Friedrich aber immer mehr zum vertrauten Freund. Zu Rochow, einem »Mann von strengen Sitten, ehrlich und gehorsam«,[61] war die Distanz schon aufgrund des Altersunterschieds größer. Dem wie Finck von Finckenstein in ausländischen Diensten erprobten Rochow gab der König eine Instruktion,[62] in der noch einmal alles zusammengefasst war, was dem Vater an seinem ältesten Sohn nicht passte. Obwohl Friedrich nun 17 Jahre alt war, sollte er weiterhin keinen Schritt ohne einen seiner beiden »Gesellschafter« tun können. Und die sollten darauf achten, dass der Kronprinz sich nicht seiner Neigung zur Faulheit oder »weiblichen Occupationes [Beschäftigungen]« hingebe; das sei nur etwas für »Gecken«. Für einen ebensolchen hielt der König seinen Sohn. Rochow sollte ihm nun »die Schlafmütze aus dem Kopp vertreiben«. Allzu viel Hoffnung hatte der König nicht mehr, wie aus der Schlussbemerkung seiner Instruktion zu entnehmen ist: »Will es nicht anschlagen, so ist es ein Unglück.« Friedrich Wilhelm war im Grunde nicht weniger verzweifelt als sein Sohn. Immer mehr fürchtete er, dass Friedrich dem Amt eines Königs von Preußen nicht gewachsen sein würde, dass dieser verspielen würde, was er selbst in mühevoller Arbeit aufgebaut hatte. Und zum Arbeiten waren Könige auf der Erde, nicht zum Faulenzen und um ihres Vergnügens willen. Warum sah Friedrich nicht, dass er es doch gut mit ihm meinte, dass alles, was er tat, zu seinem Besten war?

Mit der fatalistischen Schlussbemerkung für Rochow sollte Friedrich Wilhelm I. recht behalten, doch trug er daran selbst ein gerüttelt Maß an Verantwortung, weil er die Folgen seines Handelns nicht wahrhaben wollte. Je mehr Druck der Kronprinz spürte, umso mehr wandte er sich nicht nur von seinem Vater, sondern von seiner ganzen Umgebung ab. Wenn der König bemängelte, dass Friedrich mit niemandem spreche, unfreundlich sei und überheblich wirke, war dies eine Folge des väterlichen Versuchs, seinen Charakter mit brachialer Gewalt zu verändern. Friedrich versuchte, dem Vater in diesen Situationen möglichst wenig unter die Augen zu kommen, und ließ gar von dem Ritual ab, ihm im Tabakskollegium Gute Nacht zu sagen. Doch diese Rechnung hatte er ohne den König gemacht: Als der Kronprinz eines Abends wieder nicht erschien, ging der König zu ihm, »packte ihn bei den Haaren und warf ihn zu Boden. So musste er seinem Züchtiger die Füße küssen und um Verzeihung bitten.«[63] Nie wäre Friedrich Wilhelm so mit einem seiner Offiziere umgesprungen. Doch seinem Sohn ließ er nicht einmal mehr die Offiziersehre. Die Hoffnung, dass der Vater von sich aus wieder gnädiger gestimmt würde, trieb dieser ihm selbst aus. Im Gegenteil: Er werde alle Tage »nur noch härter« werden. »Und Ihr wisst, dass ich mein Wort halte.«[64]

Im »Lustlager« von Mühlberg

Dabei stand der Höhepunkt der öffentlichen Demütigung erst noch bevor. August der Starke hatte den »Soldatenkönig« neuerlich nach Sachsen eingeladen. Die sächsische

Armee war in den Jahren zuvor nach preußischem Vorbild reformiert worden, und August wollte seinem Kollegen die Früchte dieser Reform vorführen. Solche Übungslager sollten »den Generalen Gelegenheit geben ..., mit größeren Verbänden Formations- und Frontveränderungen, Marschbewegungen und Manöver auszuführen ... So lernten die Soldaten und ihre Führer schon in Friedenszeiten, was sie im Ernstfalle brauchten, und entbehrten nicht aller Erfahrung, wenn es zum Kriege käme ...«[65]

Doch August der Starke wäre nicht er selbst gewesen, hätte er es bei einer ausschließlich militärischen Machtdemonstration belassen. Bei Mühlberg an der Elbe ließ er daher im Frühsommer 1730 nicht nur 30 000 Soldaten aufmarschieren, sondern veranstaltete ein höfisches Fest, wie es die Welt bis dahin nicht gesehen hatte. Johann Wolfgang von Goethe (1749–1832) sprach der Veranstaltung nachträglich gar literarische Weihen zu: »In allen souveränen Staaten kommt der Gehalt für die Dichtkunst von oben herunter, und vielleicht war das Lustlager bei Mühlberg der erste würdige, wo nicht nationale, doch provinzielle Gegenstand, der vor einem Dichter auftrat. Zwei Könige, die sich in Gegenwart eines großen Heers begrüßen, ihr sämtlicher Hof- und Kriegsstaat um sie her, wohlgehaltene Truppen, ein Scheinkrieg, Feste aller Art – Beschäftigung genug für den äußern Sinn und überfließender Stoff für schildernde und beschreibende Poesie.«[66] Tatsächlich hat der sächsische Hofdichter Johann Ulrich von König (1688–1744) unter dem Titel »August im Lager« einen hymnischen Lobpreis dieses barocken Riesenfestes verfasst, dessen literarischer Wert allerdings eher bescheiden ist.

Auf dem Lagerplatz erstand eine regelrechte Stadt auf Zeit mit königlichem Palais, Damenpalais, Kirche, Komödienhaus und sogar einem Postamt. Fast täglich wurden

Konzerte und Lustspiele aufgeführt. Getafelt wurde in einem mit türkischer Leinwand ausgekleideten Prachtzelt, die Fußböden waren mit kostbaren Teppichen bedeckt. Hätte es damals bereits ein Guinness-Buch der Rekorde gegeben, wäre der von den Konditoren in Mühlberg gebackene »Riesenkuchen« ein vielversprechender Kandidat gewesen: Für den zwölf Ellen (ungefähr sechs Meter) langen und sechs Ellen (ungefähr drei Meter) breiten Kuchen wurden 600 Eier, 3000 Liter Milch und eine Tonne Butter verbacken! Ein Zimmermann zerteilte das Ungetüm mit einem riesigen Messer. Der ganze Hofstaat aus Dresden war zu dem »Lustlager« angereist, dazu kamen Tausende von Neugierigen. An manchen Tagen wurden 30 000 Gäste verköstigt.

Vor diesem schönen Schein spielte das nächste Drama des preußischen Vater-Sohn-Konflikts. Bei Friedrich Wilhelm I. hatte sich wieder eine ungeheure Wut auf seinen Sohn angestaut. Zudem machte dem König die Gicht jede Bewegung zur Qual, und die weiterhin unbefriedigenden Heiratsverhandlungen mit England trugen nicht dazu bei, seine Stimmung zu heben. In dieser Situation kam ihm sein missratener Sohn gerade recht. Er verprügelte ihn einmal mehr in aller Öffentlichkeit, zog ihn an den Haaren und zwang ihn, in diesem ramponierten Zustand einer Parade beizuwohnen – vor den Augen des gesamten sächsischen und preußischen Hofstaats. Wäre er von seinem Vater so misshandelt worden, meinte der König zu Friedrich, hätte er sich »totgeschossen«. Aber sein ältester Sohn habe keine Ehre und lasse sich alles gefallen.[67] Er solle zugunsten seines Bruders August Wilhelm auf den Thron verzichten.

Der damals erst Achtjährige war das Lieblingskind des Königs, der sich »recht herzlich laben und ergötzen« konnte, wenn er »diesen kleinen Prinzen ... bei der Hand

führen« durfte.[68] Es sei »recht lieblich anzusehen, wie leutselig und kindlich der König mit dem Prinzen spielen
konnte, ihn auch bei Tische embrassierte [umarmte] und
küssete«, hatte schon Freylinghausen, Franckes Schwiegersohn, bei seinem Besuch in Wusterhausen 1727 festgestellt.[69] Mit seinem sonnigen Gemüt gelang es August Wilhelm sogar, den Vater zur Begnadigung eines Deserteurs zu
bewegen. Undenkbar, dass Friedrich es hätte wagen können, um dergleichen zu bitten.

Einen Thronverzicht lehnte der Kronprinz jedoch kate-
gorisch ab – bei aller Verzweiflung zeigte sich hier bereits
die Standhaftigkeit, die Friedrich als König noch so oft aus-
zeichnen sollte. Doch in diesem Moment wollte er nur
noch eines: weg von diesem Vater, weg von diesen endlosen
Erniedrigungen, weg von Erwartungen, die er nicht erfüllen
konnte und wollte.

Heiratspläne und Hofintrigen

Die Wörter »Hof« und »Intrige« bilden ein scheinbar unzertrennliches Paar. Tatsächlich haben an allen Höfen des 18. Jahrhunderts widerstreitende Parteien versucht, Einfluss auf den jeweiligen Herrscher zu nehmen. Dazu gehörten die Minister und hohen Beamten – kurz: der Hofstaat im weitesten Sinn –, die ausländischen Gesandten und natürlich die Familie des Herrschers. In der Regel wurde dabei nicht offen agiert, sondern subtil eingeflüstert; es wurden Stimmungen erzeugt, die langfristig politische Auswirkungen haben sollten. Am Hof des »Soldatenkönigs« gab es für solche Intrigen ein weites Feld: Friedrich Wilhelm I. war einerseits zwar von einem tiefen Misstrauen beseelt, andererseits aber gegenüber jenen, die er für seine Freunde hielt, von einer geradezu kindlichen Naivität. Zudem luden die Spannungen in der königlichen Familie regelrecht dazu ein, instrumentalisiert zu werden.

Der österreichische Gesandte Graf Seckendorff beispielsweise lieh dem preußischen Kronprinzen Geld, nicht weil er ihn so nett fand oder weil er seine Lage bedauerte, sondern weil er ihn auf diese Weise für die Zukunft verpflichten wollte. Sein Pech, dass Friedrich das Geld zwar nahm, aber niemals daran dachte, die erwartete Gegenleistung zu erbringen.

Eine Möglichkeit, einen Herrscher und damit einen Staat näher an das eigene Lager zu rücken, waren dynastische Eheverbindungen. In Preußen waren es die Heiratspläne für die beiden ältesten Kinder des »Soldatenkönigs«, die über Jahre hinweg die Gemüter heftig bewegten. Der Streit darüber war zudem ein wesentliches Element des sich anbahnenden und schließlich zur Katastrophe führenden Vater-Sohn-Konflikts.

Der Traum von der »gedoppelten Heirat«

Am Anfang dieser Querelen stand ein Plan, oder besser gesagt ein Traum der Königin, der sich schließlich zur fixen Idee steigerte. Eine Idee, die nur verständlich wird, wenn man die Herkunft Sophie Dorotheas näher betrachtet. Ihre gleichnamige Mutter war eine geborene Herzogin von Braunschweig-Lüneburg (1666–1726), ihre Großmutter eine einfache Marquise aus dem Poitou (1639–1722). 1682 heiratete die ältere Sophie Dorothea ihren Vetter Georg Ludwig (1660–1727), mit dem sie zwei Kinder hatte: den Erbfolger Georg August (1683–1760) und die spätere preußische Königin. Die Ehe war unglücklich, und Sophie Dorothea verliebte sich leidenschaftlich in Philipp Christoph Graf von Königsmarck (1662–1694). Als nicht nur das Liebesverhältnis offensichtlich wurde, sondern sogar, dass das Paar aus Hannover hatte fliehen wollen, wurde Königsmarck 1694 ermordet. Die Prinzessin wurde nach Ahlden verbannt, wo sie in einem abgelegenen Amtshaus in »strenger Haft« gehalten wurde. Ihre Kinder durfte sie nicht sehen, nur selten gelang es ihr, Briefe an die Tochter in Berlin herauszuschmuggeln. Erst 1726, nach über 30 Jahren der Verbannung, starb die unglückliche »Prinzessin von Ahlden«.

Diese gleich mit zwei Makeln behaftete Herkunft kompensierte die preußische Königin mit einem betont standesbewussten Auftreten. Ihr Stolz erhielt 1714 neue Nahrung, als Sophie Dorotheas Vater als Georg I. den englischen Thron bestieg. Fortan regierte er das Kurfürstentum Hannover und England in Personalunion. Konnte es für ihre beiden ältesten Kinder also eine bessere Partie geben als das englische Königshaus? Natürlich nicht. Und so verrannte sich die preußische Königin in die Idee einer welfisch-hohenzollerischen Doppelhochzeit mit den Kindern ihres Bruders Georg August: Kronprinz Friedrich sollte dessen Tochter Amelia (1711–1786) heiraten, Wilhelmine den nach seinem Vater an Nummer zwei in der Thronfolge stehenden Prinzen Friedrich Ludwig (1707–1751). Friedrich und Wilhelmine waren damals erst zwei bzw. fünf Jahre alt.

Von ihrem Vater wurde Sophie Dorothea jedoch zunächst hingehalten: Zum einen führte Georg I. das Alter der potenziellen Heiratskandidaten an, zudem konnte er in England nicht selbstherrlich darüber entscheiden, wen der zukünftige Prince of Wales einmal heiraten sollte. An dieser Entscheidung mussten auch der Premierminister und das Parlament beteiligt werden. Auf englischer Seite wurde zudem ein klares politisches Junktim (Bedingung) an die Verbindung geknüpft: Eine Doppelhochzeit sollte es nur dann geben, wenn Preußen zu einem Bündnis mit England bereit wäre.

Unterstützt wurde Sophie Dorothea am preußischen Hof vor allem von dem für die Außenpolitik zuständigen Kabinettsminister Heinrich Rüdiger von Ilgen (1654–1728). Bereits 1716 hatte dieser eine Denkschrift über die »gefährlichen Absichten des Hauses Österreich gegen das Haus Brandenburg« verfasst und sich damit klar positioniert. Der aus Westfalen stammende Ilgen war ein Arbeitstier mit klarem Blick für die preußischen Interessen, bei deren Durchsetzung er auch nicht vor diplomatischen Winkelzügen zurückschreckte. »Ilgen hatte sich vollkommen in der Gewalt, er beherrschte mit stets gleich bleibender eiskalter Besonnenheit nicht nur sein sehr lebhaftes Temperament, sondern auch seine Zunge, sein Gesicht, sogar seine Augen. Nichts verriet ihn, und er erriet immer … Er verschloss alle Staatsgeheimnisse in sich selbst, er arbeitete auch alles selbst. Er hatte keine einzige Kreatur, sogar seine eigene Verwandtschaft begünstigte er nicht … Er besaß eine seltene Menschenkenntnis, er behandelte alle, mit denen er zu unterhandeln hatte, richtig, und ebenso sah er richtig in den Geschäften. Diese instinktive Gabe, die Geister der Menschen zu erforschen, brachte ihn bei Hof in den Ruf, dass er imstande sei, sogar die Zukunft der Menschen vorhersagen zu können.«[1] Doch genau diese Vorzüge gerieten im persönlichen Verhältnis zwischen König und Minister zum Nachteil. Friedrich Wilhelm I. war dieser Mensch unheimlich. Er schien niemals freiheraus seine Meinung zu sagen, nie wusste man, woran man mit ihm war. Nein, warm wurde der König mit diesem Diplomaten par excellence nicht.

Des Königs »Freunde«: Seckendorff und Grumbkow

Ganz anders sah dies bei dem österreichischen Gesandten Heinrich Friedrich Graf von Seckendorff aus. Mit ihm konnte man im Tabakskollegium ein Glas heben, er hatte in der Schlacht bei Malplaquet zusammen mit dem König gekämpft – kurzum: der war ein richtiger Mann. Dazu kam, dass Seckendorff – obwohl in kaiserlichen Diensten – Protestant war und als deren Fürsprecher am Wiener Hof galt.

Dass Seckendorff die Abende im Tabakskollegium nicht als
Vergnügen, sondern als harte Arbeit betrachtete, dass er
alles, was dort vertrauensselig gesprochen wurde, brüh-
warm nach Wien berichtete, wollte der »Soldatenkönig«
nicht sehen. Für ihn blieb der Graf stets ein guter Freund,
dem er voll und ganz vertraute. Seckendorff sah das Ganze
nüchtern und erfüllte seinen Auftrag: Preußen in das kaiserliche Lager zu ziehen. Und dazu gehörte es, die geplante
Doppelhochzeit mit allen Mitteln zu verhindern.

Ebenfalls ein regelmäßiger Teilnehmer des Tabakskollegiums war Friedrich Wilhelm von Grumbkow – wie
Seckendorff ein Malplaquet-Veteran, und noch dazu einer,
der sich in dieser Schlacht durch große Tapferkeit aus-
gezeichnet hatte. 1712 ernannte der König ihn zu seinem
Generalkriegskommissar, später wurde er Vizepräsident des
Generaldirektoriums, in dem alle Fäden der Verwaltung
zusammenliefen, 1737 erreichte er mit der Ernennung zum
Generalfeldmarschall auch den höchsten militärischen
Rang in der preußischen Armee. »Alle wichtigen Geschäfte
gingen durch seine Hände, und da er des Königs täglicher
Gesellschafter war, wuchs sein Einfluss unglaublich. Er
fügte sich in des Königs Launen, verstand es, dessen erste
Hitze zu vermeiden, und leitete den König, soweit dieser
sich überhaupt leiten ließ, anscheinend ganz treuherzig,
freimütig und bieder.«[2] Grumbkow führte ein großes Haus
und fühlte sich verpflichtet, für seine zahlreiche Verwandtschaft zu sorgen.

Anders als Ilgen nahm Grumbkow nicht nur offizielle
diplomatische Geschenke an. Ohne die kontinuierlichen
Bestechungsgelder aus Wien hätte er sich seinen aufwendi-
gen Lebensstil niemals leisten können. Und Grumbkow
funktionierte, wie Graf Seckendorff 1726 an den Prinzen
Eugen schrieb. Der Minister habe »alle Intrigen, Projekte

und Gefühle des Königs und seiner Minister entdeckt und sich auch nochmals auf das Kräftigste anheischig gemacht [angeboten], mir von allem genaue Kenntnis zu geben und nach Kräften und Vermögen Königliche Majestät in dem guten Sentiments [sprich: einem guten Einvernehmen mit dem Wiener Hof] zu erhalten.«[3]

Nachdem er zunächst auch Geld aus London angenommen hatte, schlug sich Grumbkow schließlich ganz auf die österreichische Seite. Gegen die Doppelhochzeit intrigierte der Minister, wo und wann er nur konnte. Bestechungen waren im 18. Jahrhundert jedoch nicht nur in Preußen üblich, weshalb man die moralische Keule nicht allzu heftig gegen Grumbkow schwingen sollte. Der König hat seinem Minister lange ebenso naiv geglaubt wie Seckendorff. Er wusste zwar, dass seine Frau Grumbkow hasste wie die Pest, »aber er ist doch ein braver Kerl und hat mir lieb«.[4] Erst kurz vor seinem Tod hat Friedrich Wilhelm I. sich eingestanden, dass Grumbkow nicht der grundehrliche Freund war, für den er ihn gehalten hatte.

Ein weiterer Gegner der Doppelhochzeit war Fürst Leopold von Anhalt-Dessau. Der »Exerziermeister der preußischen Armee« war aus dem gleichen groben Holz geschnitzt wie der König, und dementsprechend verstanden sich die beiden prächtig. Als Herr eines kleinen Fürstentums konnte der »Alte Dessauer« keine eigene Machtpolitik betreiben, sondern schloss sich eng an seinen preußischen Freund an. Die Doppelhochzeit mit England hintertrieb er allerdings nicht, weil er auf der Gehaltsliste Seckendorffs gestanden hätte wie Grumbkow, der dem Dessauer in herzlicher Abneigung verbunden und von diesem sogar einmal zum Duell aufgefordert worden war. Er unterstützte vielmehr die Idee einer Hochzeit Wilhelmines mit dem Markgrafen Friedrich Wilhelm von Brandenburg-Schwedt (1700–

1771) aus einer Nebenlinie des preußischen Königshauses. Die Mutter des Markgrafen war eine Schwester des Dessauer Fürsten – er wäre auf diese Weise also zum Onkel der Prinzessin geworden!

Sophie Dorothea hatte demnach eine Menge an Widerständen zu überwinden, wollte sie ihren Traum verwirklicht sehen. Doch sie hatte zwei bedeutende Verbündete: ihre Kinder! Wilhelmine, die ihrer Mutter an Standesbewusstsein nicht nachstand, sah sich schon als künftige englische Königin, und Kronprinz Friedrich war seine Braut in so hellen Farben geschildert worden, dass er sich schwärmerisch in sie verliebte. Um vollendete Tatsachen zu schaffen, schrieb er sogar einen Brief an die englische Königin Caroline (1683–1737), dass er niemals eine andere zur Frau nehmen werde als Amelia. Als sein Vater davon erfuhr, reagierte er unwirsch: »Wie kann man ein Mensch lieb haben, das man niemals gesehen. Possen!«[5]

Jülich-Berg – der Schlüssel zum Erfolg

Der König selbst schwankte in seiner Meinung, wie so oft. Wenn er gerade gegen die Doppelhochzeit gestimmt oder verärgert wegen der englischen Verzögerungstaktik war, dann bekamen dies vor allem seine beiden ältesten Kinder ab – als ob sie etwas dafürkönnten. Wilhelmine war dann nur noch die »englische Kanaille«, Friedrich der »Schurke Fritz«.[6] Erstaunlicherweise für die damalige Zeit hielt Friedrich Wilhelm I. zumindest in der Theorie nichts davon, wenn dynastische Verbindungen mit politischen Erwartungen verknüpft wurden. Staaten sollten nach ihren Interessen handeln und sich nicht von »Mariagen« (Hochzeiten) leiten lassen. Gleichwohl konnte er natürlich nicht verhindern,

dass der Verbindung seiner beiden ältesten Kinder eine
ebensolche Bedeutung beigemessen wurde. Preußen und
England-Hannover waren beides zwar protestantische
Mächte, doch zugleich waren sie Rivalen im Ringen um die
Vorherrschaft in Norddeutschland. Eine Eheschließung im
politikfreien Raum war vor diesem Hintergrund nicht möglich. Das wusste letztlich auch der König.

1725 sah zunächst alles nach einem guten Ende für
Sophie Dorotheas Pläne aus: Preußen war damals in der
glücklichen Lage, von beiden Seiten der sich herausbilden-
den Mächtekonstellation in Europa umworben zu werden:
Österreich und Spanien auf der einen, England, den Ge-
neralstaaten (den Niederlanden) und Frankreich auf der anderen Seite. Friedrich Wilhelm I. hoffte, dass ihm eine der
beiden Seiten zur Erbfolge in den Herzogtümern Jülich
und Berg verhelfen würde. Damit hätte Preußen seine
Macht im Westen des Reichs erheblich ausdehnen können.

Auf den Kaiserhof in Wien war Friedrich Wilhelm I. in
dieser Zeit schlecht zu sprechen. Der Reichshofrat – neben
dem Reichskammergericht die oberste Gerichtsinstanz des
Heiligen Römischen Reichs – hatte 1718 eine Klage der
Magdeburger Ritterschaft gegen den König wegen der
Erhebung einer ständigen Steuer für jedes Rittergut angenommen. Das war zwar reichsrechtlich nicht zu bean-
standen, aber eine solche Einschränkung seiner Herrschaft
wollte Friedrich Wilhelm nicht hinnehmen. Er war Herr
und König und konnte in seinem Land tun und lassen, was
er wollte. Im Tabakskollegium polterte er: »Ich bin des Kaisers Freund und werde nichts gegen den Kaiser und das
Reich tun, aber auf den Fuß lasse ich mir nicht treten.«[7]
De facto blieb die Klage dann auch folgenlos.

Tatsächlich besiegelte Friedrich Wilhelm I. am 3. September 1725 im Vertrag von Herrenhausen ein Defensiv-

bündnis mit England. Eine Zusicherung zur Doppelhochzeit, wie die preußische Königin gehofft hatte, war damit nicht verbunden. Doch schien dies nur noch eine Formsache zu sein. Friedrich Wilhelm I. kehrte nach Berlin zurück und überließ es seiner Frau, die Doppelheirat unter Dach und Fach zu bringen. Sophie Dorothea aber erhielt von ihrem Vater wieder nur vage Versprechungen.

Diese Hinhaltetaktik verärgerte Friedrich Wilhelm I. Zudem hatte er schon bald den Eindruck, dass England und Frankreich ihn nur als Juniorpartner betrachteten, der im Zweifelsfall die Kastanien für sie aus dem Feuer holen sollte. Um den König wieder ins rechte – sprich: kaiserliche – Lager zu holen, wurde 1726 Graf Seckendorff nach Berlin geschickt. Er wusste um die grundsätzliche Kaisertreue des preußischen Königs, doch machte dieser ihm ebenso klar, dass er ohne Zusicherung in der Jülich-Bergschen Frage das englische Bündnis nicht verlassen werde.

Zeitgleich setzte der Kaiserhof den Hebel in London an und bestach den dortigen preußischen Gesandten Benjamin Friedrich von Reichenbach (1697 – wohl 1750). Dieser nährte einerseits den Verdacht des »Soldatenkönigs«, dass man in England nur Preußen von sich abhängig machen wolle, in London wiederum erzählte er Schauermärchen, wie hässlich Wilhelmine sei. In Wien war man »wohl zufrieden« mit der Wühlarbeit des Gesandten. In einem Brief an Seckendorff zeigte sich Prinz Eugen überzeugt davon, dass Reichenbach auch in Zukunft alles dazu beitragen werde, dass »der zwei Höfe [London und Berlin] Missverständnis beständig vermehrt und erhalten werde«.[8] Zum Dank erhielt der auf Abwege geratene Gesandte eine jährliche Pension von 600 Talern.

Mit Geld konnte Seckendorff dem »Soldatenkönig« nicht kommen, doch wusste er um die große Schwäche

dieses Monarchen: Nichts liebte er mehr als groß gewachsene Soldaten für seine »langen Kerls«. 24 »Riesen« aus Ungarn, Kroatien und Böhmen ließ Seckendorff ihm daher im
Auftrag des Kaisers als »Präsent« überreichen. Doch am
Ende gaben weder die Bestechungsgelder noch die »Riesen«
den Ausschlag, sondern die Zusage des Kaisers, Friedrich
Wilhelm I. in der Frage der Jülich-Bergschen Erbfolge zu
unterstützen. Allerdings hatte diese Zusage einen gewaltigen
Pferdefuß. Denn tatsächlich versprach der Kaiser zwar, dass
er das gleichfalls Erbansprüche anmeldende Haus Pfalz-
Sulzbach binnen sechs Monaten zu einem Verzicht auf das
Herzogtum Berg bewegen wolle. Doch im gleichen Monat
versprach er beide Herzogtümer ebendiesem Haus Pfalz-
Sulzbach.

Als Gegenleistung für die vermeintliche Unterstützung
in Jülich und Berg sicherte der preußische König in dem
am 12. Oktober 1726 unterzeichneten Geheimabkommen
von Wusterhausen seine Unterstützung für die sogenannte
Pragmatische Sanktion zu. Kaiser Karl VI. (1685–1740) hatte
keine männlichen Nachkommen und wollte die habsburgischen Erblande seiner Tochter Maria Theresia (1717–1780)
vermachen. Um zu vermeiden, dass andere Fürstenhäuser
Ansprüche erhoben und die weibliche Erbfolge infrage
stellten, benötigte der Kaiser die Zustimmung der europäischen Fürsten. Dies war ein zentrales Anliegen der Politik
Karls VI.

Dagegen hatte er niemals ernsthaft vor, den Preußenkönig bei seinen Ansprüchen auf Jülich und Berg zu unterstützen. Es ging einzig darum, ihn in das eigene Lager zu
holen und so lange hinzuhalten wie möglich. Dass das
Abkommen von Wusterhausen hinfällig würde, wenn er
seinen Versprechen nicht nachkam, nahm Karl VI. in
Kauf – in der Hoffnung, dass Friedrich Wilhelm I. dann so

fest auf seiner Seite stand, dass er schon keine neuerliche Kehrtwende unternehmen würde. Hellsichtiger als die Verantwortlichen in Wien war Graf Seckendorff. Wenn man die hohenzollerische Erbfolge in Jülich und Berg nicht unterstütze, werde man den »unauslöschlichen Hass« des »Soldatenkönigs« auf sich ziehen. In diesem Falle wäre es besser gewesen, sich überhaupt nicht mit ihm auf Verhandlungen einzulassen.[9] Doch auf diese Unkenrufe des Gesandten wollte man in Wien nicht hören.

Die englische Partei am Berliner Hof konnte die abrupte Abkehr vom Herrenhauser Vertrag nicht fassen. Königin Sophie Dorothea sagte ihrem Mann ganz offen, dass er schon noch einmal merken werde, wie sehr er von Österreich betrogen würde. Und Ilgen schäumte, dass er sich lieber den Hals brechen wolle, »als durch Schließung der kaiserlichen Traktate die Königin und ihre Familie zu disconsoliren [betrüben] und diese so importante doppelte Heirat zu verhindern«.[10] Doch Friedrich Wilhelm I. war wieder ganz der Mann des Kaisers: »Kein Engländer und Franzose soll über uns Deutsche gebieten, und meinen Kindern will ich Pistolen und Degen in die Wiege geben, dass sie die fremden Nationen aus Deutschland helfen abhalten.«[11] Unter dem Strich trug an dieser Kehrtwende der englische Hof ein gerüttelt Maß an Verantwortung: Hätte man die Doppelhochzeit rechtzeitig beschlossen, wäre es Seckendorff sehr viel schwerer gefallen, den preußischen König gegen London einzunehmen. Die Londoner Hinhaltetaktik aber interpretierte der »Soldatenkönig« als arrogante Zurückweisung seiner Kinder – und damit als einen Angriff auf seine eigene königliche Würde.

Königin Sophie Dorothea setzte vor diesem Hintergrund alle Hoffnungen auf einen Besuch ihres Vaters in Deutschland. Doch auf dem Weg von Den Haag nach Hannover

starb König Georg I. am 22. Juni 1727 an den Folgen eines
Schlaganfalls. Neuer König war damit Sophie Dorotheas
Bruder, und das machte die Sache nicht leichter, denn Georg II. und der »Soldatenkönig« konnten sich nicht ausstehen. Georg II. hielt seinen Schwager für einen »königlichen
Sergeanten«, für Friedrich Wilhelm I. war der Engländer
nur der »Bruder Komödiant«, ein Leichtfuß, überheblich
noch dazu. Anlass für die Missstimmung zwischen den beiden Königreichen in den folgenden Jahren war aber nicht
(nur) die Antipathie zwischen den Herrschern, sondern die
Rücksichtslosigkeit, mit der die preußischen Werber auch
in Hannover unterwegs waren, um junge Männer mit List
und Tücke in die preußische Armee zu pressen. Georg II.
wollte diese Praxis nicht länger dulden und ließ die Werbe-
offiziere – wenn er ihrer habhaft wurde – einsperren, was
wiederum den »Soldatenkönig« in Rage versetzte.

Nichtsdestoweniger wurde das Projekt der Doppelhochzeit von preußischer Seite weiterverfolgt. Doch drehte man
sich dabei immer wieder im Kreis. So schickte Friedrich
Wilhelm I. einen Sondergesandten nach London, der Königin Caroline – eine geborene Markgräfin von Brandenburg-
Ansbach – davon überzeugen sollte, dass »die gedoppelte
Heirat ... das beste und sicherste Fundament zu einem
beständigen und immerwährenden guten Vernehmen zwischen den beiden königlichen Häusern unfehlbar sein
werde«.[12] Doch sah die englische Königin die Sache genau
andersherum: zuerst das politische Bündnis, dann die
Doppelhochzeit. Friedrich Wilhelm I. wollte dagegen nach
wie vor nicht einsehen, dass er für die Hand seiner Kinder
einen politischen Preis als Vorschuss bezahlen sollte.

Noch mehr: Der »Soldatenkönig« ging nun ganz auf
Distanz zur Doppelhochzeit und war nur noch an der Heirat Wilhelmines mit dem englischen Thronfolger interes-

siert. Bei seinem ältesten Sohn habe es mit einer Entscheidung noch Zeit. Im Hintergrund versicherten dagegen Königin Sophie Dorothea, Kronprinz Friedrich und Wilhelmine der englischen Verwandtschaft, dass man nach wie vor an der Idee der Doppelhochzeit festhalte. Als der König eine Verbindung Wilhelmines mit dem Markgrafen Friedrich Wilhelm von Brandenburg-Schwedt ins Spiel brachte, drohte Friedrich seinem markgräflichen Vetter offen: Er möge von jeder Annäherung an seine Schwester Abstand halten, sonst werde er dies noch bitter bereuen.

Charles Hothams gescheiterte Mission

Den Schlussakkord in dieser verworrenen Geschichte stellte der Besuch des englischen Sondergesandten Charles Hotham (1693–1738) dar, der am 2. April 1730 in Berlin eintraf. Der Gesandte hatte von König Georg II. klare Vorgaben erhalten: zuerst das politische Bündnis, dann als Bekräftigung dieser Annäherung die Hochzeit des preußischen Kronprinzen »mit einer unserer Töchter«. Das war die gleiche Politik, wie sie England nun schon seit Jahren verfolgte. Friedrich Wilhelm I. war im Gegensatz dazu davon ausgegangen, dass die Mission Hothams einzig dem Zweck diente, die Hochzeit Wilhelmines mit dem englischen Thronfolger festzumachen. Dagegen hatte man in England zwar nichts, doch bestand man in diesem Fall darauf, entweder beide Hochzeiten gleichzeitig zu vereinbaren oder auf die preußisch-welfische Eheanbahnung ganz zu verzichten.

Bei der ersten Audienz Hothams im Charlottenburger Schloss war der König so froh gestimmt, dass er Grumbkow auf die Frage, ob man denn bereits zu der Verbindung Wilhelmines mit dem englischen Thronfolger gratulieren dürfe, freudig mit »Ja« antwortete. Doch in den folgenden Tagen stellte sich bald heraus, dass dies mitnichten der Auftrag des englischen Gesandten war.

Einen anderen Vorschlag, über den während Hothams Besuch diskutiert wurde, möchte man im Nachhinein nur noch kurios nennen: Um die vergiftete Stimmung zwischen dem »Soldatenkönig« und seinem Sohn zu entspannen, sollten die beiden Streithähne für eine Weile voneinander getrennt werden. Der englische König sollte den preußischen Kronprinzen zu seinem Statthalter in Hannover machen – in diesem Fall würde Friedrich Wilhelm I. in die gleichzeitige Doppelhochzeit einwilligen. Hotham berichtet, dass der König den Vorschlag der Statthalterschaft »vergnügt« aufgenommen habe. Einem seiner leitenden Beamten sagte Friedrich Wilhelm I. selbst: »Für meinen Teil, ich hasse meinen Sohn, und ich weiß, dass mein Sohn mich hasst, deshalb leben wir am besten getrennt.«[13] Doch selbst wenn der König in einer seiner nicht seltenen depressiven Stimmungen daran gedacht haben mag, scheint kaum vorstellbar, dass er einer Statthalterschaft in Hannover im Ernstfall zugestimmt hätte. Es handelte sich wohl vielmehr um einen verzweifelten Versuch der englischen Partei am preußischen Hof, noch einmal Bewegung in die verfahrene Angelegenheit zu bekommen.

Für den jungen Friedrich wäre es sicher eine verlockende Vorstellung gewesen, auf diese Weise dem strengen Regiment seines Vaters zu entkommen. Aber welche Motivation hätte der »Soldatenkönig« dafür haben sollen? Den Wert früher Bildungsreisen wusste er seit seinen Aufenthalten in den Niederlanden zwar durchaus zu schätzen. Doch dann hätte er die direkte Kontrolle über seinen offensichtlich missratenen Sohn aus der Hand geben müssen, und dazu dürfte er nur wenig Neigung verspürt haben. Schon gar nicht hätte er ihn in Hannover sehen wollen unter den Fittichen der ungeliebten welfischen Verwandtschaft. Tatsächlich hat der preußische König – entgegen allen früheren Beteuerungen – in dieser Situation versucht, dem englischen Hof politische Bedingungen zu stellen: Unterstützung in der Frage der Jülich-Bergschen Erbfolge und Aussöhnung Londons mit dem Kaiserhof in Wien. Doch dieses preußische Ansinnen wurde von englischer Seite erwartungsgemäß und mit deutlichen Worten abgelehnt.

Gänzlich schief ging der Versuch Hothams, Grumbkow zu diskreditieren. Zu diesem Zweck hatte er dem König Abschriften von Briefen Grumbkows an den vom Wiener Hof bestochenen preußischen Gesandten in London überreicht, durch die offensichtlich wurde, dass der Minister gleichfalls in diese Machenschaften verwickelt war. Doch Grumbkow leugnete standhaft und behauptete, es handle sich um Fälschungen. Als Hotham dann nachlegte und dem König einen Originalbrief Grumbkows mit ähnlichem Inhalt zeigen wollte, warf Friedrich Wilhelm das Schreiben ungelesen zu Boden und ließ Hotham stehen – ein diplomatischer Affront, der das endgültige Scheitern der Doppelhochzeitspläne markierte. Für Kronprinz Friedrich brach damit eine Traumwelt zusammen, in die er sich unter dem Einfluss seiner Mutter geflüchtet hatte. So beschwor er Hotham am 11. Juli 1730: »Denken Sie daran, Monsieur, dass mein und meiner Schwester Glück von Ihrer Entscheidung abhängt.«[14] Doch alle Bemühungen waren vergebens; Hotham reiste ab – und mit ihm Friedrichs letzte Hoffnung auf eine Verbesserung seiner immer verzweifelteren Lage.

Eine Flucht und ihre Folgen

Schon im Juli 1728 berichtete der französische Gesandte von Rothenburg nach Paris über den Kronprinzen: »Ich habe einigen Anlass zu glauben, dass er damit umgeht, zu entfliehen. Ich habe ihn schon früher von diesem Plane reden hören. Er war selbst noch ungewiss, ob er nach Frankreich oder nach England flüchten werde.«[1] Diese Vorstellung gefiel Rothenburg keineswegs, konnte er sich doch ausmalen, welche diplomatischen Verwicklungen ein solcher Schritt nach sich ziehen würde.

Das »Fegefeuer« von Wusterhausen im Herbst 1728 verstärkte dann bei Friedrich offensichtlich die Idee, sich der väterlichen – im wahrsten Sinne des Wortes – Gewalt zu entziehen. So gab der Kammerdiener des Kronprinzen, Carl Gummersbach, in einem Verhör nach der Flucht zu Protokoll, er habe seit diesem Aufenthalt im väterlichen Jagdschloss den Verdacht gehabt, dass »der Kronprinz sich retiriren [absetzen] wollte«. Geschlossen habe er dies »aus der großen Familiarität und heimlichen Sprachen« Friedrichs mit seinem Leibpagen Peter Karl Christoph von Keith (1711–1756).[2] Damit ist der erste potenzielle Fluchthelfer Friedrichs genannt: Der damals 17-jährige Keith war »ein junger Mann von sanftem und gefälligem Wesen, voll Mitgefühls bei fremden Leiden sah er mit Kummer, wie der

Kronprinz bei der Härte des Monarchen litt«.[3] Es fiel dem Kronprinzen entsprechend leicht, ihn als Fluchthelfer zu gewinnen. Zudem Keith sich, wie auch später Hans Hermann von Katte (1704–1730), durch diese Freundschaftsbeweise geschmeichelt fühlte und darauf baute, die Früchte der Freundschaft ernten zu können, wenn der Kronprinz erst einmal König wäre.

Die Lage Friedrichs besserte sich 1729 nicht. Seiner Mutter schrieb er damals völlig aufgelöst: »Ich bin in der größten Verzweiflung. Was ich immer befürchtete, ist mir soeben endlich widerfahren. Der König hat nämlich gänzlich vergessen, dass ich sein Sohn bin und mich wie den niedrigsten aller Menschen behandelt. Ich trat heute morgen wie gewöhnlich in sein Zimmer. Kaum hatte er mich erblickt, als er mich am Kragen packte und in der grausamsten Weise mit seinem Stock auf mich losschlug. Ich suchte vergeblich mich zu wehren; er war in einem so schrecklichen Zorn, dass er sich nicht mehr beherrschte, und hielt erst inne, als sein Arm vor Müdigkeit erlahmte. Ich habe zu viel Ehrgefühl, um derartige Behandlungen zu ertragen, und bin entschlossen, auf diese oder die andere Weise ihnen ein Ende zu machen.«

Dieser Brief ist nicht im Original erhalten. Wilhelmine von Bayreuth zitiert die Zeilen in ihren Memoiren aus der Erinnerung. Selbst wenn sie dabei übertrieben haben mag, ist die darin geschilderte völlige Verzweiflung Friedrichs doch glaubwürdig wiedergegeben. Denn in ähnlichen Worten hat sich der Kronprinz gegenüber anderen in seinem Umfeld geäußert. Für Wilhelmine war klar, »dass mein Bruder nichts anderes beabsichtigte als die Flucht«.[4] Dahinter könnte man zwar ebenso die Andeutung von Selbstmordabsichten vermuten, wie sie Friedrich in den dunkelsten Stunden des Siebenjährigen Krieges äußern sollte, doch hat der Kronprinz im Winter 1729/30 tatsächlich Ansätze zur Verwirklichung einer Flucht unternommen. So beauftragte er den Leutnant Alexander Sweder von Spaen (1703–1768), der zu dem Kreis junger Offiziere gehörte, die er um sich geschart hatte, in Leipzig eine Kutsche zu bestellen. Damit wollte er dann zusammen mit Keith nach Frankreich fliehen. Doch erschienen ihm die Erfolgsaussichten des Vorhabens so gering, dass er diesen Gedanken wieder fahren ließ.

Die nächsten Hinweise auf die konkrete Vorbereitung einer Flucht fallen in die Zeit des Mühldorfer Lagers im Frühsommer 1730. Kurz vor seinem Aufbruch nach Sachsen besuchte Friedrich seine Schwester Wilhelmine: »Ich komme noch einmal, mich von Ihnen zu verabschieden, liebe Schwester, und da ich weiß, dass Sie mich lieben, will ich Ihnen meine Pläne nicht länger geheim halten. Ich gehe, um nicht wiederzukommen; ich kann den Schimpf, der mir zugefügt wird, nicht mehr ertragen, meine Geduld ist zu Ende. Die Gelegenheit, um mich dem grässlichen Joch zu entziehen, ist günstig; von Dresden aus werde ich nach England entweichen.« Wilhelmine hat ihrem Bruder damals »die Undurchführbarkeit seines Planes vor Augen« gehalten und die »furchtbaren Folgen« klargemacht, die ein solcher Schritt nach sich ziehen würde.[5]

Ein neuer Fluchthelfer

Trotz der Warnungen seiner Schwester bereitete Friedrich in Mühldorf die Flucht vor. In seine Pläne weihte er seinen neuen Vertrauten Hans Hermann von Katte ein, nachdem Keith wegen seiner allzu offensichtlichen Nähe zum Thronfolger im Winter 1729 zum Militärdienst nach Wesel ver-

setzt worden war. Friedrich gelang es, auch den acht Jahre
älteren Leutnant des noblen Kürassierregiments Gens
d'Armes um den Finger zu wickeln und für sein Vorhaben
zu gewinnen. Katte stammte aus einer alten märkischen
Adelsfamilie; sein Vater Hans Heinrich (1681–1741) hatte
gemeinsam mit dem »Soldatenkönig« in der Schlacht von
Malplaquet gekämpft. Doch der junge Leutnant war wie
der preußische Kronprinz ein Schöngeist, der gern Flöte
spielte und malte, dazu aber ebenso gern feierte und dem
weiblichen Geschlecht nachstellte – kein Wunder, dass sich
die beiden auf Anhieb einander nahe fühlten. Er sei oft »des
Nachmittags wegen der Musik« bei dem Kronprinzen gewesen, erzählte Katte später im Verhör.[6] Und auch Friedrichs
Kammerdiener Gummersbach bestätigte, wie eng das Verhältnis der beiden gewesen war: Katte kam, wann immer er
wollte, und wenn er bei Friedrich war, durfte niemand anders dabei sein.

Aus der Sicht Wilhelmines war Katte ein zwielichtiger
Charakter. Zwar sei er »belesen, geistreich und weltge-
wandt« gewesen. Allerdings habe »seine Liederlichkeit«
keine Schranken gekannt; »sehr viel Ehrgeiz und Leichtsinn
kamen noch hinzu. Ein solcher Freund war nicht geeignet,
meinen Bruder von seinen Verirrungen abzubringen.«[7] Mit
dem Leichtsinn und dem Ehrgeiz mochte Wilhelmine recht
haben. Der »Verführer« aber war in diesem Fall eindeutig
Friedrich, was die große Schwester nicht einmal nachträglich wahrhaben wollte. Tatsächlich versuchte Katte nicht
nur einmal, den Freund von seinen Fluchtplänen abzubringen. Doch am Ende ließ er sich vorbehaltlos darauf ein –
und benahm sich genauso unvorsichtig wie Friedrich selbst.
Gut gemeinte Warnungen von Freunden schlug Katte in
den Wind.

Den englischen Gesandten Guy Dickens (1696–1775)

informierte Friedrich ebenfalls über seinen Fluchtplan: »Ich ziehe vor, zuerst nach Frankreich zu gehen und dort eine Zeitlang zu verweilen; denn wenn ich sogleich nach England übersetzte, würde der König vermuten, meine Mutter wisse von dem Plan, und sie deshalb sehr grausam behandeln.«[8] Dickens reiste nach dieser Eröffnung eilends zurück nach England, wo man am Hof zwar Mitgefühl mit dem preußischen Kronprinzen hatte, von der Idee einer Flucht aber wenig begeistert war – wie zuvor in Paris fürchtete man in London die politischen Konsequenzen und riet dringend davon ab.

Den sächsischen Kabinettsminister Karl Heinrich Graf Hoym (1694–1736) bat Friedrich schließlich darum, Postpferde und die nötigen Papiere für zwei junge Offiziere zu besorgen, die inkognito einen Ausflug in die Messestadt Leipzig unternehmen wollten. Zugleich beauftragte er Katte damit, eine Liste der Poststationen auf dem Weg von Leipzig nach Frankfurt am Main zusammenzustellen. Doch Hoym traute diesem Braten nicht, waren doch Hinweise auf Fluchtgedanken des preußischen Kronprinzen bis nach Sachsen gedrungen, und er konnte sich leicht ausrechnen, dass die beiden jungen Offiziere Friedrich und Katte selbst waren. So lehnte der Minister das Ansinnen ab – was Friedrichs Fluchtplänen einen Riegel vorschob.

Reise nach Süddeutschland

Aufgeschoben war auch in diesem Fall nicht aufgehoben! Kaum zurück in Berlin, schmiedeten Friedrich und Katte von Neuem Pläne. Der König hatte schon seit längerer Zeit eine Reise nach Süddeutschland geplant. Dabei handelte es sich um keine reine Vergnügungsreise. Zwar wurden viele

Sehenswürdigkeiten besichtigt; es wurde gefeiert, gut gegessen und sogar auf die Jagd gegangen. Doch der eigentlich Anlass war ein politischer: Seit dem Abschluss des Berliner Vertrags 1728 stand Preußen wieder fest im kaiserlichen Lager, und die Reise an die süddeutschen Höfe war daher ganz in »Kaiserlicher Majestät Interesse«. Durch den im November 1729 geschlossenen Vertrag von Sevilla zwischen Frankreich, den Niederlanden, Großbritannien und Spanien war die europäische Machtstellung der Habsburger bedroht; die spanischen Bourbonen setzten sich schon in Oberitalien fest. Das Bestreben Friedrich Wilhelms I. war es daher, seine Gastgeber für den Fall eines Krieges bei der kaiserlichen Stange zu halten. Zudem wollte der preußische König bei ihnen um Unterstützung für die Erbfolge der Kaisertochter Maria Theresia in habsburgischen Erblanden werben. »Wollen die Hunde das nicht tun«, polterte der »Soldatenkönig«, müsse man eben entsprechende Maßnahmen ergreifen. Sollten sich etwa die Hessen störrisch zeigen, empfahl er, »kurz ein Frikassé [aus ihnen] zu machen«.[9] Dass es später ausgerechnet sein Sohn war, der die sogenannte Pragmatische Sanktion zum Anlass für seinen Angriff auf Schlesien nehmen sollte, ist eine besondere Ironie der Geschichte.

Zunächst hatte Friedrich Wilhelm I. den Kronprinzen nicht mit auf seine Reise nehmen wollen, doch entschied er sich kurz vor seiner Abreise anders. Der braunschweigische Gesandte Wilhelm Stratemann mutmaßte, der König habe damit Friedrichs Wunsch, »fremde Länder und Höfe zu sehen«,[10] erfüllen wollen. Doch trifft wohl eher zu, dass er ihn unter seiner Aufsicht haben wollte. Unmittelbar vor der Abreise hatte »der König einen seiner gewöhnlichen Anfälle übler Laune gegen den Kronprinzen und schlug ihn auf höchst unbarmherzige Weise, ohne allen Grund und Veranlassung«.[11] Dementsprechend frostig war die Stimmung – während der gesamten Reise sprachen Vater und Sohn kaum ein Wort miteinander. Diese Spannungen blieben den Gastgebern nicht verborgen: »Der Kronprinz zeigt zu offensichtlich, dass er in Opposition zum König, seinem Vater, steht«,[12] bemerkte etwa die Herzogin Christine Luise von Braunschweig-Wolfenbüttel (1671–1747). Sie traf die beiden am 1. August 1730 in Hohenaltheim bei Nördlingen, wo sie in diesen Tagen selbst Gast ihres Bruders, des Fürsten Albrecht Ernst II. von Oettingen-Wallerstein (1669–1731), war.

Vor diesem Hintergrund wird umso mehr verständlich, dass Friedrich während der ganzen Reise nur einen Gedanken hatte: wie er seine Flucht bewerkstelligen könnte. In Potsdam traf er sich vor der Abreise noch einmal heimlich im Garten mit Katte. Friedrich bat seinen Freund, in Berlin auf ein Zeichen zu warten, dass die Flucht geglückt sei und er nachkommen könne. Derweil wurde der Kreis derer, die wussten oder zumindest ahnten, was der Kronprinz während der Reise nach Süddeutschland vorhatte, immer größer. In Paris stellte man sich schon darauf ein, dass Friedrich die Grenze überqueren würde. Immerhin signalisierte man dem französischen Gesandten in Berlin, dass der Flüchtling – egal wie man zu seiner Absicht stünde – dann auf eine gastfreundliche Aufnahme hoffen dürfe.

Am 15. Juli 1730 brach die aus über 40 Personen bestehende Reisegesellschaft auf. Die erste größere Station war Leipzig. In Bamberg wurde Fürstbischof Friedrich Carl von Schönborn (1674–1746) ein Besuch abgestattet. Weiter ging es nach Ansbach, wo eine der beiden fränkischen Nebenlinien des Hauses residierte und wohin Friedrich Wilhelms Lieblingstochter Friederike Luise kurz zuvor verheiratet worden war. In Höchstädt wurde das Schlachtfeld besichtigt, auf dem der Herzog von Marlborough im Spanischen Erbfolgekrieg gegen die Franzosen gesiegt hatte. Ein besonders feierlicher Empfang wurde dem Preußenkönig am württembergischen Hof in Ludwigsburg bereitet. Als nächste Station stand ein Besuch beim Kurfürsten von der Pfalz in Mannheim auf dem Programm. Die Nacht vom 4. auf den 5. August verbrachte der königliche Tross in Steinsfurt, heute Teil der Doppelstadt Sinsheim-Steinsfurt. Übernachtet wurde in zwei Scheunen, was für einen König seltsam anmuten mochte, doch Friedrich Wilhelm I. gefiel dieses einfache Leben, und es machte ihm nichts aus, auf Feldbetten zu übernachten.

Flucht im roten Rock

Diese Gelegenheit wollte Friedrich nutzen, um über den Rhein nach Frankreich zu fliehen. In der Nacht um drei Uhr sollte es losgehen. Helfen sollte ihm dabei sein Page Keith, ein jüngerer Bruder des nach Wesel versetzten Freundes. Dieser sollte die Pferde bereitstellen und Friedrich begleiten. Wofür die Pferde waren, hat Friedrich gegenüber seinem Pagen offensichtlich nicht klar geäußert. Auf dessen Frage, »wo es denn hingehen sollte«, antwortete der Kronprinz zunächst mit einer Gegenfrage: »Wo denkst du, dass es hingehen werde?« Als Keith darauf antwortete: »Ich weiß es nicht«, entgegnete Friedrich: »Wenn ich einmal weggehe, so komme ich nicht wieder.«[13]

Was dann passierte, könnte man leicht für ein Possenspiel halten, wenn man nicht die darauf folgende Tragödie im Hinterkopf hätte. Friedrich zog sich, als er aufstand, einen auffallend roten Rock an – nicht gerade die geeignete

Kleidung, um sich heimlich aus dem Staub zu machen. Seinem Vater hätte er mit diesem Modetand, den er auf der Reise in Ludwigsburg gekauft hatte, nicht unter die Augen treten dürfen. Doch Friedrich glaubte sich bereits frei von den väterlichen Bevormundungen. Zu früh, denn unbemerkt blieb sein nächtliches Manöver nicht. Als er sich von seinem Lager erhob, fragte sein Kammerdiener Gummersbach, was er denn Stunden vor der geplanten Abfahrt schon vorhabe? Die simple Antwort: »Ich will aufstehen, was fragst du danach« war nicht besonders einfallsreich, und als er dann noch den roten Rock anzog und trotzdem behauptete, zum König gehen zu wollen, war dem Diener klar, dass hier etwas aus dem Ruder zu laufen drohte. Er schickte nach dem Oberstleutnant von Rochow, der sogleich zusammen mit anderen Offizieren auf der Bildfläche erschien. Friedrich wartete vor der Scheune, an einen Wagen gelehnt, auf Keith. Doch als der Page endlich kam, war es zu spät. Rochow und die anderen hatten Friedrich bereits umringt. Verzweifelt versuchte er noch, sich auf eines der Pferde zu schwingen, »aber die Offiziere ließen ihn nicht dazu kommen und zwangen ihn, der sich wie ein Verzweifelter wehrte, mit ihnen zur Scheune zurückzukehren und die Uniform wieder anzulegen«.[14] Den verdutzten Keith schnauzte Rochow an, er möge sich mit seinen Pferden zum Teufel scheren. Die Flucht des Kronprinzen war zu Ende, ehe sie richtig begonnen hatte.

Dazu hatte Friedrich unwissentlich selbst beigetragen. Beim Besuch in Ansbach hatte sich der Kronprinz mit dem Rittmeister Hans Friedrich von Katte (1698–1764) getroffen, einem älteren Vetter seines Freundes, der als preußischer Werbeoffizier unterwegs war. Über diesen, in die Hintergründe nicht eingeweihten, älteren Katte lief der Briefwechsel zwischen den beiden Freunden. Doch in

Ansbach versuchte Friedrich, Hans Friedrich von Katte auch als Fluchthelfer zu gewinnen. Er sollte in Nürnberg auf den Namen des Kronprinzen einen Wechsel ausstellen und Geld besorgen – für eine Reise, die er bald zu unternehmen gedenke. Er habe daraufhin, so Katte später im Verhör, »den Prinzen um Gottes Willen gebeten, gänzlich von seinem Vorhaben abzugehen«, das doch viel zu gefährlich sei. Im Wald lauerten Räuber, und die Flüsse, die er überqueren müsse, seien reißend. Als er Friedrich damit nicht umstimmen konnte, warnte er Oberstleutnant von Rochow in einem Brief: »Geben Sie auf alle Art und Weise auf den hohen Untergebenen Achtung, damit selbiger nicht einen Augenblick allein auf der jetzigen vorgenommenen Tour, denn zwar nichts ferner schreiben kann, allein ich habe einen kleinen Verdacht, damit selbiger keine Exkursion insgeheim vornehme, und haben Sie die größte Ursache sehr genau auf ihn Achtung geben zu lassen, damit er keine Postpferde oder sonst fortkommen kann … Lassen Sie den Kronprinzen nicht eine Stunde aus den Augen, absonderlich zu Stuttgart und Mannheim. Verehrtester Herr Oberstleutnant, Sie sehen mein treues und gutes Herz, seien Sie genereuse [großzügig] und verraten mich nicht weder dem Könige noch [dem] Kronprinzen …«[15]

Friedrich hatte dem älteren Katte in seiner Naivität und Offenherzigkeit sogar verraten, dass er in der Nacht vor der Ankunft in Mannheim fliehen wollte – daher konnte der Rittmeister seiner Warnung einen so präzisen Hinweis hinzufügen. Rochow besprach sich daraufhin mit anderen Offizieren; gemeinsam entschieden sie, dem König darüber vorerst keine Meldung zu machen, Friedrich aber im weiteren Verlauf der Reise keine Minute mehr aus den Augen zu lassen. Und es war klar, dass beim kleinsten Anlass die Alarmglocken läuten würden.

Der König hatte von dem Spektakel, das sich vor der Scheune in Steinsfurt abgespielt hatte, nichts mitbekommen, und als er wenig später seinen Sohn traf, befahl er ihm lediglich, nach Mannheim vorauszufahren, da er mit seinem schwereren Wagen mehr Zeit benötige. Doch Friedrich trank in aller Seelenruhe Tee und bedrängte Keith weiter, Pferde bereitzustellen. In Mannheim angekommen, musste Friedrich Wilhelm I. daher feststellen, dass sein Sohn noch nicht in der Stadt war. Als der Tross endlich auftauchte, schien alles nach Programm weiter verlaufen zu können. Doch fiel dem Grafen Seckendorff – der bis dahin so wenig wie der König über den Fluchtversuch Bescheid wusste – auf, dass der Kronprinz »malcontent«, schlecht gelaunt, war. Ausgerechnet beim Besuch des Gottesdienstes am nächsten Tag platzte die Bombe: Keith hatte es mit der Angst zu tun bekommen – und beichtete dem König, was in der Nacht vorgefallen war. Nun musste sich Rochow vorwurfsvolle Fragen gefallen lassen. Weshalb er über diesen Vorfall keine Meldung gemacht habe? Er werde, ließ der König ihn wissen, mit seinem eigenen Kopf dafür haften, dass der Kronprinz wieder nach Preußen zurückkehre – tot oder lebendig!

Der Kronprinz selbst gab sich in diesen Tagen auf eine fast provozierende Art selbstsicher, sogar als offenkundig war, dass sein Vater von der Szene vor der Scheune Bescheid wusste. So berichtet Graf Seckendorff in seinem Reisejournal zum 6. August: »Abends um neun Uhr langte man in Darmstadt an ... Der Kronprinz kam etwas später, wurde aber sogleich zum König gerufen, der ihn gefraget, was er hier machte und ob er denn nicht schon in Frankreich. Worauf der Kronprinz ... will geantwortet haben, dass er wohl dahin kommen könne, so er gewollt.«[16] Zwar wusste der König damals noch nichts über die genauen

Zusammenhänge, doch war es selbst in dieser Situation mehr als verwegen, ihm eine solche Antwort zu geben. Tags darauf brachte der König an der Tafel einen Trinkspruch auf die Gesundheit Kaiser Karls VI. aus und auf all jene, die »gut kaiserlich« seien. »Welche es von unseren Kindern nicht sind, sind Hurenkinder und meritieren [verdienen] nicht den Namen von deutschen Fürsten zu führen.« Während er dies sagte, blickte er »mit zornigen Augen immer den Kronprinzen an«,[17] dessen englandfreundliche Haltung er nur zu gut kannte. Und damit hatte Friedrich Wilhelm I. selbst endgültig abgeschlossen – er war wieder ganz der Mann des Kaisers.

Die dilettantische Vorbereitung und die halbherzige Ausführung haben zu der Vermutung geführt, dass Friedrich gar nicht ernsthaft fliehen wollte, dass es ihm vielmehr um eine Provokation seines Vaters gegangen sei und er den Konflikt habe auf die Spitze treiben wollen.[18] Darauf könnte die Darmstädter Episode hinweisen.

Das wäre ein wahrhaftes Spiel mit dem Feuer gewesen. Vielleicht könnte man die halbherzige Flucht aber auch als eine Art verzweifelten Hilferuf interpretieren – wie bei einem potenziellen Selbstmörder, der sich zwar eine Verletzung beibringt, aber darauf hofft, noch rechtzeitig gefunden zu werden. Doch auch diese Erklärung vermag letztlich nicht zu befriedigen.

Seinem Vorleser de Catt erzählte Friedrich während des Siebenjährigen Krieges: »Die Strenge meines Vaters gegen mich, meine Schwestern und meine Brüder…, die übermäßig schlechte Behandlung, meine ganz entgegengesetzten Neigungen…, der fortgesetzte Zwang, unter dem er mich in jeder Hinsicht hielt, die immer wieder erwachende Furcht – alles das ließ mich, wahrlich recht unbesonnen, den gewaltsamen Plan fassen, mein Vaterhaus zu verlassen;

aber, zum Teufel, wusste ich etwa, wohin ich gehen sollte? Das beweist Ihnen, mein Lieber, dass es das rasche Aufbrausen eines sehr verbitterten, sehr jungen und schrecklich unbesonnenen Geistes war.«[19] Jugendlicher Übermut spielte bei dem Fluchtversuch sicherlich eine Rolle, und der Auslöser war ebenso ohne Zweifel tiefe persönliche Verzweiflung. Es ist aber interessant, dass Friedrich gegenüber de Catt behauptet, dass er nicht einmal gewusst habe, wohin er hätte gehen sollen. Das ist definitiv falsch, doch möglicherweise verständlich, wenn man sich die folgenden Ereignisse vor Augen hält.

Maßgeblich war, wie der König die gescheiterte Flucht seines Sohnes beurteilen würde. In Darmstadt hatte Friedrich Wilhelm I. zum ersten Mal gezeigt, dass es innerlich in ihm bebte, doch im Ausland waren ihm die Hände gebunden. Auch konnte er sich vor seinen Gastgebern keine Blöße geben. Gleichwohl musste der Kronprinz in Frankfurt auf dem Schiff bleiben, während die restliche Reisegesellschaft den »Römer« besichtigte. Der König traute seinem Sohn nicht mehr über den Weg. Beim Frühstück am nächsten Morgen trank er auf die Gesundheit aller Anwesenden. Dann blickte er Friedrich an und sagte: »Auf Deine aber nicht. Du bist ein Deserteur.«[20]

Friedrich bekam es nun doch zunehmend mit der Angst zu tun. In Bonn vertraute er sich daher Seckendorff an, von dem er glaubte, dass er am ehesten in der Lage sei, den väterlichen Zorn zu mildern: Er habe die Schläge und die harte Behandlung durch den König nicht mehr ausgehalten, gab er als Grund für seine Fluchtpläne an. Vor allem die Vorfälle im Mühldorfer Lager scheinen auf ihn eine geradezu traumatische Wirkung gehabt zu haben. Sein Vater habe ihn dort »so hart mit der Faust ins Gesicht geschlagen, dass ihm das Maul etliche Tage geschwollen gewesen« sei.

Als Ziel seiner Flucht gab er gegenüber dem österreichischen Gesandten Frankreich an. »Des Kronprinzen Bitte an den General Seckendorff war, dass er möchte den König in seinem Namen um Pardon ersuchen, er wolle alles offenbaren, bäte aber um Gnade für diejenigen, so mit ihm gehen wollen. Der Kronprinz endigte mit der Versicherung an General Seckendorff, dass er in Ewigkeit nicht wollte den Dienst vergessen, den er ihm dadurch täte, dass der König keine ordentliche Inquisition [Untersuchung] in der Sache anstellte.«[21] Diese Aussicht dürfte Seckendorff besonders angespornt haben: Würde Friedrich ins kaiserliche Lager umschwenken, wäre die Vermittlung geradezu Gold wert gewesen, auch wenn er wusste, wie schwer es sein würde, den König milde zu stimmen.

Eine politische Verschwörung?

Zunächst scheint Friedrich Wilhelm I. unter dem Eindruck der Fürsprache des österreichischen Gesandten noch geneigt gewesen zu sein, das ganze Geschehen nicht über Gebühr zu dramatisieren (was eine fürchterliche Prügelorgie keineswegs ausgeschlossen hätte). Wenn der Kronprinz, gab er Seckendorff zu verstehen, die Wahrheit sage, wolle er noch einmal »Gnade vor Recht ergehen lassen«. Doch seine Wut war keineswegs verraucht, und als in Moers erstmals wieder preußischer Boden betreten wurde, empfing der König seinen Sohn mit den Worten: »Ha, Ha, hier haben wir einander in *meinem* Lande.«[22] Die Zeit der Rücksichtnahme im Ausland war vorüber.

Verschärft worden war die Situation durch die Flucht des älteren Keith aus Wesel. Für den König war damit klar: Es handelte sich um kein zwar törichtes, aber spontanes Abenteuer Friedrichs, sondern um die konspirative Ausführung einer geplanten Tat, bei der er Helfer gehabt hatte. Im Strafrecht würde man sagen: Friedrich hatte nicht im Affekt, sondern vorsätzlich gehandelt. Er hatte als »des Königs Offizier« Fahnenflucht begehen wollen – und das war kein Kavaliersdelikt.

Dem österreichischen Gesandten gab der König auf der Weiterreise nach Wesel tiefe Einblicke in sein aufgewühltes Seelenleben in diesen Tagen. Man mag seine Stimmung fast depressiv nennen. Er wisse nicht mehr, wem er trauen könne. »Er sähe wohl, er lebte Weib und Kindern zu lang, und da man capable [imstande] wäre zu fliehen und sich in seiner Feinde Hände zu werfen, so wäre man auch capable, ihn, den König, mit Gift zu vergeben [ermorden]. Alle seine Leute, außer wenigen, hingen am Kronprinzen, und die es nicht mit seiner Partei hielten, denen wären sie gram und verfolgten sie. Er glaubte vor sicher, dass der Kronprinz hätte wollen nach England gehen, da hätten sie ihm die Prinzessin gleich angetrauet und vermeinet, er müsste hernach tun, was sie wollten.«[23]

In diese Vorstellung von einer Verschwörung, in die sich der König zunehmend hineinsteigerte, passte auch, was sich am Tag nach Friedrichs Flucht in Mannheim abgespielt hatte. Damals waren französische Offiziere aus dem benachbarten Landau in der Stadt erschienen. Das Zusammentreffen der Ereignisse war ein Zufall gewesen – doch dieser hatte das Misstrauen Friedrich Wilhelms I. geweckt und fügte sich nun als weiterer Mosaikstein in die Vorstellung eines regelrechten Komplotts gegen seine Herrschaft. So schrieb der englische Gesandte Guy Dickens nach London: »Der König argwöhnt, dass … ganz England, Frankreich, die Königin, seine Gemahlin, und alle seine Umgebungen (Grumbkow ausgenommen) sich gegen ihn verschworen und unmittelbar oder mittelbar an dem Plane seines Sohnes zu entfliehen, Teil genommen haben.« In den folgenden Wochen beruhigte sich Friedrich Wilhelm I. keineswegs – im Gegenteil. Gegenüber Seckendorff zeigte er sich überzeugt davon, »dass ein Plan im Werke gewesen [sei], ihn zu ermorden oder zu vergiften«. Man gebe sich große Mühe, »dass er vor aller Welt als ein Tyrann erschiene«.[24]

Der Fluchtversuch Friedrichs war inzwischen das Gesprächsthema Nummer eins an den europäischen Höfen. Auch deshalb, so der König, könne die Sache nicht mehr in der Stille abgetan werden. Er sah sich stattdessen gezwungen, ein Exempel zu statuieren, um im In- und Ausland unmissverständlich klarzumachen, dass es nicht ratsam war, sich schon jetzt auf die Seite der »künftigen Sonne«, des Kronprinzen, zu stellen. Der König ließ keinen Zweifel daran, dass er die »Verschwörung« aufdecken und dabei seinen Sohn nicht verschonen werde.

Selbst wenn Friedrich nicht ahnen konnte, dass der Vater seinen Fluchtversuch als Teil einer Verschwörung gegen seine Herrschaft interpretieren würde – hätte ihm nicht gleichwohl klar gewesen sein müssen, dass er diesen neuerlichen Akt des Ungehorsams bestrafen würde? Dass nicht nur er selbst daraufhin mit weitreichenden Konsequenzen rechnen musste, sondern der Bannstrahl des Königs zwangsläufig alle seine Vertrauten und Freunde gleichermaßen treffen würde? Friedrich war diese Gefahr durchaus bewusst. Anders als bei früheren Gelegenheiten hatte er 1730 beispielsweise seine Schwester Wilhelmine nicht in die Fluchtpläne eingeweiht. So glaubte er (fälschlicherweise), sie vor der Rache des Königs schützen zu können. Ebenso hat er seine Mutter bewusst im Unklaren gelassen.

Und Katte? Beim letzten geheimen Treffen mit dem Freund vor der Abreise nach Süddeutschland hatte Friedrich dessen Ängste mit dem Hinweis zu zerstreuen versucht, dass doch auch sein Großvater, Kurfürst Friedrich III., der spätere König Friedrich I., als junger Kurprinz 1687 vor seinem Vater, dem Großen Kurfürsten, von Berlin nach Kassel geflohen sei. Tatsächlich hatten die damaligen Ereignisse der Dramatik nicht entbehrt. Der Große Kurfürst mochte seinen zweitgeborenen Sohn nicht, und er trauerte noch immer dem verstorbenen Kurprinzen Karl Emil nach. Zugleich hoffte er, aus seiner zweiten Ehe weitere Kinder zu bekommen. In dieser Situation starb Friedrichs jüngerer Bruder Ludwig (1666–1687) plötzlich – und Friedrich bekam es mit der Angst zu tun. Hatte seine Stiefmutter vielleicht mit Gift nachgeholfen, und würde er der Nächste sein? Aus der Kur im böhmischen Karlsbad zog es Friedrich daraufhin vor, nach Kassel, der Heimat seiner ersten Ehefrau Elisabeth Henriette (1661–1683), zu reisen und nicht zurück nach Berlin. Dazu erklärte er sich erst bereit, nachdem ihm sein Vater die persönliche Integrität zugesagt und zudem versichert hatte, dass seine Helfer gleichfalls nicht mit einer Verfolgung zu rechnen hätten. Wenn damals alles gut ausgegangen war – wieso sollte es nun nicht wieder glücken? Doch Friedrich III. war bei seiner Flucht kein 18-jähriger Jüngling, sondern ein gestandener Mann von 30 Jahren, auch flüchtete er nicht bei Nacht und Nebel und auf einer Reise an der Seite seines Vaters. Der »Soldatenkönig« hat den Vergleich denn auch überhaupt nicht gelten lassen: »Dieses eine ganz andere Sache wäre mit meinem Großvater und Vater, denn diesem nach dem Leben getrachtet wurde.« Auch sei der Vater »mit seiner völligen Equipage«, also mit seinem gesamten Gepäck, und nicht inkognito nach Hessen gereist. Dieses sei keineswegs eine Desertion gewesen; wohl aber, was sein Sohn getan habe, der »ein Dieb und Schelm« sei.[25] Und Schelm hatte damals nicht den eher verharmlosenden Klang von heute, sondern bedeutete »Bösewicht« in einem durchaus justiziablen Sinn.

Für den Fall eines Scheiterns ging Friedrich davon aus, dass Katte noch rechtzeitig alle kompromittierenden Briefe würde vernichten können. Als ihm dann Seckendorff in Bonn klarmachte, dass Katte längst verdächtigt wurde, mit ihm unter einer Decke zu stecken, erschrak er zutiefst. Es lief eben alles überhaupt nicht so, wie es bei seinem Großvater vonstattengegangen war.

Erste Verhöre in Wesel

Am 6. August 1730 war Keith aus Wesel geflohen, fünf Tage darauf erfuhr der König davon. Der Tross befand sich zu diesem Zeitpunkt in Geldern und damit bereits auf preußischem Boden. Sofort befahl er dem Oberst Peter Ludwig Dumoulin (1681–1756), den Flüchtigen zu verfolgen. Keith war von Wesel aus zunächst nach Den Haag geritten, dem mit Friedrich vereinbarten Treffpunkt nach gelungener Flucht. Und davon war Keith tatsächlich ausgegangen, denn in Den Haag fragte er nach dem »Grafen d'Alberville« – so hatte Friedrich sich bei seiner Flucht nennen wollen. Dass Keith durch einen Brief des Kronprinzen gewarnt worden und deshalb geflohen sei, ist eine Legende. Zu einer solchen Warnung wäre Friedrich gar nicht mehr in der Lage gewesen. Als Dumoulin in Den Haag ankam, hatte der Gesuchte sich bereits in den Schutz der englischen Gesandtschaft begeben. Wenige Tage später gelang ihm unter abenteuerlichen Umständen die Weiterreise nach Scheveningen und von dort nach England. Zerknirscht musste Dumoulin am 25. August dem König gestehen: »Ich kann nicht verhehlen, wie nahe es mir geht und wie schmerzlich es mir ist, dass ich in die mir allergnädigst anvertraute Kommission nicht besser habe reüssieren können ... Gott ist mein Zeuge, dass ich weder Tag noch Nacht fast nicht geruht habe, und dass ich alle meine Fakultäten [Fähigkeiten] angewendet habe, Eurer Königlichen Majestät allergnädigsten Willen zu erfüllen.« Am Rand dieses Briefs findet sich der Vermerk des Königs: »Soll wiederkommen«.[26]

In England war man bereit, Keith vorübergehend zu beherbergen, doch fürchtete man nach wie vor diplomatische Verwicklungen. Zunächst versuchte man daher, ihn in Irland aus der Schusslinie zu bringen; schließlich trat er in portugiesische Dienste.

Alle preußischen Versuche, seine Auslieferung zu erwirken, schlugen fehl. So wurde er in Abwesenheit zum Tode verurteilt und am 17. März 1731 »in effigie« (im Bildnis) gehenkt. Das war durchaus wörtlich zu verstehen: Denn dabei wurde statt des Delinquenten ein Schild mit dessen Konterfei zum Richtplatz geführt. Dort sollte der Büttel, wie der König für die »Hinrichtung« Keiths explizit festlegte, zuerst dessen Degen zerbrechen und dann dem Bild des Verurteilten »Maulschellen geben«. Schließlich sollte er die folgenden Worte sprechen: »Der gewesene Leutnant von Keith, welcher als ein Pflichtvergessener seine Fahnen verlassen [hat], wird hiermit von Rechts wegen zum Schelm gemacht, worauf der Büttel die Schilderey an den Galgen hängen soll.«[27] Solche Hinrichtungen »in effigie« waren im 18. Jahrhundert keine Seltenheit, denn Abkommen über den Austausch von Gefangenen, wie es sie heute zwischen vielen Staaten gibt, kannte man nicht. Wer also die Landesgrenzen überschritten hatte, konnte sich gute Chancen ausrechnen, der heimischen Strafverfolgung zu entrinnen.

Friedrich selbst war am 11. August 1730 in Wesel angelangt. Der König kam erst einen Tag später in die Stadt, doch noch am gleichen Abend fand das erste Verhör des Kronprinzen statt – durch den König selbst, der ihn ermahnte, die Wahrheit zu sagen und alle Umstände der Desertion aufzudecken. Auch sollte er »auf Pflicht und Gewissen« zugeben, wer von seinen Plänen gewusst und ihn darin unterstützt habe. Friedrich versuchte gar nicht erst, die Tat als solche zu leugnen. Als sein Vater fragte, warum er einen »so bösen Vorsatz« gefasst habe, antwortete er: »Weil Seine Königliche Majestät immer ungnädiger geworden und ihm davon viele empfindliche Marquen [Beweise] gegeben, daher ihn die Desperation [Verzweiflung] auf den Gedanken der Flucht gebracht«. Zwar sei dies »höchst unrecht« gewesen und »reue ihn sehr, aber der Verdruss, dass er nicht als ein Offizier gehalten worden, hätte ihn zu dieser verzweifelten Entschließung gebracht«. Dass Friedrich hier die Offiziersehre ins Spiel gebracht hat, die seinem Vater doch so viel bedeutete, war ein geschickter Schachzug. Ebenso dass er im Verhör nicht England als Ziel seiner Flucht angab. Er habe sich »allezeit vorgesetzt gehabt«, nach seiner Ankunft in Frankreich »an Seine Majestät [zu] schreiben, Sie um Vergebung [zu] bitten und zugleich dieselben zu ersuchen, ihn künftig gnädiger zu traktieren«. Hätte man ihm dies zugesichert, habe er sofort wieder nach Hause kommen wollen.

Offen benannte Friedrich seine beiden Helfer Keith und Katte. Dabei erwähnte er allerdings nur Fakten, bei denen er davon ausgehen musste, dass sie ohnehin herauskämen. Dass es für Katte eng werden würde, war nach dieser Aussage klar: Er hatte die Flucht nicht nur gebilligt, sondern auch das Geld dafür beschafft, indem er die Diamanten aus Friedrichs Ordenskreuz verkaufte. Vor allem aber hatte er, wie Friedrich aussagte, versprochen, »mit von der Partie« zu sein. Noch im Protokoll dieses ersten Verhörs ist vermerkt: »Seine Königliche Majestät haben hierauf resolviert [beschlossen], ... den Leutnant Katte zu arretiren [inhaftieren] und seine Briefschaften und Sachen zu versiegeln.«[28]

Dass der König im Verlauf dieses ersten Verhörs in Wesel seinen Degen gezogen und nur mit Mühe davon habe abgehalten werden können, auf seinen Sohn einzustechen, ist eine weitverbreitete Legende. Tatsächlich scheint es zu einer handfesten Auseinandersetzung gekommen zu sein, die sich aber nicht ganz so abgespielt hat. In seinem Reisebericht hat Graf Seckendorff den Vorfall festgehalten: »Dahero der König den Kronprinz mit dem Stock ins Gesicht gestoßen, selbigem den Degen von der Seiten gerissen und sogleich den Generalmajor Mosel rufen lassen, der ihn oben in ein Zimmer ... bringen und mit doppelter Schildwache verwahren lassen müssen.«[29] In jedem Fall ist diese Szene ein Beleg für die hochgradige Erregung, in der sich der König in diesen Tagen befunden hat.

In zweiten und dritten Verhör in Wesel wurde Friedrich nicht mehr von seinem Vater, sondern von dem Oberst Christian Reinhold von Derschau (1679–1742) vernommen. Doch dieser war nicht nur der Generaladjutant des Königs, sondern als Mitglied des Tabakskollegiums zugleich einer seiner engsten Vertrauten. Aber ohnehin war es der König selbst, der die Fragen zuvor festgelegt hatte. Dabei ging es um den Anteil Keiths und Kattes an Friedrichs Plänen und um die Frage, ob es darüber hinaus weitere Helfer und Mitwisser gegeben habe. Wieder verhielt sich der Kronprinz geschickt: Die Initiative sei von ihm und nicht von Katte ausgegangen. Nein, weitere Mitwisser habe es nicht gegeben. »Ob er nicht mit Fremden von dieser vorseienden Flucht gesprochen?« »Nein.« »Ob er nicht an auswärtigen

Orten jemand sondiert, ob er daselbst keine retirade [Zuflucht] nehmen könne?« »Nein, denn dadurch hätte er riskiert, verraten zu werden, wenn es ihm etwa abgeschlagen wäre worden.«

Diese Fragen zeigen, dass der König nach Hinweisen auf eine Verschwörung suchte – und dass Friedrich keineswegs vorhatte, alles zuzugeben. Die letzte Antwort war natürlich eine Lüge, denn er hatte ja Guy Dickens darum gebeten, in England aufgenommen zu werden. Doch diese Lüge entsprach der Verteidigungstaktik, die Friedrich in Wesel verfolgte: Er habe nach Frankreich ausreisen und schnell wieder zurückkommen wollen, wenn der Vater ihm verziehen haben würde. Das mochte gerade noch angehen und hätte – wie noch aufzuzeigen sein wird – auch juristisch anders bewertet werden können. Aber nach England zu fliehen, das hätte der Vorbereitung bedurft und die Vermutung des Königs scheinbar bestätigt, dass es sich um eine politische Verschwörung handelte. Selbst als Derschau nachfragte, weshalb denn Keith nach England geflohen sei, wenn der Kronprinz dies nicht selbst vorgehabt habe, blieb Friedrich dabei: »Dieses ist meine wahre Aussage.«[30]

Friedrich musste erkennen, dass er – wie geschickt seine Aussagen gewesen sein mochten – den Vater nicht hatte überzeugen können. Während er sich in den Verhören sehr abgeklärt und keineswegs verzweifelt gezeigt hatte, versuchte er nun durch einen reumütigen Brief die Gnade des Vaters zu erreichen. Niemals habe er eine »solche böse Intention« gehabt, wie sie ihm unterstellt werde. Daher bitte er seinen »lieben Papa ... untertänigst um Erlassung meines Arrests«.[31] Aber davon konnte keine Rede sein. Am 19. August 1730 befahl Friedrich Wilhelm I., seinen Sohn nach Küstrin in der Neumark zu bringen. Der Plan, ihn in Spandau zu inhaftieren, wurde fallen gelassen, weil man glaubte, die dortige Festung sei wegen der Nähe zu Berlin und Potsdam als Gefängnis nicht sicher genug.

Häftling in Küstrin

Den Kommandanten von Küstrin, Generalmajor Otto Gustav von Lepel (1657–1735), wies der König an, »auf das schleunigste zwei Kammern für einen großen Gefangenen [zu] präparieren« – mit Gittern vor den Fenstern und guten Türen.[32] Friedrichs Bewacher auf der Reise nach Küstrin sollten »mit guten Pistolen und Degen« strikt darauf achten, dass der »Arrestant« keine Gelegenheit zur Flucht bekomme. Da es zwischen Wesel und dem brandenburgischen Kernland keine Verbindung gab, musste der Tross nichtpreußische Gebiete durchqueren; gerade dieser Umstand machte die Reise besonders heikel: »Ihr sollet also den nächsten und geradesten Weg gehen von Wesel bis Halle, aber nicht durch das Hessische noch Lüneburgische [sprich: durch welfisches Gebiet], sondern über den Westerwald. Von Halle sollet ihr gehen über Dessau und Treuenbrietzen; von Treuenbrietzen auf Mittenwalde und Fürstenwalde, und so weiter nach der Festung Küstrin.«

Selbst an das menschlichste aller Geschäfte wurde gedacht: »Hat er seine Notdurft zu verrichten, so muss solches auf freiem Felde geschehen, woselbst man ... weit umher sehen kann und da keine Hecken noch Sträucher sind.« Sollten seine Bewacher einen Befreiungsversuch selbst mit Gewalt nicht verhindern können, »so sollt ihr dahin sehen, dass die anderen ihn nicht anders als tot bekommen«.[33] Väterliche Milde klingt anders. Doch die Vorsichtsmaßnahmen zeigen, für wie groß Friedrich Wilhelm I. die Bedrohung durch diese potenzielle Verschwörung hielt.

Die Verhaftung Kattes erfolgte am Morgen des 16. August 1730. Dieser habe sich dabei überhaupt nicht »konsterniert« gezeigt, wunderten sich die beauftragten Offiziere. Die Vermutung des Königs, dass er zuvor eine Warnung erhalten habe, wies Katte zurück: Ansonsten würde er es nicht unterlassen haben, »eine Flucht zu tentieren [versuchen] und mich aus dem Staube zu machen«.[34] Da Katte nichts mehr von Friedrich gehört hatte, sei er davon ausgegangen, dass dieser seinen Plan aufgegeben habe. Friedrich selbst hatte Katte nicht mehr warnen können. Noch Tage nach der vereitelten Flucht war er ja selbst davon ausgegangen, dass er glimpflich davonkäme und der König von den Hintergründen nichts erführe. Erst im weiteren Verlauf der Reise – siehe seine Kontaktaufnahme mit Seckendorff – wurde ihm der wirkliche Ernst der Lage langsam bewusst. Und dann war es zu spät: Zwischen Bonn und Wesel hatte er keine Möglichkeit mehr, einen Brief an Katte zu schreiben oder ihm über Mittelsmänner eine Warnung zukommen zu lassen, selbst wenn er gewollt hätte.

Katastrophenstimmung in Berlin

Dem König war bewusst, welcher Schock die Nachricht von der Verhaftung Friedrichs für seine Frau, die Königin, sein würde. Daher schrieb er zunächst an die Oberhofmeisterin von Kameke: »Ich habe leider das Unglück, dass mein Sohn hat desertieren wollen mit dem Pagen Keith. Ich habe ihn arretieren lassen. Ich habe [an] meine Frau geschrieben. Sie muss [es] ihr von weitem vorbringen, wenn es auch ein paar Tage dauern sollte, dass sie nicht [da]von krank wird.«[35] Frau von Kameke sollte es der Königin also schonend beibringen und erst dann den Brief ihres Mannes

mit den weiteren Informationen über das Schicksal ihres
Sohnes übergeben. Diese Nachricht erreichte Sophie Dorothea, überliefert Wilhelmine in ihren Memoiren, ausgerechnet während eines Balls im Schloss Monbijou. Sie habe
gerade noch ausgelassen getanzt, als sie ihre Mutter »am
Ende des Saales sah: bleicher als der Tod«. Darin gibt sie
auch den Brief des Königs wieder: Er habe »den Schurken
von einem Fritz« verhaften lassen und werde ihn »behandeln, wie er es für sein Verbrechen und seine Feigheit verdient«.[36]

Die Problematik mit den Briefen, die Wilhelmine in
ihren Memoiren wiedergibt, ist, dass sie sich in den Archi-
ven oft nicht finden. Das hat in der Forschung zu der Vermutung geführt, dass sie frei erfunden waren in der Absicht,
den Vater als Wüterich bloßzustellen. Gleichwohl sind die
»Briefe« wie auch die Memoiren insgesamt eindrückliche
Stimmungsbilder einer Augenzeugin und als solche, wie
schon Fontane sagte, »von unschätzbarem Wert«.[37] Ob der
Brief nun so hart formuliert war oder nicht, ob die Oberhofmeisterin der Königin den Brief ihres Gemahls tatsächlich während eines Festes oder erst am darauffolgenden Tag
übergeben hat (wie Guy Dickens nach London schrieb), ist
denn auch nicht von entscheidender Bedeutung.

Sophie Dorothea war tatsächlich zutiefst bestürzt, doch
zugleich war ihr klar, dass sie sofort auf die Nachricht reagieren musste. Daher antwortete sie ihrem Mann schon
am nächsten Tag, dem 17. August: »Gestern Abend übergab
mir Madame de Kameke den Brief, den Sie die Güte hatten, mir zu schreiben und der mich in Verzweiflung gestürzt
hat wegen des schlechten Verhaltens, das Fritz gegen Euch
an den Tag gelegt hat. Ich fühle den größten Schmerz der
Welt. Ich weiß nicht, welchen Grund Fritz dafür angeben
könnte, eine solche Torheit begangen zu haben. Ich ver-

urteile diese voll und ganz.« Es gebe dafür außer seiner »großen Jugend« keine Entschuldigung. »Doch ich kenne Ihr gutes Herz und bin davon überzeugt, dass Sie ihn nicht so behandeln werden, wie er es eigentlich verdiente, sondern wie ein guter Vater.«[38] Dieser Appell an die väterliche Milde, den Sophie Dorothea in den folgenden Tagen noch mehrfach wiederholte, war das einzige Argument, bei dem sie sich gewisse Erfolgsaussichten erhoffen konnte. Auch Wilhelmine setzte in einem Brief an ihre Schwester in Ansbach darauf: »Möge Gott das Herz des Königs zur Milde bewegen«[39] – ein frommer Wunsch zwar, doch schien es wenig ratsam, Friedrichs Verhalten rechtfertigen oder mit der strengen Behandlung durch den König erklären zu wollen. Das hätte seine Wut nur gesteigert.

Mehr noch als seine Frau geriet Wilhelmine in das Fadenkreuz der königlichen Verdächtigungen. Ihr Vater argwöhnte, dass sie nicht nur Mitwisserin der Pläne ihres Bruders gewesen sei, sondern auch Katte nach der gescheiterten Flucht gewarnt habe. Beides war falsch, wenngleich die Prinzessin kaum überrascht gewesen sein kann, als sie von der Flucht erfuhr. Entsetzt war sie nach eigener Aussage über die Naivität und die Sorglosigkeit Kattes, der »in der ganzen Stadt von den Plänen meines Bruders« erzählt »und sogar vor Leuten, denen nicht zu trauen war, darüber gesprochen« habe.[40] Sosehr Wilhelmine in dieser Situation ihren Bruder bedauerte, so sehr war ihr klar, welches Ungemach über sie hereinzubrechen drohte, wenn der König zurück nach Berlin kam. Selbst dem englischen Gesandten war davor bange, wie er nach London schrieb: »Neben den Besorgnissen für den Prinzen sind wir auch nicht ohne Furcht für seine Schwester. Denn einige ihrer Briefe sind unter des Prinzen Papieren gefunden worden, und da sie wahrscheinlich etliche unvorsichtige Ausdrücke gebraucht hat, so zittern wir bei dem Gedanken an die Folgen nach des Königs Rückkehr.«[41]

Tatsächlich hatten Sophie Dorothea und Wilhelmine dem Kronprinzen zahlreiche Briefe geschrieben, und natürlich waren bei den Unterlagen Kattes auch vertrauliche Briefe von Friedrich selbst. »Wenn dem so ist, sind wir verloren«,[42] fürchtete Königin Sophie Dorothea. Fast triumphierend berichtete Graf Seckendorff nach Wien, »dass der bei des Kronprinzen Flucht am meisten Teil gehabte Leutnant Katte mit allen seinen Briefschaften arretiert. Die Königin und die Kronprinzessin [Wilhelmine] sollen darüber sehr konsterniert sein, indem man bei dem Katte 2000 Taler und sehr viele Juwelen von Wert gefunden [hat], welche mutmaßlich von ihnen herkommen.« Wenn der Königin und Wilhelmine tatsächlich eine Mitwisserschaft nachgewiesen werden konnte, musste das der englischen Partei am Hof den Rest geben – genau darauf spekulierte Seckendorff. Doch am 4. September musste der Gesandte einräumen: Bei dem »arretierten Leutnant Katte« seien keine Briefe mehr gefunden worden. Er habe offensichtlich »noch die Zeit gehabt, solche zu verbrennen«.[43]

Doch Katte war nicht gewarnt worden. Er wurde nicht einmal in seiner Wohnung in Berlin verhaftet, sondern während eines Urlaubs auf dem Landgut eines Bekannten. Und er war völlig arglos gewesen. Er hatte daher – anders als Friedrich gehofft hatte – überhaupt keine Veranlassung dazu gesehen, die kompromittierenden Briefe zu verbrennen. Wenn sie gleichwohl nicht gefunden wurden – wer hatte dann für ihre Vernichtung gesorgt? Wilhelmine erzählt in ihren Memoiren, dass die Königin und sie selbst sich nach der Verhaftung Kattes in den Besitz der Briefe gebracht und diese schließlich verbrannt hätten. Das packt Wilhelmine zwar in eine regelrechte Räuberpistole, doch trifft die Geschichte im Kern wohl zu, denn sie wird auch von Guy Dickens bestätigt.

Trotz der glücklich verlaufenen Aktion mit den Briefen erwarteten die beiden Frauen mit Schrecken die Rückkehr des Königs. »Es ist aller Grund vorhanden anzunehmen«, meinte Dickens, »dass sehr böse Pläne gegen die Königin und die Prinzessin im Werke sind.«[44] Und in einem anderen Brief: »Die Liebe und Freundschaft, die der Prinz und seine Schwester von Jugend auf füreinander gehegt haben, machen sie beide dem König gleich verhasst.«[45]

Am 27. August 1730 kam Friedrich Wilhelm in Berlin an. Um ihn zu besänftigen, bat Sophie Dorothea ihre Kinder, vor dem König »einen Kniefall [zu] tun, und ihn um Gnade anzuflehen«. Der Kronprinz erfuhr davon »nach Beendigung meines abscheulichen Küstriner Aufenthalts« und erzählte später seinem Vorleser de Catt darüber: »Die Markgräfin von Bayreuth, als die Älteste, warf sich meinem Vater zu Füßen, als er durch sein Vorzimmer ging. Sie wurde mit Ohrfeigen empfangen, die übrigen krochen vor Furcht unter einen Tisch ... Mein Vater, den Spazierstock in der Hand, wollte gerade die armen Kleinen verprügeln, als die Erzieherin, die Gräfin Kameke, hereintrat und um Gnade für ihre Kinder bat. ›Scheren Sie sich weg, Sie Vettel [Weib]‹, schrie der König. Sie antwortete, sie gerieten in Streit, und die erbitterte Gräfin sagte zum König: ›Der Teufel wird Sie holen, wenn Sie meine armen Kinder nicht gehen lassen‹, und bei diesen entschlossenen Worten holte sie die Kinder unter dem Tisch hervor und ließ sie in ein Zimmer gehen, wobei sie den König mit einer Miene anblickte, die Eindruck auf ihn machte. Am Tage nach dem Abenteuer sah der König die Gräfin; er dankte ihr, dass sie ihn am Begehen einer Torheit gehindert hatte. ›Ich werde immer Ihr Freund sein‹, sagte er zu ihr, und er hat Wort gehalten.«[46]

Die von Friedrich erzählte Szene deckt sich mit den Memoiren Wilhelmines, in denen das ganze Geschehen aber noch wesentlich dramatischer geschildert wird. Der König habe ihr Faustschläge ins Gesicht versetzt und ein Verhältnis mit Katte vorgeworfen, »von dem ich, wie er sagte, mehrere Kinder hätte«. Zum Schluss soll er sogar noch gewettert haben: »Ich werde jetzt den Schurken von einem Fritz und die infame Wilhelmine überführen … Die Beweise sollen mir nicht fehlen, um sie köpfen zu lassen.«[47] Dass Wilhelmine an dieser Stelle nicht unbedingt übertrieben hat, bestätigt Guy Dickens, der nach London berichtete: Der König habe bei seinen Tobsuchtsanfällen gegen die eigene Familie »Schaum im ganzen Mund« und drohe damit, »sie alle seiner Rache zu opfern«. Am 5. September 1730 sei der König in das Zimmer seiner Tochter gegangen: »Er belegte sie mit einer Menge Namen, welche zu wiederholen ich mich schäme, schlug ihr dann den Kopfputz vom Haupt, wand ihr Haar um seine Hand, schleppte sie durch die Stube und schlug und stieß sie an Kopf, Gesicht und Brust in so heftiger Weise, dass sie genötigt ist, das Bett zu hüten. Das ganze Schloss war in Schrecken über das Schreien und Jammern … Ich bin glaubhaft benachrichtigt, dass es der Königin nicht viel besser ergangen ist.«[48]

Dieser nahezu völlige Verlust jeder Selbstkontrolle ist selbst bei einem Choleriker wie Friedrich Wilhelm I. nur erklärbar, wenn man die Ausnahmesituation berücksichtigt, in der sich der König befand. Er ging weiterhin davon aus, dass der Kronprinz nach England hatte fliehen wollen und der Hof seines Schwagers in die Fluchtpläne direkt involviert war. Nicht zuletzt dies war der Grund, weshalb Sophie Dorothea und Wilhelmine, die »englische Canaille«, ebenfalls den vollen Zorn des Königs abbekamen. Friedrich

Wilhelm wollte mit niemandem mehr etwas zu tun haben, der ihn auch nur entfernt an England erinnerte. Seine Frau wollte er sogar dazu zwingen, ihr Glas auf den Untergang Englands zu erheben. Guy Dickens ließ der König wissen, weder von der einfachen noch von der doppelten Hochzeit wolle er jemals wieder etwas hören. Der englandfreundliche Geheime Staats- und Kabinettsminister Friedrich Ernst von Knyphausen (1678–1731) verlor durch die Affäre sein Amt und wurde vom Hof verbannt. Wäre sein Sohn tatsächlich nach England geflohen, polterte der König, »wäre ich mit meiner Armee in das Hannöversche gezogen und hätte alles brennen und sengen lassen, sollte ich auch mein Leben, Land und Leute sakrifiziert [geopfert] haben«.[49]

Der »Arrestant« Friedrich

Friedrich wurde am 5. September 1730 als Gefangener in die Festung Küstrin eingeliefert. Sein Vater hatte zuvor in einer Kabinettsordre genau bestimmt, wie er dort festgehalten werden sollte: »Es soll keiner bei ihm bleiben als sein Kammerdiener und Lakai. Alle ... seine Bücher sollen ihm abgenommen werden, und soll kein Buch behalten als die Bibel und das Gesangbuch und Johann Arndts *Wahres Christentum* [ein lutherisches Andachtsbuch]. Seine Flöte und Musikbücher sollen ihm auch abgenommen werden, und er soll mit keinem Menschen sprechen oder korrespondieren.« Ein besonderes Augenmerk sollte auf die Sicherheit des Gefangenen gelegt werden. Mit »Leib und Leben, Ehre und Gut« machte er den Kommandanten der Festung dafür verantwortlich, dass sein Sohn keine Möglichkeit zur Flucht erhielte. Selbst das Essen für den Kronprinzen, das in der Stadt zubereitet wurde, sollte daraufhin untersucht werden, ob nicht ein Fluchtwerkzeug darin verborgen sein könnte. Dürfe der Arrestant denn wenigstens mit Messer und Gabel essen, fragten die Bewacher den König. Keinesfalls, so die Antwort, es solle alles klein geschnitten werden, ehe man es ihm brächte. Teure Kerzen aus Bienenwachs? Für den »Schurken Fritz« genügten billige Talglichter.[50]

Die Ordre wurde später sogar noch verschärft: Auch der Diener sollte nun nicht mehr bei Friedrich wohnen, sondern in der Stadt. Den Festungskommandanten wies er an: »Ihr sollet ihn also mit niemandem sprechen lassen, auch nicht einmal mit seinem Diener, wenn er kommet, was zu bringen.« Briefe sollte der »Arrestant« weder schreiben noch empfangen dürfen. Zudem müsse er auf Friedrich »genaue und große Acht haben, dass er … nicht echapire [fliehe], weil er sehr listig ist, und hunderterlei interventiones [Einwände] haben wird, sich los zu praktizieren«.[51] Abgeben musste er natürlich auch seine Uniform. »So einen schlechten Offizier will ich nicht in meiner Armee haben, geschweige denn in meinem Regiment.«[52] Es sollte noch lange dauern, bis er wieder für würdig gehalten wurde, »des Königs Rock« zu tragen. Dementsprechend wurde ihm sogar sein Regiment abgenommen und auf seinen Bruder August Wilhelm übertragen. Während Friedrich nach Küstrin gebracht wurde, fanden die Verhöre Kattes in Berlin statt. Auch dieser musste seine Uniform ausziehen.

Das Verhör des »Schurken Fritz«

Da Katte und Friedrich Offiziere waren und als solche gegen »Kriegsartikel« verstoßen, also ihre soldatischen Pflichten verletzt hatten, mussten sie sich vor einem Kriegsgericht

verantworten, das in Köpenick zusammentrat. Im Vorfeld
der eigentlichen Verhandlung fanden die Verhöre der beiden Beschuldigten statt. So sah sich der Kronprinz am
16. September in Küstrin mit einem Katalog von 185 Fragen
konfrontiert, die ihm von der Untersuchungskommission
unter Vorsitz des Generalauditeur-Leutnants Christian
Otto Mylius (1678–1760) gestellt wurden. Auf die Ausrich-
tung des Verhörs hatte der König maßgeblichen Einfluss
genommen, sodass der Spielraum der Beamten vor Ort
klein war – doch haben sie ihn zu nutzen versucht. Grundlage der Entscheidung des Gerichts waren die Protokolle,
die bei den Verhören angefertigt wurden. Die Beschuldigten nahmen an der Verhandlung selbst nicht teil, auch gab
es weder Staatsanwalt noch Verteidiger. Dieses heute gän-
gige Verfahren wurde erst in der Mitte des 19. Jahrhunderts
üblich. Für Nachfragen standen den Richtern aber der Generalauditeur Mylius und ein weiteres Mitglied der Untersuchungskommission zur Verfügung.

Auf Desertion stand im Preußen des »Soldatenkönigs«
grundsätzlich die Todesstrafe. Dabei spielte es de jure keine
Rolle, ob der Beschuldigte tatsächlich desertiert war oder
sein Vorhaben noch zuvor hatte vereitelt werden können.
Auch wer einem Deserteur half oder diesen auch nur bei
sich aufnahm, drohte »Leib und Leben« zu verlieren. Doch
keine Regel ohne Ausnahme: Wenn ein Soldat die Tat nur
geplant, aber nicht ausgeführt hatte, konnte dies durchaus
als mildernder Umstand gewertet werden. Und auch wer als
Deserteur bei einer der nicht wenigen Generalamnestien
reumütig zurückkehrte, durfte auf Gnade hoffen. Selbst ge-
fasste Deserteure wurden nicht automatisch hingerichtet –
viele kamen mit dem »Spießrutenlaufen« davon, wobei dies
eine drakonische, ja brutale Strafe war, die viele Delinquenten nicht überlebten. Wer viel Glück hatte, wurde zu zeit-

lich begrenzter Festungshaft verurteilt. Soldaten waren teuer, und dementsprechend war jeder hingerichtete Deserteur ein Verlustgeschäft. Der große Spielraum mag uns heute gleichwohl seltsam erscheinen, doch gab es noch keine umfassende Sammlung des gültigen Rechts, kein Strafgesetzbuch, das eine verbindliche Rechtssicherheit gebracht hätte. Dies wurde in Preußen erst 1794 mit der Einführung des Allgemeinen Landrechts unter dem Neffen Friedrichs des Großen, Friedrich Wilhelm II. (1744–1797), erreicht.

Strafverschärfend wirkte es sich in jedem Fall aus, wenn der Desertion ein Komplott zugrunde lag. Das heißt, dass die Tat nicht spontan erfolgte, sondern von langer Hand geplant war. Und ebendies war bei Katte und Friedrich offensichtlich der Fall. Zwar waren die verschärfenden Bestimmungen zur Bestrafung von Deserteuren 1711 zunächst nur für Unteroffiziere und gemeine Soldaten erlassen worden, doch wurde schon bald klargestellt, dass die entsprechenden Artikel auch auf Offiziere anzuwenden seien.[53]

Tatsächlich war die Zahl der Offiziere, die desertierten, unter dem »Soldatenkönig« jedoch äußerst gering. Zudem konnten Offiziere sich noch darauf herausreden, sie hätten nicht desertieren wollen, sondern es habe sich nur um ein vorübergehendes »Ausbleiben« gehandelt. Darauf setzte Friedrich selbst in seiner Verteidigungsstrategie, und der Generalauditeur Mylius scheint geneigt gewesen zu sein, ihm dabei zu folgen. So sprach der Kronprinz nicht von Desertion, sondern von »retraite«, also von einem zeitlich begrenzten »Rückzug« (nach Frankreich). Und genauso hielt es Mylius fest. Doch der König stellte klar, dass gegen Friedrich und Katte »in puncto desertionis« zu verhandeln sei. Das Wort »retraite« musste selbst dann aus den Protokollen gestrichen werden, wenn es der Kronprinz verwendet hatte.[54]

Katte und Friedrich wurde aber nicht nur der Vorwurf der Desertion gemacht. Der König vermutete dahinter ja eine Verschwörung gegen seine Herrschaft – und das war ein »crimen laesae maiestatis«, ein Majestätsverbrechen. Gemäß der Peinlichen Halsgerichtsordnung Karls V. sollte »boshafte Verräterei durch Vierteilung zum Tod gestraft werden« – ob man den Missetäter zuerst köpfte und dann vierteilte, blieb in das Ermessen der Richter gestellt. Für einen Mordanschlag auf »des Täters eigenen Herrn« sah die besagte Constitutio Criminalis Carolina »etliche Leibstrafen wie das Zangenreißen oder die Ausschleifung vor der endlichen Tötung« vor. Auch wenn weder Katte noch – oder schon gar nicht – Friedrich mit dergleichen rechnen mussten, zeigt es doch, als wie gravierend die Vorwürfe gegen die beiden betrachtet wurden. Und der »Soldatenkönig« hat später durchaus darauf Bezug genommen, wenn er die Hinrichtung Kattes mit dem Schwert anstelle des Galgens und ohne vorangegangene Körperstrafen als die Strafe mildernden Akt betrachtete.

Ein weiterer Grund für die harte Linie des »Soldatenkönigs« war ein abenteuerliches Komplott, das im Januar 1730 aufgedeckt worden war. Damals hatte eine Gruppe von 40 »langen Kerls« aus Serbien und Ungarn beschlossen, ihre Garnisonsstadt Potsdam anzuzünden, den König zu töten und danach zu fliehen. Unruhen unter den vielfach mit Gewalt oder Tücke in die preußische Armee gepressten Ausländern waren nicht selten – eine solche Ausmaße annehmende Revolte aber schon mehr als außergewöhnlich. Das Komplott wurde noch rechtzeitig aufgedeckt, und die Soldaten erlitten einen grausamen Tod. Dieses Bedrohungsszenario hatte Friedrich Wilhelm I. einen gehörigen Schrecken eingejagt, und er war fortan noch mehr davon überzeugt, dass er gegen Verschwörungen mit aller Härte vorgehen musste. Nicht um seinetwillen – sondern aus Gründen der Staatsräson, denn ein Anschlag auf den Herrscher war unabhängig von der Person ein Anschlag auf den Staat. Preußen in seiner gefährdeten, noch ungesicherten politischen Situation als junges Königreich zwischen etablierten Mächten musste hierbei besonders auf der Hut sein.

Immer wieder ist bewundernd hervorgehoben worden, wie abgeklärt Friedrich auf die Fragen der Untersuchungskommission geantwortet hat. Tatsächlich liegt ein tiefer Graben zwischen der – vielleicht nur scheinbaren – Naivität des Kronprinzen bei der Vorbereitung der Flucht und seinem kühl kalkulierten Verhalten in Küstrin. Wobei manche hinter dem selbstbewussten Verhalten Friedrichs in diesen Tagen eher Tollkühnheit vermuteten. So meinte Guy Dickens: Jedermann würde sich »über den Heldenmut entzückt zeigen, welchen der Kronprinz in seiner jetzigen Lage beweist, hätte man nicht Grund zu fürchten, dies möchte seinen Untergang beschleunigen«.[55]

In dem großen Hauptverhör mit den erwähnten 185 Fragen[56] sollte dem Kronprinzen zunächst noch einmal vor Augen gehalten werden, dass er sich gleich mehrfach schuldig gemacht hatte: »Wer sein Vater sei?« »Der König.« »Wer sein Landesherr?« »Desgleichen.« »Wer sein Kriegsherr?« »Desgleichen.« Er hatte sich schuldig gemacht als Sohn, als Untertan und als Offizier! Es sollte noch eine entscheidende Rolle spielen, unter welchem dieser drei Aspekte sein Verhalten beurteilt werden würde.

In der Folge lavierte Friedrich zwischen dem Eingeständnis, nicht in allen Dingen des Königs Willen befolgt zu haben, und dem Versuch, dies mit der harten Behandlung durch den Vater zu erklären. Und wenn er gelogen habe, dann nur aus Furcht. Wichtig war es für Friedrich, den Vorwurf des Desertionskomplotts zu entkräften. So antwortete er auf die Frage, »ob er sich nicht mit fremden Ministris und fremden Höfen … in Korrespondenz eingelassen« habe, mit einem klaren »Nein«, so wie er dies schon in Wesel getan hatte. Dann eine der entscheidenden Fragen: »Ob er nicht endlich klar resolvieret [beschlossen], außer Landes wegzugehen und zu desertieren?« »Er habe nicht wollen die Dienste verlassen, sondern sich nur auf eine Zeitlang zu entziehen gesucht.« Doch Katte hatte in seinem Verhör den Kronprinzen mit den Worten zitiert, »dass wenn er einmal weg wäre, wollte er nicht wiederkommen«. Mit dieser Aussage konfrontiert, wich Friedrich aus: »Das könnte er wohl einmal aus Ungeduld gesagt haben«, doch sei dies nicht »sein ernstlicher Vorsatz« gewesen. Und er blieb dabei: Er habe nach Straßburg gehen wollen, von dort aus an den König schreiben, »dass er wiederkommen wollte, wenn er gelinder traktieret würde«. Geschickt auch seine Antwort auf die Frage, »was für Adressen er gehabt habe«. Eine positive Antwort darauf hätte den Verdacht einer konspirativen Planung erhärtet. Doch Friedrich antwortete ruhig und in diesem Fall auch wahrheitsgetreu: »Gar keine und müsste er gestehen, dass er im Eifer so weit nicht gedacht. Ein junger Mensch überlegte auch alles so nicht, sondern gedächte, wann er nur ein Pferd hätte.« Friedrich argumentierte damit wieder in die Richtung der unbedachten Handlung eines jungen Mannes, der von seinem Vater zu hart angefasst worden war, aber nicht wie ein Deserteur, der hatte fliehen wollen.

Allerdings musste er dann einige konspirative Handlungen doch zugeben: Dazu zählte etwa sein Verhalten im Mühldorfer Lager. Negativ ausgelegt wurde Friedrich schließlich die Wahl seines ersten Fluchtziels, obwohl sein Vater England als die noch größere Infamie betrachtete. »Ob er nicht zu Katten gesagt, man würde ihn in Frank-

reich gerne aufnehmen, weil hiesiger Hof nicht gut mit
Frankreich stünde?« »Ja.« »Warum er denn eben an einen
fremden Hof gehen wollen, welcher mit Seiner Königlichen
Majestät in Preußen in Disharmonie wäre?« »Sicherer zu
sein, dass man ihn nicht mit Gewalt und ohne seinen guten
Willen wieder kriegen könnte.« Das war alles nachvollziehbar, doch unterstrich es die Einschätzung, dass Friedrich
nicht naiv ins Blaue fliehen wollte, sondern dass es sich um
eine durchdachte Tat gehandelt hatte. Zugeben musste er
auch, dass der englische Hof nicht nur seine Schulden be-
glichen hatte, sondern dass er – geistesgegenwärtig – eine
dreimal höhere Summe genannt und auch erhalten hatte.
Was er mit dem zusätzlichen Geld denn habe anfangen
wollen? »Sich damit zu divertieren [vergnügen].« Das
nahm ihm Mylius nicht ab. »Ob es nicht zum Behuf der
vorhabenden échappade [Flucht] gebraucht werden sollen?«
Kleinlaut räumte Friedrich ein: »Ebenfalls, er habe nicht
gewusst, was vorkommen können.« Es war ein schmaler
Grat, auf dem sich der junge Mann vor der Untersuchungskommission bewegen musste.

Es spricht für Friedrich, dass er alles darangesetzt hat,
den Kopf seines Freundes Katte aus der Schlinge zu ziehen.
Schon auf dem Weg von Wesel nach Küstrin, in Mittenwalde, hatte er eine Erklärung abgegeben, die seinem Vater
überreicht werden sollte, falls dieser »den Katte am Leben
strafen wollte«. In dieser Erklärung »bittet der Kronprinz,
dass Seine Königliche Majestät geruhen möchten, ihn als
den Schuldigen anzusehen, und Katte als den Verführten«.
Der Freund habe sogar versucht, ihn von dem Gedanken an
eine Flucht abzubringen. So möge der König die Strafe
»eher über ihn ergehen lassen«. Sollte irgendjemand wegen
seiner Flucht »am Leben gestraft werden«, würde er »kein
ruhiges Gewissen in der Welt« mehr haben können.[57]

Dass Katte mit ihm hatte fliehen wollen, konnte Friedrich am Ende nicht ableugnen, ohne vollends unglaubwürdig zu werden. Dass er damit letztlich dessen Willen zur Desertion bestätigte, war fatal, aber wohl kaum zu ändern. Erschwerend kam hinzu, dass Katte zugegeben hatte, Geld, Juwelen und Briefe Friedrichs aufbewahrt zu haben, um diese auf die Flucht mitzunehmen. Damit war man wieder beim Vorwurf des Desertionskomplotts angelangt. Da konnte sich Friedrich winden, wie er wollte.

Kühl blieb der Kronprinz bei den Schlussfragen des großen Verhörs in Küstrin – Fragen, die seinem Vater besonders wichtig waren: »Was er meritiere [verdiene] und was für eine Strafe gewärtig sei?« »Er unterwerfe sich des Königs Gnade und Wille.« Das war dem Generalauditeur Mylius zu wenig, und er hakte nach: »Was für ein Mensch, der seine Ehre bricht und zur Desertion complot macht, was der meritieret?« »Er habe seine Ehre nicht gebrochen.« »Ob er meritiere, Landesherr zu werden?« »Er könne sein Richter nicht sein.« »Ob er sein Leben wolle geschenkt haben oder nicht?« »Er submittiere [unterwerfe] sich des Königs Gnade und Wille.« Ein Schlüssel zum Wesen Friedrichs auch als König war seine Antwort auf die Schlussfrage: »Dieweil er sich der Succession [Thronfolge] unfähig gemacht hätte …, ob er wolle die Succession abtreten und renunciiren [verzichten], dass es vom ganzen Römischen Reiche confirmieret [bestätigt] werde, um sein Leben zu behalten?« Schon bei früheren Gelegenheiten hatte der König Friedrich dazu gedrängt, zugunsten seines jüngeren Bruders August Wilhelm zu verzichten. Das hatte er stets abgelehnt. Und selbst jetzt, als es um sein Leben zu gehen schien, war er zu einem Thronverzicht nicht bereit – um keinen Preis der Welt. Friedrich wusste, dass sein Vater ihn nicht eigenmächtig übergehen konnte. Er brauchte seinen förmlichen Verzicht; sonst hätten die Reichsfürsten dem niemals zugestimmt, und die Thronfolge August Wilhelms hätte auf tönernen Füßen gestanden. Friedrich war ja nicht nur Kronprinz des souveränen Königreichs Preußen, sondern auch Kurprinz von Brandenburg und damit des Heiligen Römischen Reichs.

Kattes Verhängnis

Der in Berlin inhaftierte Hans Hermann von Katte zeigte sich in seinen Verhören weniger nervenstark als Friedrich und war zugleich sehr viel mitteilsamer. Er beantwortete die Fragen der Untersuchungskommission sehr ausführlich, gab sogar eine eigene lange Erklärung ab.[58] Darin hob er hervor, wie sehr er dem Kronprinzen von einer Flucht abgeraten habe: »Sie würden sich unglücklich machen und möchten es nicht tun, zumal sie nicht wüssten, wohin sie gehen sollten, als ein Vagabund in der Welt nicht leben könnten.« Daraufhin habe der Kronprinz geantwortet, dass er nach Frankreich und von dort weiter nach England gehen würde. Später berichtete Katte über die Anfrage bei Guy Dickens und dessen abschlägige Antwort, was Friedrichs Versuch, England außen vor zu halten, endgültig scheitern ließ.

In einem Brief an den »Alten Dessauer« hat der König seinem Ärger darüber Luft gemacht: »Indessen ist gewiss, dass England von allem gewusst, von der Desertion aber abgeraten hat. Der böse Mensch [Friedrich] hat an den König von England geschrieben und sich über mich beschwert, dass er so übel und nicht nach seinem Charakter gehalten würde. Gott bewahre alle ehrlichen Leute vor ungeratenen Kindern. Es ist ein großes Leid, doch ich habe vor Gott und der Welt ein reines Gewissen.«[59]

Bestätigt wurde von Katte, dass Friedrich sich nur eine Zeit lang habe »absentieren wollen – und wann das der König siehet, werden wir wieder Freunde sein«.[60] Einen Freund verpfeift man nicht – das mag ein schöner Grundsatz sein, doch diese Treue wurde ihm nun zum Verhängnis. Denn in seinem Verhör hatte Rochow von einem Gespräch mit Katte im Mühldorfer Lager berichtet. Er habe ihn damals gefragt, ob es zwischen ihm und Friedrich irgendwelche Abreden gebe, und ihn eindringlich davor gewarnt, etwas mit dem Kronprinzen zu »entrepreniren [unternehmen], so ihm vielleicht gereuen könnte«. Doch Katte behielt sein Wissen für sich, was ihm nun natürlich zur Last gelegt wurde.[61] Und am Ende gab der junge Leutnant zu, dass er Friedrich im Falle des Falles gefolgt wäre. Vielfach wurde dieses Geständnis als Kattes entscheidender Fehler bezeichnet, denn damit gab er den Plan zu desertieren selbst offen zu. Doch stand das nach den Aussagen Friedrichs ohnehin fest.

Den König bat Katte zu bedenken, dass er stets versucht habe, Friedrich von seinem Plan abzuhalten. Und da Gott Gnade vor Recht ergehen lasse, so hoffe er darauf, dass auch »Seine Majestät« ihm armem Menschen gegenüber gleichfalls Gnade vor Recht ergehen lasse. In Berlin waren die Meinungen über das Schicksal, das Katte erwartete, geteilt. So ging der braunschweigische Gesandte Stratemann davon aus, dass Katte nach seinen umfassenden Aussagen »vielleicht auf einige Zeit nach Spandau« gebracht würde, aber mit einer baldigen Begnadigung zu rechnen sei. Ein Indiz dafür sah der Gesandte darin, dass Katte »seine Montur«, also seine Uniform, zurückgegeben worden sei.[62] Demgegenüber hielt der englische Gesandte Guy Dickens fest: »Es ist die allgemeine Meinung, Katte werde seinen Kopf verlieren.«[63] Und der dänische Gesandte Löwenhorn ging davon aus, »dass der Ausgang der Sache gewiss ein tragischer sein müsse. Nicht dass der König seinen Sohn werde hinrichten lassen, denn die Furcht vor den Folgen werde ihn zurückhalten. Weil jener aber in seinem Sohne einen furchtbaren Nebenbuhler erblicke, so werde dieselbe Furcht gleicherweise nie erlauben, ihn aus der Haft zu befreien. Deshalb müsse der Prinz unfehlbar umkommen, weil es unmöglich sei, eine so unmenschliche Behandlung lange auszuhalten.«[64]

Das Misstrauen des Königs war durch den Verlauf der Verhöre keineswegs geringer geworden. Die Untersuchungskommission wies er an: »Sie sollen den Katte härter angreifen.« Später fügte er sogar noch hinzu: »Sie sollen ihn die ganze Zeit Tag und Nacht verhören.«[65] Nur mit Mühe konnte Grumbkow den König davon abbringen, gegen Katte die Folter anzuwenden, die damals – basierend auf der Peinlichen Halsgerichtsordnung Karls V. – durchaus noch als legitimes Mittel der Beweisfindung in einem Strafverfahren galt, »um den in negativis verharrenden Übeltäter aus Mangel einer genugsamen Überweisung zur wahren Bekenntnis zu bringen«.[66] In Preußen sollte erst Friedrich der Große 1740 die Folter abschaffen – als erster Herrscher auf dem Kontinent, nur in England war dieser Schritt noch früher getan worden.

Friedrich Wilhelm I. war davon überzeugt, dass man ihm wesentliche Informationen vorenthalten hatte, dass es noch mehr Beteiligte an der Verschwörung gab und auch die »englische Intrige« noch nicht aufgedeckt war. Gleichwohl erklärte er die Beweisaufnahme am 30. September 1730 für abgeschlossen – nun sollte das Kriegsgericht zusammentreten und sein Urteil sprechen.

Friedrich scheint derweil der Ernst seiner Lage zunehmend bewusst geworden zu sein. Dazu mögen auch die immer mehr verschärften Haftbedingungen beigetragen haben. Er bat daher, noch einmal eine Erklärung abgeben zu dürfen. Sollte er sein Leben verlieren, möge man es ihm wenigstens »beizeiten zu verstehen geben«. Erstmals erklärte er sich nun auch dazu bereit, auf seine Thronrechte zu verzichten, wenn er wüsste, »des Königs Gnade damit zu erlangen«.[67] Zu der Kommission, gegenüber der Friedrich diese Erklärung abgab, gehörte auch der Minister Grumbkow. Ihm hatte der König zuvor auf den Weg gegeben: »Wenn dieser Coquin [Schelm] fragt, wie es mir geht, und meiner Frau und meinen Kindern, so muss ihm gesagt werden, dass niemand mehr an ihn denkt, dass meine Frau nicht von ihm reden hören will; seine Schwester Wilhelmine wäre bei mir in Ungnade gefallen, säße in Berlin eingesperrt und würde nächstens aufs Land geschickt werden. Knyphausen wäre zum Teufel gejagt.«[68]

Der König wollte, dass sein Sohn in Küstrin völlig von der Außenwelt abgeschnitten war und mit niemandem Kontakt aufnehmen konnte. Ganz ist das nicht gelungen, und die Verantwortlichen vor Ort hatten mehr Mitleid mit dem Kronprinzen, als dem Vater lieb gewesen wäre. Man darf dahinter wohl Christian Ernst von Münchow (1672–1749), den Präsidenten der neumärkischen Kriegs- und Domänenkammer in Küstrin, vermuten, der sich auch darüber hinaus bemühte, das Los des Kronprinzen zu erleichtern. Und so gelang es Friedrich, mindestens drei Briefe aus der Haft heraus an seine Schwester Wilhelmine zu schicken, und umgekehrt war es Wilhelmine möglich, Briefe an ihren geliebten Bruder zu senden.

Die Briefe Friedrichs sind zum einen Zeugnisse der tiefen Zuneigung zwischen den Geschwistern, doch zeigt er sich selbst hier als kühler Kopf. Klar erkennt er, dass er den verhassten Grumbkow auf seiner Seite haben musste, um den

König milde zu stimmen. Sollte der Minister »mit mir brechen …, so sinken meine Aktien beträchtlich«. Wilhelmine sollte daher der Königin, die Grumbkow bekanntlich nicht ausstehen konnte, nahelegen, diesen »schonend zu behandeln, denn er vermag alles wieder einzurenken«. Deutlich wird in den Briefen auch, dass Friedrich sich im Unklaren war, welches Schicksal ihm blühte, »aber lieber verfaule ich in Küstrin, als dass ich wieder in meine frühere Lage zurückkehre. Ich habe jetzt die bittere Erfahrung gemacht, dass ein feindlich gesinnter Vater das Schlimmste auf Erden ist.« Nachdem er erfahren hatte, dass in Köpenick das Kriegsgericht zusammengetreten war, war Friedrich überzeugt: »Man wird mich verketzern, denn um für einen Erzketzer zu gelten, braucht man nur nicht in allem eines Sinnes mit seinem Herrn und Gebieter zu sein. Du kannst Dir also leicht vorstellen, wie man mich verketzern wird. Aber was frage ich nach allen Verdammungsurteilen, wenn meine liebe Schwester sie für ungerecht erklärt.«[69]

Das Kriegsgericht spricht sein Urteil

Am 25. Oktober 1730 trat im Köpenicker Schloss das Kriegsgericht zusammen. Zum Vorsitzenden hatte Friedrich Wilhelm I. den Generalleutnant Achaz von der Schulenburg (1669–1731) ernannt, einen »altgedienten … Reiterführer« und »überaus gottesfürchtigen Pietisten«, der sein volles Vertrauen besaß.[70] Neben Schulenburg gehörten dem Gericht 15 weitere Offiziere an, unterteilt in fünf Klassen: jeweils drei Generalmajore, Obristen, Oberstleutnants, Majore und Kapitäne. Dadurch sollte sichergestellt sein, dass in dem Gericht ein möglichst breites Spektrum der Offiziersränge vertreten war. Jede Klasse hatte eine Stimme, der Präsident allein ebenso; jede Klasse gab ein eigenes, separates Votum ab. Dabei saßen die Offiziere nicht nur über Friedrich und Katte zu Gericht, sondern (in Abwesenheit) auch über Keith und die beiden Leutnants von Spaen und Johann Ludwig von Ingersleben (1703–1757). Spaen wurde vorgeworfen, dass er im Winter 1729/30 dazu bereit gewesen war, für Friedrich in Leipzig eine Kutsche zu beschaffen. Zwar kam es dazu gar nicht, doch die Absicht genügte. Ebenso hatte Spaen gewusst, dass Friedrich auf der Reise nach Süddeutschland fliehen wollte, und es nicht gemeldet. Die Vorwürfe gegen Ingersleben hatten gar nichts mit der Flucht zu tun, sondern mit einer harmlosen, aus der Sicht des Königs aber reichlich deplatzierten Jugendliebe Friedrichs. Der Kronprinz schwärmte für ein Mädchen namens Doris Ritter (1714–1762); sie war die Tochter des Kantors der Potsdamer Nikolaikirche. Ingersleben spielte für Friedrich einige Male den Liebesboten und brachte dem Mädchen Geschenke; auch war er mit dabei, wenn die beiden »zur Abendzeit« heimlich promenierten.

Zwei Tage lang sichteten die Richter die Akten, ehe sie ihre Entscheidung fällten und diese zum Teil sehr ausführlich begründeten.[71] Dabei wird offensichtlich, wie schwer sich alle ihre Aufgabe gemacht haben. Besonders heikel war das Verfahren gegen den Kronprinzen – konnten die Richter ein Urteil über ihren künftigen König fällen? Nein, so die einhellige Überzeugung aller, das konnten sie nicht. »Uns steht nicht zu, nach Beschaffenheit dieser Sache und als Vasallen und Untertanen über unseres Königs Sohn und Familie zu sprechen.« Dies sei kein Fall für ein Kriegsgericht, war die Meinung der Kapitäne als der jüngsten Offiziersgruppe im Kriegsgericht. Bei den Obristen hörte sich das so an: Die geplante Flucht des Kronprinzen sei »eine Staats- und Familiensache zwischen einem großen

König und dessen Sohn«. Und über die »väterliche Zucht und Potestät [Gewalt]« könne »kein Richter jemalen sich erkühnen ..., zu beurteilen.«

Obwohl alle Richter es ablehnten, über Friedrich ein Urteil zu sprechen, setzten sie sich mit seiner Tat doch ausführlich auseinander. Dabei hoben sie darauf ab, dass diese »vorgehabte Flucht nicht als eine wirkliche échappade« anzusehen sei, »weil sie nicht zum Effekt«, sprich: nicht zur Ausführung gekommen war. Zudem bereue der Kronprinz seine Handlung, und es dürfte die bisherige Festungshaft bereits dazu angetan sein, »eine ungezweifelte Erweckung seines künftigen gehorsamen Respekts gegen Seine Königliche Majestät als Vater und Kriegsherrn [zu] verursachen«. Ebenso müsse das jugendliche Alter des Prinzen berücksichtigt werden, der »von sehr bösen Menschen mehr und mehr angereizet« und in seinem Vorhaben gestärkt worden sei.

Bei Katte konnten sich die Richter nicht auf diese Weise einer Entscheidung entziehen. Auch wenn Friedrich »die erste Preposition [Vorschlag] wegen der Flucht getan und nachhero sehr oft und vielfältig mit ihm davon gesprochen« hatte, so war für das Kriegsgericht doch klar, »dass der Kronprinz in diesem Vorhaben nicht so weit gekommen sein würde, wenn ihm Katte nicht in seinem Dessein [Wunsch] gestärkt [und] zu der Flucht verschiedene Anschläge gegeben« hätte. Er habe dem Kronprinzen »die Postroute von Leipzig bis Frankfurt verschafft«, das Geld für die Flucht besorgt, mit »fremden Ministern« Kontakt aufgenommen und die »gefährliche retirade [Rückzug] des Kronprinzen lang cachiert [gedeckt]«. Er habe auf diese Weise gänzlich »wider Eid und Pflicht« gehandelt.

Als mildernde Umstände ließen die Richter auch bei Katte gelten, dass die Flucht nicht zur Ausführung gelangt sei, und zumindest die Obristen erinnerten daran, dass er Friedrich »allemal … davon abgeraten« habe. Am Ende forderten die Kapitäne und die Generalmajore, dass Katte »auf Zeit Lebens zum Festungsarrest« verurteilt werden sollte; die Majore, die Oberstleutnants und die Obristen stimmten für die Todesstrafe. Damit stand es drei zu zwei. Doch indem Achaz von der Schulenburg ebenfalls für »ewige Festungshaft« plädierte, war das Stimmenverhältnis ausgeglichen, und damit senkte sich Justitias Waage automatisch zugunsten des milderen Urteils. Hinzuzufügen ist, dass auch die drei Klassen, die sich für die Todesstrafe ausgesprochen hatten, dem König eine Begnadigung Kattes nahelegten, vor allem weil Friedrich sich so dafür eingesetzt und angegeben hatte, kein ruhiges Gewissen mehr haben zu können, würde sein Freund wirklich hingerichtet. Damit war das Votum des Kriegsgerichts eigentlich klarer, als es das unentschiedene Stimmenverhältnis zunächst vermuten ließe. Bei Spaen einigten sich die Richter auf eine dreijährige Festungshaft, bei Ingersleben sollte es mit sechs Monaten sein Bewenden haben.

Ein königlicher Justizmord?

Damit hätte die vermeintliche Staatsaffäre noch ein halbwegs glimpfliches Ende für alle Beteiligten nehmen können. Doch der König machte diese Hoffnung schnell zunichte. Auf dem Abschlussbericht Schulenburgs vermerkte er handschriftlich: »Sie sollen Recht sprechen und nicht mit dem Flederwisch vorübergehen, da Katte also [allzu] wohl getan, soll das Kriegsgericht wieder zusammenkommen und ein anderes Urteil sprechen.«[72] Und wie reagierte das Kriegsgericht? Die Offiziere folgten keineswegs dem Wunsch

des Königs: »Sie könnten nicht anders als bei ihrem abge-
statteten voto bleiben«,[73] ließen sie ihn wissen – das war
standhaft und mutig, dem König in dieser zum Zerbersten
angespannten Atmosphäre die Stirn zu bieten. Auch wenn
es am Ende nichts gebracht hat. Immerhin: Friedrich Wilhelm I. hat keinem der Offiziere diese aufrechte Haltung
übel genommen, keiner musste deshalb mit Ungnade oder
gar Bestrafung rechnen. Er akzeptierte ihre abweichende
Meinung – doch blieb er seinerseits hart.

Am 1. November 1730 erließ Friedrich Wilhelm I. eine
förmliche Kabinettsordre. Zwar äußerte er sich darin mit
der Arbeit des Kriegsgerichts zunächst »in allen Stücken
sehr wohl zufrieden« und bestätigte die Sprüche gegen
Spaen, Ingersleben und Keith. Nicht aber das Strafmaß für
Katte: Alle Offiziere müssten dem König »getreu sein«,
doch gelte dies noch mehr für die Angehörigen des Regiments Gens d'Armes, das ihm unmittelbar unterstehe.
Katte aber habe »mit der künftigen Sonne« ein Komplott
geschmiedet und »mit fremden Ministern« darüber verhan-
delt. Daher könne er sich nicht vorstellen, welche Gründe
das Kriegsgericht gehabt haben könnte, ihn zu verschonen.
Sollte Katte mit dem Leben davonkommen, werde er sich
künftig auf keinen »Offizier und Diener« mehr verlassen
können. Diese würden sich stattdessen Katte zum Vorbild
nehmen. Und »weil der so leicht und gut durchgekommen
wäre, ihnen dergleichen geschehen müsste«. Für den König
war Katte aber nicht nur der (versuchten) Desertion schuldig, sondern auch des ihm zur Last gelegten Majestäts-
verbrechens. Das heißt: Eigentlich müsse er daher »mit
glühenden Zangen gerissen und aufgehängt werden«; in
Anbetracht der Verdienste seiner Familie solle er aber
»nur … mit dem Schwert vom Leben zum Tod gebracht
werden«.[74]

Als man Katte die königliche »Sentenz« überbrachte, bestürmte er die Angehörigen des Kriegsgerichts, »sich zur Gnade und Barmherzigkeit bewegen« zu lassen. »Worauf ihm aber gesaget worden, dass das Kriegsgericht nicht imstande sei, etwas weiteres für ihn auszurichten.«[75] Damit war Kattes Schicksal besiegelt. In einem herzzerreißenden Brief nahm der unglückliche junge Mann daraufhin Abschied von seinem Vater – seine Mutter war bereits verstorben, der Vater ein zweites Mal verheiratet: »In Tränen möchte ich zerrinnen, wenn ich daran gedenke, mein Vater, dass dieses Blatt Ihnen die größte Betrübnis, so ein treues Vaterherz empfinden kann, verursachen soll, dass die gehabte Hoffnung meiner zeitlichen Wohlfahrt und Ihres Trostes im Alter mit einem Mal verschwinden muss, dass Ihre angewandte Mühe und Fleiß in meiner Erziehung zu der Reise des mir gewünschten Glückes sogar umsonst gewesen, ja, dass ich schon in der Blüte meiner Jahre mich neigen muss, ohne vorher Ihnen und der Welt die Pflichten Ihrer Vermahnungen und meiner erlangten Wissenschaften zeigen zu können.«[76] Fast noch emotionaler wandte sich Katte an seinen Großvater, den Generalfeldmarschall Alexander Hermann von Wartensleben (1650–1734), mit dem ihn ein besonders enges Verhältnis verband: »Ich muss, statt eine freudige und gute Zeitung zu berichten, ein Trauerbote sein, und selbst das Todesurteil, so über mich ergangen, andeuten. Lassen Sie es sich, gnädiger Großpapa, nicht zu sehr zu Herzen gehen. Gottes Schicksal muss man mit geduldigem Herzen und Gemüt annehmen.«[77]

Bemerkenswert ist, dass der König in seiner Replik zwar auf Katte, Keith, Spaen und Ingersleben eingegangen ist – aber mit keiner Silbe auf seinen Sohn. In diesem Fall mag man von einer schweigenden Übereinstimmung mit der Einschätzung des Kriegsgerichts ausgehen, dass es sich dabei um eine Familienangelegenheit handele, die sich dem Urteil durch ein Kriegsgericht entziehe. Tatsächlich hat Friedrich Wilhelm I. einmal seinem Sohn entgegengehalten, dass er ihn nicht wie einen Offizier, sondern wie sein Kind »traktiere«.[78] Mit einem Offizier wäre er eben nicht so umgesprungen wie mit Friedrich. Viel ist darüber diskutiert worden, ob der König tatsächlich dazu bereit oder fähig gewesen wäre, seinen eigenen Sohn hinrichten zu lassen. Immerhin hat er damit mehrfach vor Zeugen gedroht. Und auch einer seiner ersten Biografen, Carl Friedrich von Beneckendorff (1713–1788), ging noch 1787 davon aus, dass der König nahe daran gewesen sei, den Kronprinzen am Leben bestrafen zu lassen. Doch war Friedrich Wilhelm I. klar, dass er sich damit in ganz Europa endgültig zum Außenseiter gemacht hätte. Zwar hatte Peter der Große seinen Sohn Alexei (1690–1718) foltern und zum Tod verurteilen lassen. Doch selbst Peter hatte das Urteil nicht vollstrecken lassen, sondern sein Sohn tat ihm den Gefallen, wenige Tage nach der Begnadigung im Gefängnis zu sterben. Und Preußen war nicht Russland, sondern ein Königreich mitten in Europa, ein protestantischer Staat unter anderen protestantischen Staaten und mit Ausnahme des souveränen (Ost-) Preußen Teil des Heiligen Römischen Reichs.

Für die Begnadigung Friedrichs setzten sich zahlreiche gekrönte Häupter ein: Friedrich von Schweden (1676–1751) appellierte dabei nicht nur an das »Vaterherz« Friedrich Wilhelms I., sondern beschwor ihn: »Ihre Familie, Ihr Volk, die Protestanten, ganz Europa erwartet diese Entscheidung von Ihrer natürlichen Güte und beschwört Sie darum.«[79] Und die russische Zarin Anna (1693–1740) erinnerte den König daran, dass Friedrich »ein noch so junger Mensch« sei, der zu seiner Tat »nur unter dem bösen Einfluss unbesonnener Leute verleitet und verführt worden« sei.[80]

Unter jenen, die sich für Friedrich einsetzten, war auch
Kaiser Karl VI. in Wien. Der Kronprinz selbst ging sogar
davon aus, dass es vor allem dessen Intervention war, der er
sein Leben verdankte, nicht anders dachte Beneckendorff
1787. Tatsächlich hat Prinz Eugen von Savoyen, der mäch-
tigste Mann am Kaiserhof, Seckendorff schon unmittelbar
nach der Verhaftung Friedrichs angewiesen, »Wasser in das
Feuer zu gießen, so viel auch möglich dem Prinzen beizustehen«, damit es zu keinen weiteren »Extremitäten [Aus-
fällen]« komme.[81] Der Kaiser setzte sich sogar höchstselbst
in einem Brief an den »Soldatenkönig« für den Kronprinzen ein. Allerdings hat Seckendorff dieses Schreiben erst
überreicht, als die Begnadigung schon feststand. Weil er in
dieser Zeit selbst wieder so gut kaiserlich war, hat Friedrich
Wilhelm I. seinem Sohn gleichwohl den Eindruck vermittelt, als habe dieser Brief den Ausschlag für die väterliche
Begnadigung gegeben, und nötigte ihn sogar zu einem
Dankschreiben an den Kaiser. Seckendorff konnte sich die
Hände reiben.

Natürlich verfolgten alle diese Briefeschreiber ihre eigenen Ziele: Der Kaiser hoffte darauf, auch den Thronfolger
an Wien binden zu können, und wenn die Zarin vom
»schlechten Einfluss« gewisser Leute schrieb, meinte sie
damit weniger Katte als England – den großen Rivalen
Russlands in der Ostsee.[82] Doch nicht nur gekrönte Häupter, auch Männer, die der König als seine Freunde erachtete,
setzten sich für Friedrich ein. So hielt der General Wilhelm
Dietrich von Buddenbrock (1672–1757), Mitglied des
Tabakskollegiums, dem König entgegen: »Wenn Euer Majestät Blut verlangen, so nehmen Sie meines. Das des
Kronprinzen bekommen Sie nicht, so lange ich lebe.«[83]
Und auch der Generalfeldmarschall Dubislav Gneomar
von Natzmer (1654–1739), »welcher bekanntermaßen beim

König in großer Consideration [Anerkennung] steht, habe über ein und anders der jetzigen Vorkommenheiten sehr nachdrücklich gesprochen und dadurch bereits viel Gutes gestiftet, auch verursacht, dass der trübe Himmel sich wieder aufzuklären beginne«, freute sich der braunschweigische Gesandte von Stratemann.[84]

Wie viel Eindruck alle diese Briefe tatsächlich auf Friedrich Wilhelm I. gemacht haben, ist schwer einzuschätzen. Doch ist – wie erwähnt – kaum anzunehmen, dass er tatsächlich so weit gegangen wäre, seinen Sohn hinrichten zu lassen, allein schon aus Gründen der Staatsräson – denn seine Herrschaft hätte er damit sicher nicht befestigt, und sein dann potenzieller Nachfolger August Wilhelm wäre stets mit dem Makel belastet geblieben, nur durch den Tod seines Bruders auf den Thron gelangt zu sein. Was aber Friedrich Wilhelm I. mit der Hinrichtung Kattes erreichen wollte, war eine Warnung an alle sowie die Bekehrung Friedrichs. Der sollte seinen Egoismus aufgeben und zu einem pflichtbewussten Leben finden. Das Opfer dieser Katharsis war Katte.

Das Todesurteil für den adligen Offizier wurde an den europäischen Höfen mit Schaudern aufgenommen. In seiner polternden Art tönte der König, dass ihn das nicht interessiere. Seinen Gesandten in London wies er an, »am dortigen Hofe laut und deutlich zu erklären, dass er, auch wenn es 100 000 Kattes gäbe, sie alle miteinander köpfen lassen würde«. Und nicht nur die Kattes. Zur Not werde er auch den 1000 Vornehmsten seines Landes »die Köppe abschlagen lassen, denn die Engländer sollen wissen, dass ich keine Nebenregenten bei meiner Seite zulassen würde«.[85] Das bezog sich natürlich auf die vermeintliche Verschwörung. Doch so egal, wie der König tat, war ihm die Meinung des Auslands nicht. Hinter den Kulissen kündigte er an, ein

Gutachten ausarbeiten zu lassen, das die juristischen Hintergründe seiner Handlungen erklären und rechtfertigen sollte.

War das Todesurteil für Katte ein Willkürakt des Königs, hat Friedrich Wilhelm I. hier in der Art eines Tyrannen das Recht gebeugt, einen Justizmord begangen? So tragisch das Schicksal Kattes war, bewegte sich Friedrich Wilhelm I. doch stets in den Bahnen des geltenden Rechts. Der König war in seinem Territorium Gesetzgeber und oberster Richter in einer Person. Als solcher besaß er in allen Strafsachen das sogenannte Bestätigungsrecht. So legte es die »Criminal-Ordnung« vom 1. März 1717 fest. Zwar war dieses landesherrliche Bestätigungsrecht gerade in einem territorialen Flickenteppich wie Preußen zum Teil auf ständische Gerichtsherren übertragen bzw. traditionell von diesen ausgeübt worden, doch hat gerade Friedrich Wilhelm I. im Zuge einer Vereinheitlichung der Rechtsprechung und der Stabilisierung der königlichen Zentralmacht energisch darauf gepocht. Das heißt nun nicht, dass jeder kleine Diebstahl in Hinterposemuckel vor den König kam. De facto betraf dies vor allem Kapital- und Staatsverbrechen. Der König sah darin durchaus einen Vorteil für die Untertanen, könnten diese doch fortan »in Sachen, die ihr Leib und Leben, Ehre, Gut und Blut betreffen, sich desto mehr unserer landesväterlichen Vorsorge versichern«.[86]

Der König konnte das Urteil der Richter bestätigen, er konnte die Strafe abmildern oder verschärfen. Und Friedrich Wilhelm I. selbst sagte in der Ordre bezüglich Katte, dass er es normalerweise nicht gewohnt sei, Urteile der Kriegsgerichte zu verschärfen, sondern eher dazu neige, diese abzumildern. Tatsächlich wurden Todesurteile im alten Preußen keineswegs so häufig vollstreckt, wie man dies vielleicht annehmen könnte.[87] Ging es allerdings um Abschreckung bei kriminellen Straftaten, kam es dagegen sowohl unter dem »Soldatenkönig« als auch später unter Friedrich dem Großen zu teilweise drastischen Verschärfungen. Da konnte aus einer zweijährigen schon mal eine lebenslange Festungshaft werden. Aus diesem Bestätigungsrecht hervorgegangen ist das bis heute in vielen Staaten geltende Begnadigungsrecht, in Deutschland durch den Bundespräsidenten.

Die Wahrnehmung des Bestätigungsrechts im Fall Kattes war daher keine Willkür. Und die Verschärfung war durch das Gesetz gedeckt – denn auf Desertion stand, wie aufgezeigt, die Todesstrafe, umso mehr, wenn diese als Desertionskomplott betrachtet wurde. Dazu kam, dass der König Kattes Tat nach wie vor auch als Majestätsverbrechen wertete. Selbst wenn man dies aus heutiger Sicht als Fehleinschätzung beurteilen wird, bleibt der Vorwurf der Desertion bestehen. Mit der Straffestsetzung durch den König war der Urteilsspruch endgültig – es gab keine darüberstehende richterliche Instanz, an die sich der Verurteilte noch hätte wenden können.

Es ist daher von den Zeitgenossen nicht bezweifelt worden, dass Friedrich Wilhelm I. das Recht dazu hatte, einzugreifen. Das zweifelte nicht einmal Kattes Vater an, der durch die Hinrichtung seines Sohnes zu einem gebrochenen, zutiefst verzweifelten Mann wurde: »Die betrübten Umstände, darin ich nach Gottes heiligem, unbegreiflichem Willen gesetzt worden bin, sind wohl mit keiner Feder zu beschreiben, und wenn ich nicht auf Gott sähe, so müsste ich vergehen.« Zwar war er davon überzeugt, dass man dem König »die Sache größer gemacht«[88] habe, als sie gewesen sei. Und es war ihm ein gewisser Trost, dass das Kriegsgericht kein Todesurteil ausgesprochen hatte. Doch brachte der alte Katte keine juristischen Gründe an, um seinem Sohn das Leben zu retten, sondern er appellierte an die Barmherzigkeit des Herrschers. Und tatsächlich ist die »milte« schon im Mittelalter ein zentrales Element des Königtums gewesen. Ein Herrscher, der eine solche Milde nicht kannte, war ein Tyrann. Das bedeutete aber im Umkehrschluss nicht, dass Milde immer geboten war. Friedrich Wilhelm I. war dies sehr wohl bewusst, und er hat darauf hingewiesen, dass er in vielen anderen Fällen Milde habe walten lassen. Doch im Falle Kattes sah er sich dazu nicht in der Lage. Er hatte die Gründe dafür bereits in seiner Kabinettsordre an das Kriegsgericht dargelegt und erneuerte diese Begründung in der Ablehnung des Gnadengesuchs, das Kattes Großvater, der Generalfeldmarschall von Wartensleben, eingereicht hatte: »Indes wisset Ihr wohl, was auf solches Verbrechen gehört ... Ich bin dieses Mal nicht imstande zu pardonnieren [vergeben], weil die Wohlfahrt des ganzen Landes und meiner selbst, wie auch meiner Familie, wegen der künftigen Zeiten es notwendig erfordert.«[89] Nun könnte man meinen, dass auch eine lebenslange Festungshaft potenzielle Nachahmungstäter im Offizierskorps hätte abschrecken können. Doch Friedrich Wilhelm I. wusste um seine angeschlagene Gesundheit, und es war ihm klar, dass Katte noch am Tag seines Todes aus der Haft entlassen werden würde. Leicht hat sich Friedrich Wilhelm I. die Entscheidung dennoch nicht gemacht. Wenn Katte das Urteil verkündet werde, »soll ihm gesagt werden, dass Seiner Königlichen Majestät es leid täte, es wäre aber besser, dass er stürbe, als dass die Justiz aus der Welt käme«.[90] Das war nicht einfach dahingesagt. Doch in der Konsequenz seiner Sichtweise war die Hinrichtung nicht nur gerechtfertigt, sondern unumgänglich. Das mag man unbarmherzig nennen, und auch viele Zeitgenossen haben es schon so gesehen. Unbarmherzigkeit ist es tatsächlich, was man dem König aus heutiger Sicht vorwerfen kann – nicht mehr, aber auch nicht weniger.

Eine Unbarmherzigkeit, die neben Katte vor allem Doris Ritter traf, das unschuldigste Opfer dieser ganzen Geschichte. Obwohl bei einer peinlichen Untersuchung festgestellt wurde, dass sie noch Jungfrau war, wurde das unglückliche, erst 16-jährige Mädchen als vermeintliche Hure durch die Straßen getrieben und öffentlich ausgepeitscht: zuerst vor dem Rathaus, dann vor dem Haus ihres Vaters und schließlich »auf allen Ecken der Stadt«.[91] Den Rest ihres Lebens sollte sie nach dem Willen des Königs, der in diesem Fall tatsächlich Willkür war, als Gefangene im Spinnhaus von Spandau verbringen.

Während Doris Ritters Vater sein Amt als Kantor verlor, behandelte der König den alten Katte ausgesprochen zuvorkommend. Weil er um seinen Schmerz wusste, versuchte er ihn in seiner gewiss mehr als unbeholfenen Art zu trösten – »Sein Sohn ist ein Schurke, meiner auch. Aber was können die Väter dafür«[92] – und mit besonderer Hochachtung zu behandeln. Doch am Tod seines Sohnes änderte dies nichts: »Des Königs gnädige Briefe können ihn mir nicht wiedergeben«, schrieb der alte Katte seiner Schwester.[93]

Die Hinrichtung Kattes

Den Ablauf der Hinrichtung Kattes hatte der König, wie nicht anders zu erwarten, bis in das kleinste Detail hinein geregelt. Katte war während der gesamten Zeit der Verhöre im Arrestlokal seines Regiments inhaftiert gewesen. Dort wurde ihm die Ablehnung seines Gnadengesuchs mitgeteilt. Der junge Offizier bewahrte, wie auch in den folgenden Tagen, eine erstaunliche und bewundernswerte Haltung. Dem Major von Schaacken, der ihm das Todesurteil überbrachte und ihn aufrichtig bedauerte, sagte er: »Sie sind zu gütig, aber ich bin mit meinem Schicksal zufrieden. Ich sterbe für einen Herrn, den ich liebe, und habe den Trost, ihm durch meinen Tod den stärksten Beweis der Anhänglichkeit zu geben.«[94] Gleich darauf wurde Katte nach Küstrin gebracht, wo – mit Bedacht – seine Hinrichtung stattfinden sollte. Denn der König wollte, und dies mit allem Nachdruck, dass sein Sohn dem grausigen Schauspiel zusehen sollte.

Man mag dies perfide nennen, doch für den König war dies der letzte Versuch, seinen Sohn – wie er es sah – zur Vernunft zu bringen, zu einem »ehrlichen Mann zu machen«. Was alle Schläge und Demütigungen nicht erreicht hatten, sollte nun Kattes Hinrichtung vor seinen Augen bewerkstelligen. Friedrich selbst glaubte in seiner Haft in Küstrin lange daran, dass er gleichfalls sterben müsste. Als am frühen Morgen des 6. November 1730 »ein alter Offizier mit mehreren Grenadieren hereinkam« und unter Schluchzen sagte: »Ach mein Prinz, mein teurer, armer Prinz«, meinte er, dass man ihm sein Todesurteil überbrächte: »Ich bin bereit dazu, dass die Barbaren mich ins Jenseits befördern. Nur schnell«, will er zu dem Offizier gesagt haben. So erzählte er es später seinem Vorleser Henri de Catt. Doch es war nicht sein Todesurteil, sondern Kattes, das ihm mitgeteilt wurde – und die Nachricht, dass er dieser Hinrichtung nach dem Willen seines Vaters zusehen müsse. »Guter Gott, welch' furchtbares Schauspiel« hatte sein Vater da für ihn vorgesehen, schauderte es Friedrich noch Jahrzehnte später.[95]

Katte war tags zuvor in Küstrin angelangt. Dem Regi-

mentsgeistlichen und den Offizieren seines Regiments sowie weiteren Pfarrern aus Küstrin wurde es erlaubt, »ihm
die letzte Nacht [zu] assistieren«. Zur Hinrichtung sollte
Katte von 150 Soldaten begleitet werden – man möchte fast
glauben, dass der König noch immer eine Verschwörung
witterte, da er ein so gewaltiges Aufgebot dazu aufmarschieren ließ: »So wie ihm das Urteil verlesen ist, soll der Prediger ein Gebet halten, alsdann ihm der Scharfrichter den
Kopf abschlagen.« Ausdrücklich bestimmte der König, dass
für die Hinrichtung ein Platz gewählt werden solle, den der
Kronprinz aus dem Fenster seiner Zelle »gut übersehen«
konnte.[96]

In der Nacht vor seiner Hinrichtung hatte Katte noch
ein »Vermächtnis an den Kronprinzen«[97] hinterlassen, in
dem er ihn aufforderte, sich nicht selbst die Schuld an
seinem Tod zu geben und dass er »wegen dieser Exekution
nicht einen Groll gegen Seine Königliche Majestät fassen
möge«. So seltsam es klingen mag: Katte war in diesen Wochen von einem jugendlichen Draufgänger zu einem ernst-
haften Mann gereift, der selbst im Angesicht des Todes
seine Haltung nicht verlor: »Der Scharfrichter aus Seelow
hat die Exekution verrichtet, und ist der von Katte mit großer Freimütigkeit gestorben, indem er sich nicht einmal die
Augen von seinem Bedienten verbinden lassen wollen, auch
den Hals selbst bloß gemacht, um den ihm zuerkannten
letzten Streich empfangen zu können, welcher denn auch
mit einem Mal den Kopf von dem Körper abgelöst.«[98] Seine
aufrechte Haltung trug Katte den Respekt aller Augenzeugen ein – doch sein Leben hat es ihm nicht mehr retten
können, obwohl er bis zuletzt auf eine Begnadigung gehofft
hatte. Als er bei der Ankunft in Küstrin die Sonne scheinen
sah, nachdem es den ganzen Tag geregnet hatte, sagte er zu
dem ihn begleitenden Major von Schaacken: »Das ist mir

ein gut Zeichen; hier wird meine Gnadensonne anfangen
zu scheinen.«[99] Doch auf diese Gnadensonne hoffte Katte
vergeblich.

»Ich sterbe mit tausend Freuden für Sie«

Obwohl die Hinrichtung bereits kurz nach sieben Uhr
morgens stattfand, hatte der König festgelegt, dass der mit
einem schwarzen Tuch bedeckte Körper bis nachmittags
um zwei Uhr auf dem Richtplatz liegen bleiben sollte – das
Ende des aus Sicht des Königs heilsamen Schreckens für
seinen Sohn sollte so lange hinausgezögert werden wie ir-
gend möglich. Doch was bekam Friedrich von der Hinrichtung und dem Geschehen danach überhaupt mit? Nichts!
Als Katte unter dem Fenster der Zelle Friedrichs vorbei-
geführt wurde, sprach er den legendären Satz: »Mein Prinz,
ich sterbe mit tausend Freuden für Sie!«; nach anderer
Überlieferung: »Der Tod ist süß für einen so liebenswerten
Prinzen.«[100] Jedenfalls fiel Friedrich nach dieser letzten Begegnung mit seinem Freund in Ohnmacht, aus der er offensichtlich erst Stunden später erwacht ist. Ob Friedrich von
diesem Fenster aus überhaupt einen Blick auf den Richtplatz gehabt hätte, ist nicht eindeutig geklärt. In seinen beiden Berichten an den König verlor der Gouverneur der Festung Küstrin, Generalmajor von Lepel, kein Wort darüber,
welchen Eindruck die Hinrichtung auf Friedrich gemacht
hatte. Der »Soldatenkönig« war erstaunt: »Es wundert
mich sehr, dass Ihr nicht mit berichtet, was der Arrestant
Prinz Friedrich dazu gesagt hat … Ihr sollt mir also von
allem noch ausführlich Bericht erstatten.«[101]
Erst jetzt sandte von Lepel dem König einen ausführlichen Bericht; allerdings aus zweiter Hand, denn der Ge-

neral lag am Tag der Hinrichtung krank im Bett und musste sich selber darüber berichten lassen. Zunächst schreibt er, wie aufgewühlt der Kronprinz – verständlicherweise – in diesem Moment gewesen sei. »Bringen Sie mich doch lieber um das Leben«, habe er gesagt und bis zur Exekution »sehr lamentiert, dass dieses vor seinen Augen geschehen sollte, die Hände gerungen, geweint …, wohl dreimal gefragt, ob denn gar kein Pardon wäre.« Dann berichtet Lepel von der Ohnmacht Friedrichs beim Blick auf die Richtstätte (!) und darüber, dass er nach dem Erwachen »beständig die Augen auf den Körper« des toten Katte gerichtet hätte. Ob die Augenzeugen Lepel dies so erzählten oder er nur den König in dem Glauben lassen wollte, bleibt unklar. Doch auch ohne selbst Augenzeuge der Hinrichtung gewesen zu sein, erlebte Friedrich die Geschehnisse in ihrer traumatischen Wirkung: Die Nacht nach der Exekution Kattes habe er »wenig geschlafen …, heute Morgen sich gegen den Kammerdiener beklagt, dass er schlimme Phantasien gehabt und Katte ihm immer vor den Augen stünde, davon er allemal großen Schrecken hätte. Er weint noch öfters und hört man ihn ächzen und seufzen, wenn man vor der Stube steht. Er hat auch gestern sowohl gegen den Prediger als gegen andere gesprochen: Er glaube, dass man ihn selber zum Tode bereiten wolle und dass er in acht oder 14 Tagen sterben müsste.«[102]

Dass der König so genau wissen wollte, wie sein Sohn auf die Hinrichtung Kattes reagiert hatte, war kein Sadismus. Er wollte in Erfahrung bringen, ob der Schock die von ihm erhoffte Wirkung gehabt hatte. Daher wies er den Feldprediger Müller, der sich als geistlicher Beistand zunächst um Katte gekümmert hatte, an, er möge »fleißig bei dem arrestierten Kronprinz hingehen und ihm aus Gottes Wort zureden …, dass er recht in sich gehen und von Herzen alle

seine begangenen Sünden bekennen und bereuen müsse,
welche er sowohl gegen den lieben Gott, als gegen mich,
seinen Vater und König« begangen habe. Wenn der Prinz
daraufhin »tausend Mal um Vergebung bäte über alles, was
er getan und verbrochen hätte, und dass es ihm von Herzen
leid täte«, erst dann könne er ihm »andeuten, dass ich ihn
zwar noch nicht gänzlich pardonnieren könnte; aber ich
würde ihn dennoch aus unverdienter Gnade aus dem schar-
fen Arrest lassen, und wiederum Leute bei ihm geben, die
auf seine conduite [Verhalten] acht haben sollten. Es solle
ihm die ganze Stadt zum Arrest sein, so dass er nicht aus der
Stadt gelassen werde.«[103]

Mit dieser Instruktion versehen, führte Müller lange Gespräche mit dem Kronprinzen, der noch immer unter dem
Schock der Ereignisse stand und zunächst weiterhin
glaubte, der Geistliche sollte ihn nur auf seinen eigenen Tod
vorbereiten. Dann tat sich unvermutet eine theologische
Barriere auf: Friedrich hatte sich in die Vorstellung geflüchtet, dass die schlimmen Geschehnisse vorherbestimmt gewesen seien – dass es sein Schicksal und nicht seine Schuld
gewesen sei. Diese Vorstellung baute auf der Lehre von
der Prädestination auf, einem der grundsätzlichen Unter-
schiede zwischen dem reformierten und dem lutherischen
Protestantismus. Im Gegensatz zur mehrheitlich lutherischen Bevölkerung war das preußische Königshaus reformiert; der Gedanke an die Prädestination daher nicht ab-
wegig. Doch der »Soldatenkönig«, der ohnehin eine Union
der protestantischen Bekenntnisse wünschte, war ein schar-
fer Gegner der Prädestinationslehre. Als Kind hatte man
ihm erzählt, dass schon bei der Geburt feststehe, ob man zu
den Erwählten oder zu den Verdammten gehörte. Das hatte
tiefe Verzweiflung in dem Jungen ausgelöst, und als König
wollte er von der Prädestination nichts mehr wissen, und

sie durfte auch nicht von den Kanzeln gepredigt werden. Im Falle seines Sohnes wollte Friedrich Wilhelm I. erst recht nichts von Vorherbestimmung hören: So einfach sollte es sich der Kronprinz nicht machen können. Erst als Friedrich von diesem »schädlichen Irrtum« abzulassen und einzusehen schien, dass er allein an seinem eigenen und Kattes Unglück die Schuld trug, war der Weg zur väterlichen Gnade frei. Denn eben das war es, was der König wollte: Friedrich sollte seine ganz persönliche Schuld erkennen.

Nun galt es noch, eine zweite Voraussetzung für seine Freilassung zu erfüllen: Friedrich Wilhelm I. verlangte von seinem Sohn (auf Anraten Seckendorffs), mit einem Eid zu beschwören, dass er seinem König und Vater künftig »allemal getreu, gehorsam und untertänig« sein werde. Sollte er jemals nicht »in allen Stücken« die königlichen Befehle »willigst und gehorsamst« erfüllen, dann sollte er »der königlichen und der kurfürstlichen Succession gänzlich und auf ewig verlustig sein«.[104] Am 19. November 1730 gelobte Friedrich alles, was sein Vater von ihm verlangt hatte. Doch wenn er darauf gehofft hatte, dass er nun wieder sein altes Leben würde fortsetzen können, hatte er sich getäuscht. Friedrich sollte, modern gesprochen, nur auf Bewährung aus der Haft entlassen werden – mit strengen Bewährungsauflagen, zu denen auch gehörte, dass er seinen Aufenthaltsort nicht frei wählen und schon gar nicht nach Berlin zurückkehren durfte. Bis auf Weiteres sollte er in Küstrin bleiben.

Das Schicksal der »Mitverschwörer«

Bleibt zum Schluss noch ein kurzer Blick auf die anderen Beteiligten der Tragödie: Doris Ritter musste nicht den Rest ihres Lebens im Spinnhaus verbringen. Nach drei Jahren wurde sie aus dem Gefängnis entlassen und gründete eine Familie. Ihr Mann war ein Gewürzhändler, der sich später als Fuhrunternehmer in Berlin versuchte. Sechs Kinder entsprossen der Ehe. Nach dem frühen Tod ihres Mannes erhielt sie von ihrem Jugendfreund, der nun König war, eine kleine Pension. Doch alle Versuche, ein – wie man heute sagen würde – größeres Schmerzensgeld für die zu Unrecht erlittenen Qualen zu bekommen, schlugen fehl. Voltaire begegnete Doris Ritter in dieser Zeit. Sein Urteil fiel eher nüchtern aus: »Eine große Frau, hager, die einer Sibylle gleicht und keineswegs das Aussehen hat, dass sie verdient hätte, eines Prinzen wegen ausgepeitscht zu werden.«[105]

Auch der Leutnant von Spaen musste nur ein Jahr seiner Festungshaft absitzen. Er wurde später General in holländischen Diensten – ausgestattet mit den besten Wünschen und anerkennenden Worten des »Soldatenkönigs«. Seinen Lebensabend verbrachte er im preußischen Kleve. Dort besuchte ihn Friedrich, der damals selbst schon zum »Alten Fritz« geworden war, und gab sich leutselig – bis Spaen ihn auf die Ereignisse des Jahres 1730 ansprach. Doch daran wollte der König nicht erinnert werden …

Ingersleben, der mit der geringsten Strafe davongekommen war, blieb in Preußen und in der Armee; er starb 1757 in der Schlacht von Leuthen – im Kampf für seinen König und einstigen Jugendgefährten Friedrich den Großen.

Den zu seinem eigenen Glück rechtzeitig geflohenen Keith lud Friedrich nach seiner Thronbesteigung 1740 zwar dazu ein, nach Preußen zurückzukehren. Doch seine Hoffnung, nun endlich die Lorbeeren für seine Treue und für das Risiko, das er auf sich genommen hatte, ernten zu können, erfüllte sich nur teilweise. Friedrich hatte als König keineswegs vor, die Freunde aus seiner Jugend mit herausgehobenen Posten zu beglücken. Keith machte eine eher bescheidene militärische Karriere und wurde Kurator der Akademie der Wissenschaften. Die Bitte, seiner Mutter eine Anstellung als Hofdame bei der Königin zu beschaffen, beantwortete Friedrich nicht einmal.

Kattes Vater, dem schon Friedrich Wilhelm I. mit Gnadenbeweisen über seinen Verlust hinwegzuhelfen suchte, erhob Friedrich, nachdem er König geworden war, in den Grafenstand. Doch als ihn dessen außerehelicher Sohn – also ein Halbbruder seines Freundes Katte – 1767 darum bat, seine Herkunft zu legitimieren, schrieb er an den Rand der Eingabe: »Wer wird alle Hurenkinder naturalisieren?«[106]

Friedrichs Lehrer Duhan wurde 1730 nach Memel ans Ende der preußischen Welt versetzt – mit der Flucht hatte er allerdings überhaupt nichts zu tun gehabt. Aber der König machte ihn mitverantwortlich dafür, dass sein Sohn so missraten war. Auch er wurde von Friedrich nach seiner Thronbesteigung zurückberufen und zum Geheimen Rat ernannt.

Küstrin – oder: Ein Kronprinz als Lehrling

Schon in seiner Kabinettsordre an den Feldprediger Müller vom 8. November 1730 hatte der König festgelegt, wie er sich die »Bewährung« seines Sohnes vorstellte. Friedrich sollte in Küstrin keineswegs dem Müßiggang frönen. Im Gegenteil: Er sollte dort von morgens bis abends in der Kriegs- und Domänenkammer arbeiten: Als einfacher Beamter sollte er sich durch die Akten wühlen und lernen, wie eine solche Behörde funktionierte. Seit der Verwaltungsreform von 1723 war Preußen in Kammerdepartements eingeteilt, die Kriegs- und Domänenkammern fungierten als eigentliche zentrale Verwaltungsbehörden auf dieser Ebene. In Küstrin hatte die Kammer der Neumark ihren Sitz. An der Spitze der Kammer stand ein Präsident, darauf folgten die Direktoren der einzelnen Abteilungen, die Geheimen Räte sowie die untereinander gleichberechtigten Kriegs- und Domänenräte. »Als Nachwuchs sollten Auskultatoren zum unentgeltlichen Dienste mit Aussicht auf Beförderung angenommen werden.«[1] Ein solcher »Auskultator«, ein Auszubildender, der zuerst vor allem zuhören sollte, war Friedrich nun. Bewusst erhielt er einen Platz am Ende des Tischs zugewiesen, die anderen Mitglieder des Gremiums sollten ihm keinerlei Sonderrechte einräumen. Auch durfte Friedrich keine Uniform tragen, deren militärischer Rang ihn über die anderen Beamten erhoben hätte. Zwar hatte er nach der Haftentlassung seinen Degen zurückerhalten, in die Armee wiederaufgenommen worden war er nicht. Die entsprechende Bitte seines Sohnes wies der König brüsk zurück: Er sollte doch selbst wissen, dass man in einer Armee niemanden brauchen könne, der eine solche »lâcheté« (Gemeinheit) begangen habe. Sein »jetziges Unglück« habe er sich selbst zuzuschreiben, und die väterliche Gnade könne er nicht anders als durch Fleiß, Eifer und Beständigkeit bei der Arbeit in der Kriegs- und Domänenkammer wiedererlangen.[2]

Ein seltsamer Hofstaat

Für die Unterbringung Friedrichs mietete der König in Küstrin ein gutbürgerliches Wohnhaus, für das selbstverständlich die ortsübliche Miete bezahlt wurde. Natürlich sollte der Prinz dort nicht allein leben. Zum Hofmarschall, tatsächlich aber zum »Oberaufseher« seines Sohnes, wurde der Geheime Rat Gerhard Heinrich von Wolden bestimmt, als dessen Stellvertreter amtierten Karl Dubislav von Natzmer (1705–1737) und Wilhelm von Rohwedell, die zu Kammerjunkern ernannt wurden. Dazu kamen ein Koch und drei Lakaien – alles in allem also ein Haushalt von acht Personen.

In einer Instruktion vom 14. November 1730[3] stellte der König Regeln für das Zusammenleben dieses »Hofstaats« auf, wobei für Friedrich eine Art Rundumbewachung vorgesehen war, die eher an eine Fortsetzung der Haft ohne Gitterstäbe denken lässt. Weder bei Tag noch bei Nacht sollte er auch nur eine Minute lang allein sein dürfen. Die Nacht sollte einer der beiden Kammerjunker »in des Kronprinzen Kammer schlafen und auf selbigen Acht geben«. Mit anderen Menschen sollte Friedrich nur laut und vernehmlich sprechen dürfen – und auch dies nur, wenn Wolden, Natzmer oder Rohwedell dabeistanden und hörten, was gesprochen wurde. Briefe schreiben? Fehlanzeige. Nur zwei waren ihm alle drei Monate »gestattet« – an seinen Vater und seine Mutter, und zwar gefälligst »in teutscher Sprache«.

Überhaupt sollte sich Friedrich in Küstrin ausschließlich auf Deutsch unterhalten und keinesfalls auch nur ein Wort auf Französisch. Zeitungen durfte er lesen – aber nur deutsche Blätter und »durchaus keine französischen«. Die Sprache, Lebensart und Kultur dieses Landes war für den »Soldatenkönig« zum Synonym all jener Eigenschaften geworden, die er an seinem Sohn nicht ausstehen konnte. Den drei »Aufsehern« wurde gar vorgeschrieben, worüber sie mit dem Kronprinzen in dessen »Freizeit« sprechen durften: Nicht über »Krieg, Frieden und andere politische Sachen«, sondern allein »vom Göttlichen Wort, von der Ökonomie, von der Landesverfassung, von Manufakturen, Polizeisachen, Bestellung des Landes, Abnahme der Rechnungen«. Musik durfte Friedrich weder selbst machen noch hören – dafür sollten Wolden, Natzmer und Rohwedell »mit ihrem Leben« bürgen.

Ein weiteres Problem aus der Sicht des Königs war, dass Friedrich von Neuem der Prädestinationslehre anhing und nur mit großer Mühe davon abzubringen war. Wobei es sich wohl mehr um Lippenbekenntnisse als um eine tatsächliche Abkehr handelte. Denn noch 1732 schrieb Friedrich an Grumbkow: »Folgen wir stets unserem Schicksal. Denn niemand kann die Ratschlüsse ändern, die Gott von Ewigkeit her in seiner Klugheit und Allwissenheit beschlossen hat. Sich ihnen widersetzen wollen, wäre lächerlich und hieße, gegen den reißenden Strom schwimmen.«[4]

Das Verhalten seines Sohnes gegenüber anderen Menschen hatte der »Soldatenkönig« schon bei früheren Gelegenheiten beklagt. Und daran hatte sich seiner Meinung nach nichts geändert: Stolz und Hochmut gehörten für Friedrich Wilhelm I. »zu den größten und schädlichsten Lastern«. Daher sollte sich der Geheime Rat von Wolden »äußerst bemühen, ihm diesen Hochmut aus dem Kopf zu bringen«.[5] Doch das war leichter gesagt als getan. Besonders seine Spottlust hatte Friedrich nicht verloren, eine Spottlust, die bei ihm leicht in Überheblichkeit gegenüber Menschen umschlagen konnte, die ihm intellektuell nicht gewachsen waren, und das waren nach seiner Selbsteinschätzung eine ganze Menge. Selbst ein neutraler Beobachter wie der General Adolph Friedrich von der Schulenburg (1685–1741) störte sich an diesem Wesenszug Friedrichs; es war also nicht nur die Einschätzung seines Vaters: »Sicherlich fühlt er, was er ist, und wird er jemals König, so wird er es zur Geltung bringen … Ich merke wohl, dass er Ratschläge nicht liebt; er gefällt sich nur im Umgang mit solchen, die geistig unter ihm stehen. Er sucht sogleich die lächerlichen Seiten bei jedem hervor und spottet gern – ein großer Fehler bei einem Fürsten.«[6]

Ein durchorganisierter Tagesplan

Wie nicht anders zu erwarten, war der Tagesablauf Friedrichs in Küstrin genau geregelt. Aufstehen im Sommer um fünf Uhr, im Winter um sechs Uhr. Eine Stunde darauf hatte er seinen Dienst bei der Kriegs- und Domänenkammer anzutreten. Dabei ging der König davon aus, dass sein

Kronprinz Friedrich. Gemälde von Georg Lisiewski.

Friedrich mit seiner Lieblingsschwester Wilhelmine, der späteren Markgräfin von Bayreuth. Gemälde von Antoine Pesne.

König Friedrich Wilhelm I. in Preußen. Gemälde von Antoine Pesne.

Königin Sophie Dorothea in Preußen. Gemälde von Antoine Pesne.

Das Berliner Schloss nach einem um 1700 entstandenen Gemälde eines unbekannten Künstlers. Ansicht von der Langen Brücke auf die Ost- und Südseite des Schlosses.

Eine Hirschhetze mit Friedrich Wilhelm I. bei Königs Wusterhausen. Gemälde eines unbekannten Künstlers.

Das spartanisch eingerichtete Jagdschloss Königs Wusterhausen war der Lieblingsaufenthalt Friedrich Wilhelms I. Aquarell von Wilhelm Barth.

Der »Soldatenkönig« hatte eine Schwäche für »lange Kerls«.
Hier zwei Grenadiere des Roten Leibbataillons, der »Riesengarde«.
Gemälde, Johann Christoph Merk zugeschrieben.

Das Tabakskollegium tafelt in Königs Wusterhausen. Vorne im Bild
die Prinzen Heinrich und Ferdinand, die ihrem Vater eine gute Nacht
wünschen. Gemälde von Georg Lisiewski.

Kunstmäzenin, Komponistin und engste Vertraute ihres Bruders Friedrich der Große: Markgräfin Wilhelmine von Bayreuth. Gemälde von Antoine Pesne.

Kronprinz Friedrich mit seinen Brüdern Ferdinand, August Wilhelm und Heinrich. Gemälde von Carlo Francesco Rusca.

Der berühmte »Canaletto-Blick«: Dresden vom rechten Elbufer mit Blick auf die Frauenkirche und die im Bau befindliche Katholische Hofkirche. Gemälde von Bernardo Bellotto, genannt Canaletto.

August II., der Starke, zeigt seinen Gästen Friedrich Wilhelm I. und Kronprinz Friedrich eine verführerische Dame – sehr zur Freude des Sohnes, aber zum Ärger des Vaters. Holzstich von Adolph Menzel.

Allianzporträt von König August II. von Polen und Friedrich Wilhelm I. in Preußen. Gemälde von Louis de Silvestre.

Elisabeth Christine von Braunschweig-Bevern als Kronprinzessin.
Ihre Ehe mit Friedrich dem Großen blieb kinderlos. Gemälde von
Antoine Pesne.

Friedrich der Große im Alter von 24 Jahren. Gemälde von
Antoine Pesne.

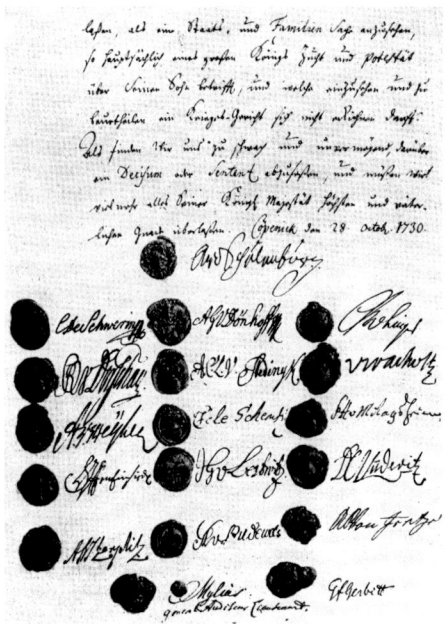

Das Urteil des Köpenicker Kriegsgerichts auf ewigen Festungsarrest für Hans Hermann von Katte, den Jugendfreund und Fluchthelfer Friedrichs.

Die vereitelte Flucht des Kronprinzen Friedrich am Morgen des 4. August 1730 in Steinfurt. Holzstich von Adolph Menzel.

Friedrich im Gefängnis zu Küstrin nach seinem gescheiterten
Fluchtversuch. Lithografie eines unbekannten Künstlers.

Recevez tres cher Ami, ce livre
comme un temoignage d'une.
Sincere Amitié, que je vous porte
ce present n'est il point precieux
par son dehors; il l'est d'autant
plus par le tresor inestimable
qu'il renferme.

Eine Mitteilung Kattes an seinen Freund Eichstädt, geschrieben am Tag seiner Hinrichtung auf das Vorsatzblatt eines Buches.

Die Hinrichtung Kattes in Küstrin. Kupferstich eines unbekannten Künstlers.

Hans Hermann von Katte. Holzstich nach einem Gemälde von Georg Lisiewski.

König Friedrich der Große. Wie sein Vater sieht er sich als der »erste Diener des Staates«. Gemälde von Antoine Pesne.

Sohn zunächst nur still dabeisitzen würde, da er von diesen
»Affairen« bisher noch nie etwas gehört habe. Doch nach
einem halben Jahr sollte er in der Behörde ganz normal
mitarbeiten. Zwar hatte der Kronprinz eine längere Mit-
tagspause von zwölf bis 15 Uhr, und nachmittags musste er
nur von 15 bis 17 Uhr noch einmal in der Behörde erscheinen. Doch wurde der Kammerpräsident von Münchow angewiesen, ihm Akten für das abendliche Studium zu Hause
mitzugeben. So kommt man alles in allem auf einen Ar-
beitstag von mindestens sieben bzw. acht Stunden. Die
einzige Ablenkung bestand darin, dass dem Kronprinzen
erlaubt wurde, bei schönem Wetter auf dem Wall spazieren
zu gehen – natürlich nur in Begleitung. Um neun Uhr
sollte er zu Bett gehen und das Licht löschen. Auch sonn-
tags war kein Ausschlafen möglich, im Gegenteil: Am Tag
des Herrn sollte Friedrich bereits um vier Uhr morgens geweckt werden, um nacheinander den Gottesdienst in der
lutherischen und in der reformierten Kirche zu besuchen.
Auch darüber hinaus sollte der Sonntag ganz der Andacht
und dem Gebet gewidmet sein. Es mag in ganz Europa
wohl keinen anderen 18-jährigen Kronprinzen gegeben haben, der auf diese Weise seine Tage verbracht hat!

Allerdings waren Theorie und Praxis auch während des
Küstriner Aufenthalts des Kronprinzen nicht immer das
Gleiche. Friedrich war eben kein gewöhnlicher Beamter,
und es fiel den Mitgliedern der Kammer schwer, in ihm
nicht den Kronprinzen und künftigen König zu sehen. Und
wenn er gelangweilt Bildchen malte, während über Rechnungen und Kostenvoranschläge diskutiert wurde, schau-
ten sie großzügig darüber hinweg. Engste Bezugsperson
Friedrichs in der Kammer war deren Direktor Christoph
Werner Hille (? – 1740), ein gebildeter und belesener Mann,
von einigem Witz und schlagfertig dazu. Dass er als Bürger-

licher über die Eingabe eines adligen Landrats entscheiden sollte, war dem Kronprinzen allerdings schwer verständlich. Hier zeichnete sich bereits die Bevorzugung des Adels in Militär und Verwaltung ab, wie sie Friedrich als König sehr explizit betreiben sollte. Ganz anders als sein Vater, der darauf zumindest bei Zivilbeamten weniger gab und mit der bürgerlichen Abstammung des Kammerdirektors kein Problem hatte. Und dieser war weit davon entfernt, vor Friedrich den Kotau zu machen bzw. zu katzbuckeln. Im Gegenteil – er konterte die zur Schau getragene Verwunderung seines Schützlings mit einem trefflichen Vergleich: Dass dies »eine ganz verkehrte Welt« sei, erkenne man am besten daran, »dass Prinzen, die des gesunden Menschenverstandes entbehrten oder mit Bagatellen ihre Zeit vertrödelten, dennoch die Gebieter von vernünftigen Leuten seien«.[7] Das saß!

Hille versuchte, den Kronprinzen bei Laune zu halten, indem er gleichfalls eine gewisse Ironie in die Gespräche einfließen ließ – wie Friedrich dies gern hatte. Bisweilen konnte aber auch er sich nur noch wundern; sein Schützling schien ein hoffnungsloser Fall zu sein: »Sie glauben«, schrieb er am 18. Dezember 1730 an Grumbkow, »seine Lieblingsleidenschaft sei die Musik. Gott gebe, dass dem so wäre. Aber er hat eine stärkere Neigung: Er will Verse machen und ein Reimschmied werden. Während er nicht weiß, ob seine Vorfahren Magdeburg im Kartenspiel oder sonstwie gewonnen haben, kann er die Regeln der aristotelischen Poetik an den Fingern herzählen, und quält sich seit zwei Tagen ab, deutsche Verse, die ihm der Narr, der Wilcke [Beamter in der Kriegs- und Domänenkammer], gegeben hat, ins Französische zu übersetzen. Bis zur Erschlaffung sage ich ihm die Verse aus Molières ›Misanthrope‹ über Orontes her. Er sagt, sie seien wundervoll, und lässt sich

nicht abbringen. Der Teufel hole seinen verwünschten Lehrer [Duhan], der weiter nichts verstand, als ihm dergleichen
seichtes Zeug in den Kopf zu setzen. All das muss ihm noch
abgewöhnt werden«, auch wenn »gegen seine Herzens-
eigenschaften« ansonsten »nichts zu sagen«[8] sei.

Umgekehrt hat Friedrich über Hille wenig schmeichel-
haft geurteilt: »Er ist falscher und heimtückischer als alle
Italiener. Diesen Charakter glaube ich auf das Glücklichste
enthüllt zu haben. Mit dem Ausdruck Politik bemäntelt er
die Falschheit. Er ist Pedant…, niemals verfehlt er, das
Gespräch mit einigen lateinischen Brocken zu spicken. Er
ist sehr nachlässig gekleidet. Horaz ist sein Steckenpferd,
und nie findet er ein Ende, sobald er einmal bei diesem
Kapitel angelangt ist.«[9] Man darf annehmen, dass es vor
allem Hilles Offenheit war, die Friedrich nur schwer ertragen
hat und ihn am Ende zu diesem zumindest überzogenen
Urteil gebracht hat. Auch sah er in dem Kammerdirektor
eher den lästigen Aufpasser seines Vaters, vor dem es kein
Entrinnen gab, als einen Vertrauten. Friedrich hat sein Urteil
im Abstand, ein Jahr darauf, wenigstens ein wenig revidiert,
indem er Hille für seine Kenntnisse, den angenehmen Umgang, die Klarheit des Urteils und seine strengen Sitten
lobte.[10] Dass er als seine Schattenseiten Hilles Hang zur
Ironie und seinen vermeintlichen Hochmut geißelte, hätte
seinen Vater fast belustigen mögen – und er hätte ihm
womöglich einen Blick in den Spiegel empfohlen.

Tage in gepflegter Langeweile

Weder Hille noch die anderen Mitglieder der Kammer
haben sich allzu streng an die Instruktion des Königs gehalten, mit Friedrich nur über ernsthafte Themen und

schon gar nicht über französische Komödien zu sprechen. Auch gelang es dem Kronprinzen, entgegen den königlichen Weisungen Briefe an seine Schwester Wilhelmine aus Küstrin hinauszuschmuggeln. Darin kokettierte er ebenfalls mit der Vorstellung, ein Dichter geworden zu sein – offenbar sein Weg, sich in eine andere Welt zu denken: »Vielleicht wunderst Du Dich, liebste Schwester, dass ich zum Dichter geworden bin. Aber wozu wird der Mensch nicht in dieser gemeinen Welt! Vergil wäre kein so guter Dichter geworden, hätte die Verbannung ihn nicht dazu gemacht. Doch jeder Vergleich liegt mir fern. Meine Verse sollen ja nur ausdrücken, was ich tief im Herzen fühle.«[11]

Nicht einmal das Verbot des Musizierens wurde strikt durchgehalten. Im Musketierregiment des Generalmajors Kurt Christoph von Schwerin (1684–1757) diente ein junger Oboist namens Michael Gabriel Fredersdorff (1708–1758). Schwerin kommandierte den Soldaten stundenweise zum Kronprinzen – um mit diesem gemeinsam Flöte zu spielen. Daraus sollte sich eine enge Bindung bis zu Fredersdorffs Tod 1758 entwickeln. Nach der Thronbesteigung Friedrichs wurde Fredersdorff zum Geheimen Kämmerer ernannt; in den folgenden Jahren avancierte er zur grauen, aber stets unbestechlichen und loyalen Eminenz an dessen Hof.

Besonders froh war Friedrich, wenn er über seinen vorgeschriebenen Begleiterkreis hinaus Kontakte knüpfen konnte, so zu der verwitweten Landrätin von Manteuffel, einer Verwandten des Kammerpräsidenten von Münchow. Als sie in den Weihnachtstagen des Jahres 1730 zu einer Reise aufs Land aufbrach, erließ Friedrich eine scherzhaft gemeinte Kabinettsordre, in der er sein eigenes Schicksal karikierte: Gegen dieses »strafbare Unternehmen« könne er nicht anders als »Missfallen bezeigen«. Seine Königliche

Hoheit »protestiere wider die intendirte Desertion nicht allein hierdurch aufs Feierlichste, sondern werden auch bei dem Gouverneur Alles wider solche vorzunehmende echappade [Flucht] dienliche anzuwenden nicht ermangeln«.[12] Man könnte diese Zeilen tatsächlich schlagfertig oder auch humorvoll nennen, hätte man nicht im Hinterkopf, dass wegen Friedrichs »intendirter Desertion« ein Mensch hatte sterben müssen und eine junge, unschuldige Frau ausgepeitscht worden war. Dies hat in der älteren Forschung sogar zu der Vermutung geführt, dass die Katastrophe an Friedrich »beinahe spurlos vorüber gegangen sei«[13] bzw. dass das durch die Hinrichtung Kattes ausgelöste Trauma nicht allzu lange angehalten hatte. Vielleicht war die Ironie aber auch für ihn die einzige Möglichkeit, die Härte des Vaters seit frühester Kindheit und die unfassbaren Ereignisse des Jahres 1730 zu verarbeiten, um nicht daran zugrunde zu gehen; eine Art von Verdrängung. Doch schon zeitgenössisch brachte ihm dieser Hang, alles ins Lächerliche zu ziehen, den Vorwurf mangelnder Ernsthaftigkeit und der Überheblichkeit ein – nicht nur von seinem Vater, sondern beispielsweise in Küstrin auch von Münchow, Wolden oder Hille.

Ende Januar 1731 verfasste der Kronprinz seine erste eigene Arbeit in der Kriegs- und Domänenkammer: einen Aufsatz zur Förderung der Leinenweberei. Voller Freude sandte Kammerpräsident von Münchow die Arbeit an den König. Doch der reagierte keineswegs mit Begeisterung, sondern mit dem ihm eigenen Misstrauen: »Es nimmt mir aber sehr wunder«, antwortete er Münchow, »wenn Ihr Euch einbildet, als sollte ich glauben, als wenn der Kronprinz solches Projekt gemacht, da ich doch besser weiß, was dazugehört. Es ist auch solches wider meine Intention, dass er soll anfangen Projekte zu machen, indem ich Euch angewiesen habe, Ihr sollet denselben auf solide Sachen führen, weil ich von keinen windigen Sachen etwas wissen will, denn zum Windmachen braucht man keine Anführung.«[14]

Insgesamt vergingen die Tage in gepflegter Langeweile: Friedrich klagte bei Hille darüber, dass er trotz seiner Unterwerfung unter den Vater nicht die geringste Freiheit erhalten habe. Er dürfe nicht einmal ein gutes Buch lesen oder Gäste seiner Wahl empfangen. Er und seine drei Mitbewohner hätten sich völlig ausgesprochen, man verbringe die gemeinsamen Mahlzeiten damit, »krampfhaft nach Gesprächsgegenständen zu suchen oder einander beim Essen in den Mund zu schauen«.[15] Doch der König ließ sich dadurch nicht erweichen. Eine entsprechende Bitte Woldens beantwortete er kühl: »Dass Eurem Untergebenen [!] in Küstrin die Zeit lang wird, tut mir von Herzen leid. Es ist meine Schuld nit. Sage er ihm, ich hätte ihm wohl tausend Mal vorgestellet süße und sauer; er hätte das Saure erwählt, also wäre es nun an ihm standhaftig auszuhalten.«[16]

Nicht einmal die Lektüre praxisbezogener Bücher wurde dem Kronprinzen erlaubt. Aus Büchern, war der König überzeugt, lernte man gar nichts, nur durch die praktische Arbeit – »learning by doing« würde man heute dazu sagen. Abwechslung gönnte Friedrich Wilhelm I. seinem Sohn keine. Ende März 1731 heiratete die Tochter des Generalmajors von Lepel, Dorothea Magareta (1703–1774). Der Gouverneur hätte Friedrich gern dazu eingeladen, doch der Vater erlaubte es nicht: »Abschlagen«, vermerkte er am Rand der Eingabe und erinnerte daran, dass Friedrich nach wie vor ein »Arrestant« sei und als solcher »[ein]geschlossen« gehörte; nur dass inzwischen eben die ganze Stadt sein Gefängnis war.[17] Umgekehrt waren Friedrich eigene Einladungen ebenfalls nicht gestattet.

Der König erwartete, dass sein Sohn selbst ihm alle

Rechnungen für seine Haushaltsführung detailliert zusammenstellte. Und wehe, wenn ihm dabei etwas aufstieß wie in der Dezember-Rechnung von 1730: Weshalb er so teure Butter gekauft habe, wollte der König wissen, worauf sein Sohn sich auf eine durch eine Viehseuche hervorgerufene Teuerung herausredete. Nun darf man annehmen, dass die wenigsten gekrönten Häupter des 18. Jahrhunderts wussten, was ein Pfund Butter kostete – eine Frage, an der viele Staatschefs von heute wohl ebenso scheitern würden. Doch der »Soldatenkönig« war auch da eine Ausnahme. Wer sparen wollte, musste seiner Meinung nach bei den kleinen Dingen des Alltags beginnen. Hunger leiden musste Friedrich in Küstrin gleichwohl nicht, zumal – so Hille in einem Brief an Grumbkow – von »allen Seiten mehr in die kronprinzliche Küche geschickt wird, als verzehrt werden kann«.[18]

Was an den Nerven aller Beteiligten in Küstrin zehrte, war, dass sich der König zu keinerlei Lockerungen für Friedrich bereit erklärte. Um ihm eine Freude zu machen, wollte der Kammerpräsident von Münchow zum 19. Geburtstag des Kronprinzen am 24. Januar 1731 ein kleines Fest in seinem Haus geben. Doch selbst das wollte der König seinem Sohn nicht gönnen: »Nit aus dem Haus essen, nit Musicke, nit Tanzen, denn dieses nit der Ort dafür ist.« Friedrich sei nicht in Küstrin, um sich zu vergnügen, sondern um etwas zu lernen.[19] Immerhin war Grumbkow – in dieser Zeit sehr auf ein gutes Einvernehmen mit Friedrich als dem künftigen König bedacht – so freundlich, zwölf Flaschen Wein zu dessen Geburtstag zu schicken. Doch wie konnte man den König erweichen? »Unterwerfung – die wird nicht für aufrichtig gehalten«, sinnierte Hille in einem Brief an Grumbkow und schrieb dann einen Satz, der zeigte, wie gut er das scheinbar unauf-

lösliche Dilemma dieses Vater-Sohn-Konflikts erfasst hatte:
»Man will das Herz zu aufrichtiger Liebe zwingen, und das
ist unmöglich.«[20]

Wie Alexander von Eroberung zu Eroberung

Auch wenn die Vorschriften des Königs zum Teil sehr lax
gehandhabt wurden, langweilte Friedrich die Eintönigkeit
des Lebens in Küstrin immer mehr. Weshalb sollte er sich
noch länger mit dem Kleinkram der Arbeit in der Kriegs-
und Domänenkammer herumschlagen? Als König würde
er sich darum doch wohl kaum kümmern müssen? Für
einen Kronprinzen war das ein eintöniges Leben mit wenig
Abwechslung. Wenn er sich doch wenigstens der Politik
zuwenden dürfte oder den großen Linien einer künftigen
Wirtschaftspolitik. Das aber hatte sein Vater ausdrücklich
verboten. Je enger das Vertrauensverhältnis zu seinen Begleitern wurde, vor allem gegenüber den beiden Kammerjunkern, die abwechselnd in Friedrichs Stube schliefen,
umso eher traute er sich, doch einmal solche Themen an-
zuschneiden – so eines Abends gegenüber Natzmer vor dem
Einschlafen. Am nächsten Tag schickte er ihm gar eine aus-
führliche Zusammenfassung seiner politischen Pläne mit
den Worten: »Mein Herr, der Streit, den wir gestern hatten,
blieb recht unentschieden, weil der Schlaf uns übermannte,
als wir noch dabei waren, unsere Sache besser vorzutragen.
Zur Ergänzung dessen, was uns gestern fehlte, werde ich
meinen Plan vervollständigen, auf dem gegenwärtig vornehmlich der Friede in Europa sich gründet.«
    Darüber wollte Friedrich sprechen – und nicht über den
Kleinkram der neumärkischen Verwaltung. Dabei wirken
seine Pläne in manchem noch naiv, aber es sind bereits die

Grundzüge jener Politik, der er sich als König verpflichtet fühlen sollte. Was im ersten Moment erstaunen mag, ist, dass Friedrich zwar ein gutes Einvernehmen Preußens mit seinen Nachbarn für notwendig hielt, dann aber einer expansiven Außenpolitik das Wort redete: »Da die preußischen Länder ... so zerschnitten und getrennt sind, halte ich es für die notwendigste Maßnahme, sie einander anzunähern oder die getrennten Teile zu sammeln, die natürlicherweise zu den Teilen gehören, die wir besitzen.« Dazu zählte Friedrich das damals noch polnische Westpreußen, das schwedische Vorpommern, Mecklenburg sowie Jülich und Berg im Westen. »Ich schreite immer von Land zu Land, von Eroberung zu Eroberung, indem ich mir wie Alexander immer neue Welten zur Eroberung vornehme.« Dabei überlege er »rein politisch, ohne mich auf Rechtsgründe zu berufen, um nicht zu viele Abschweifungen zu machen bei jeder Sache, bei der jeweils Gründe und Rechte aufgeführt werden müssten, die das Haus Brandenburg dabei haben kann.«

Zwar wollte sich Friedrich nicht darauf festlegen, wie diese Gebiete gewonnen werden könnten, doch stand für ihn außer Frage, dass Preußen in der Lage sein müsste, »sobald die Ehre seines Hauses und Landes den Krieg forderten«, diesen auch »kraftvoll führen« zu können, »ohne einen Feind fürchten zu müssen. Ich wünsche, dass dieses Haus Preußen sich ganz aus dem Staub erheben wird, in dem es bis jetzt gelegen hat, damit es die protestantische Religion in Europa und im Reich zum Blühen bringen kann, damit es eine Zuflucht werde für die Unterdrückten, eine Stütze der Witwen und Waisen, ein Freund der Armen, der Feind der Ungerechten.«[21] Die Vergrößerung des eigenen Territoriums anzustreben gehörte im Zeitalter des Absolutismus zwar zur Staatsräson, doch Friedrich ging darüber hinaus und gab seinen Eroberungsphantasien ganz unverhohlen freien Lauf.

Natürlich waren dies die schwärmerischen Gedanken eines 19-Jährigen. Aber die Zeilen zeigen doch auch, dass Friedrich die Uniform schon längst nicht mehr für einen Sterbekittel hielt und dass sein Dresdner Freund Suhm schon recht damit gehabt hatte, dass die Ruhmbegierde eine seiner größten Triebfedern war. Und dass er bereit war, dem rational erkannten Interesse seines Hauses zu folgen, ohne sich dabei allzu sehr mit juristischen Spitzfindigkeiten beschäftigen zu wollen – alles Mechanismen, die bei seinem Angriff auf Schlesien 1740 zum Tragen kommen sollten.

Doch daran war lange nicht zu denken. Dass Friedrich solche Träume hegte, muss im Zusammenhang mit seiner völlig unbefriedigenden persönlichen Situation in Küstrin gesehen werden und auch als Reaktion auf die Geringschätzung, die ihm sein Vater scheinbar entgegenbrachte. Die gedrückte Stimmung schlug allen Beteiligten immer mehr aufs Gemüt. »Ich fürchte«, so Hille, »wenn das andauert, verliert er seine Lebhaftigkeit und wird düster und misslaunig, was ein großer Schaden wäre.«[22]

Seinen Begleitern erging es nicht anders: »Wir Klosterleute werden alle vor Langeweile umkommen, wenn dies Leben so weitergeht«, klagte Wolden.[23] Doch Friedrich wurde nicht, wie er gehofft hatte, zu den Frühjahrsparaden des Jahres 1731 nach Berlin eingeladen. Das Einzige, was er von seinem Vater erhielt, waren noch mehr Bücher zur geistlichen Erbauung. Er bedankte sich brav dafür und gab seiner Hoffnung Ausdruck, bald wieder die Gnade des Königs zu erlangen. Doch dessen Antwort, geschrieben am 3. Mai 1731, deutete mit keiner Zeile darauf hin: »Ich habe Euren Brief wohl erhalten, darin Ihr mir danket wegen der geistlichen Bücher, die ich Euch geschickt habe. Wollte

Gott, Ihr hättet meinen väterlichen Rat und Willen von Jugend auf gefolgt, so wäret Ihr nicht in solch Unglück verfallen; denn die verfluchten Leute, die Euch inspiriert haben, durch die weltlichen Bücher klug und weise zu werden, haben Euch die Probe gemacht, dass alle Eure Klugheit und Weisheit ist zu nichts und zu Quark geworden … Gott gebe, dass Euer falsches Herz durch Euren Arrest möge vollkommen gebessert werden.«[24]

Versöhnung in Raten

Als Friedrich erfuhr, dass der König nach Ostpreußen reisen werde, bat er darum, ihm bei dieser Gelegenheit »den Rock küssen zu dürfen«. Doch der schien weiter hart bleiben zu wollen: »Soll in Küstrin verbleiben; ich werde die Zeit schon wissen, wann das böse Herz wird gebessert sein, wahrhaftig, und nicht Heuchelei darin ist«, teilte er Wolden mit.[25] Dann, endlich, bei seiner Rückkehr von der Inspektionsreise, kündigte der König seinen Besuch in Küstrin an. Darauf setzte Friedrich alle seine Hoffnung: Würde ihm sein Vater endlich verzeihen? Würde er endlich das langweilige Leben eines kleinen Kammerbeamten wieder gegen das eines Kronprinzen tauschen können?

Zuerst las der Vater seinem Sohn noch einmal gründlich die Leviten: »Schändlich« habe er sich aufgeführt, ein »gottloses Benehmen« an den Tag gelegt. »Ihr habt gemeint, mit Eurem Eigensinn durchzukommen, aber höre, mein Kerl, auch wenn Du 60 oder 70 Jahre alt wärst, so sollst Du mir nichts vorschreiben. Es wird mir an Mitteln nicht fehlen, Dich zur Raison zu bringen.« Dann stellte der Vater eine wohl entscheidende Frage: »Hast Du Katten verführt, oder hat er Dich verführt.« Darauf gab der Kronprinz ohne Zögern zu, dass er der Verführer und England das eigentliche Ziel seiner Flucht gewesen sei. Es war diese Offenheit im direkten Gespräch, auf die sein Vater gewartet hatte: »Es ist mir lieb, dass Ihr einmal die Wahrheit gesagt.« Das geschah am 14. August – dem Geburtstag des Königs! Als ihm Friedrich nach seinem »Geständnis« dazu noch Glückwünsche aussprach, nahm ihn der König in den Arm, wohl zum ersten Mal seit Jahren. Alle Ironie und gespielte Lässigkeit fielen in diesem Moment von Friedrich ab. »Ich hätte nie geglaubt«, fasste er seine Eindrücke dieses bewegenden Moments zusammen, »dass mein Vater die geringste Neigung von Liebe für mich hätte.«[26]

Mit dieser Begegnung zwischen Vater und Sohn war der Bann gebrochen, auch wenn Normalität noch nicht einkehrte – eine Normalität, die es zwischen den beiden ohnehin kaum mehr geben konnte, nach dem, was nicht erst 1730 vorgefallen war. In den nächsten Monaten war es ausgerechnet Grumbkow, der Friedrichs Vertrauen zu gewinnen suchte und ihm einen Weg wies, wie er mit dem Vater zumindest einen erträglichen Modus Vivendi finden konnte: Er sollte dem König gegenüber »schlicht, ungezwungen und achtungsvoll« auftreten. Vor allem möge er seine »Spottlust« im Zaum halten, aber auch nicht stattdessen eine »abweisende, verschlossene oder düstere Miene« aufsetzen. »Man kann lustig sein, ohne zu spotten, und ein lachendes Gesicht zu gegebener Zeit gefällt dem König sehr wohl.« Wenn der König sich bei einem Gespräch zu ihm geselle, möge er sich nicht einfach abwenden. Im Übrigen solle Friedrich »bei allem, was er in Gegenwart des Königs tut, Vergnügen bezeugen, selbst wenn er es nicht empfinden sollte«. Auch solle er auf Fragen seines Vaters »stets bereitwillig antworten«.[27] Das waren eigentlich ganz einfache Ratschläge. Doch einfach war im Verhältnis dieser beiden schon lange nichts mehr. Und Grumbkow wusste natürlich, dass er Friedrich damit mehr oder weniger zur Heuchelei aufforderte, da ein solches Verhalten eben nicht den wirklichen Gefühlen des Kronprinzen gegenüber seinem Vater entsprach.

Der Wunsch, wieder in die Armee aufgenommen zu werden, wurde dem Kronprinzen nach wie vor abgeschlagen. Dieses Ansinnen, entgegnete der König, komme kaum von Herzen; er wolle ihm damit nur schmeicheln, doch wisse er selbst, was er von Schmeichlern halte: nämlich gar nichts! Ein Soldat, der müsse Hunger, Durst und Kälte aushalten. Doch vor alledem habe er immer nur Abscheu gehabt. In diesem Moment brach noch einmal, zum letzten Mal, die ganze Enttäuschung aus Friedrich Wilhelm I. heraus: »Wenn ich Dir aus Paris einen *maitre de flute* [Flötenlehrer] mit etlichen zwölf Pfeifen und Musikbüchern, imgleichen eine ganze Bande Komödianten und ein großes Orchester kommen ließe, wenn ich lauter Franzosen und Französinnen, auch ein paar Dutzend Tanzmeister nebst einem Dutzend *petit-maitre* [Lackaffen] verschriebe und ein großes Theater bauen ließe, so würde Dir dieses gewiss besser gefallen als eine Kompanie Grenadiers, denn die Grenadiers sind doch, nach Deiner Meinung, nur Canailles, aber ein petit-maitre, ein Französchen ..., ein Musiquechen und Komödiantchen, das scheinet was Nobleres, das ist was Königliches, das ist digne d'un prince [eines Prinzen würdig].«[28]

Doch öffneten sich Friedrich nun wenigstens die Stadttore von Küstrin, und er konnte gelegentlich auch Gäste zu sich einladen – allerdings nicht mehr als zwei. Und er musste in der Kriegs- und Domänenkammer nicht länger am »Katzentisch« sitzen, sondern durfte neben dem Präsidenten Platz nehmen und erhielt offiziell Sitz und Stimme in dem Gremium. Neben der Theorie der Verwaltung, die er in der Kammer kennenlernte, sollte Friedrich nun praktische Erfahrungen sammeln. Dem dienten Inspektionsreisen durch die Neumark, von denen er – wie es ihm Grumbkow aufgetragen hatte – seinem Vater ausführlich berichtete: Welches Getreide wo am besten gedieh, dass das Brauhaus in dem »Amt Himmelstedt« in einem miserablen Zustand war, was man tun könnte, um die einheimischen brandenburgischen Kaufleute gegen die schlesische – also österreichische – Konkurrenz in Vorteil zu bringen, wie es um die Glashütten in Marienwalde stand. Er sitze, schrieb Friedrich an Grumbkow, »bis über die Ohren« an der Arbeit über den schlesischen Handel, »und das macht mich so zerstreut, dass ich auf die Frage, ob ich Senf zum Rindfleisch haben will, imstande wäre zu antworten: Sehen Sie in der neuen Zollrolle nach.«[29] Friedrich benahm sich, dem Ratschlag Grumbkows folgend, wie ein »guter Wirt«, der sich auch um Kleinigkeiten kümmerte und dem das Schicksal selbst des einfachsten Bauern in der tiefsten Provinz nicht egal war.

Der König sollte darüber hinaus den Eindruck gewinnen, dass Friedrich nicht nur fleißig arbeitete, sondern seinen ganzen Lebensstil von Grund auf geändert hatte. Immer wieder berichtete der Kronprinz von seinen Jagdausflügen, bei denen er sogar gelegentlich etwas traf. Und natürlich hatte er ein Auge darauf, dass sein Koch nicht zu verschwenderisch mit der Butter umging, und schimpfte ordentlich mit ihm, wenn er zu viel ausgab. Selbst das regelmäßige Biertrinken gewöhnte er sich auf Anraten des Königs an, Champagner nehme er – so verteidigte er sich – nur noch zu sich, weil »die Doctores es befohlen haben«.[30] Solche Nachrichten freuten den Vater; aus seinem verweichlichten Sohn schien endlich ein richtiger Mann zu werden, und dazu gehörte nach Meinung Friedrich Wilhelms I. eben auch, dass man einen Krug Bier in einem Zug leeren konnte, ohne sich etwas anmerken zu lassen. Und immer von Neuem der Wunsch, endlich wieder des Königs blauen Rock anziehen zu dürfen. Aus dem »Schurken« und »Schelm« wurde jetzt wieder »mein lieber Sohn Fritz«, der doch wisse, dass, »wenn meine Kinder gehorsam sind, ich sie sehr lieb habe«.[31]

Besuchte Friedrich bei seinen Inspektionsreisen eine Stadt, dann wurde er nicht wie ein einfacher Beamter der Kriegs- und Domänenkammer empfangen, sondern natürlich als Kronprinz mit dem entsprechenden zeremoniellen Aufwand. Darüber machte er sich zwar bisweilen lustig, wie über ein Festessen in Krossen, wo »aus chinesischer Ehrfurcht« vor ihm über »drei tödlich langweilige Stunden« keiner seiner Tischgäste es gewagt habe, »den Mund aufzumachen«,[32] doch man spürt selbst in diesen Zeilen, dass er es genoss, endlich einmal wieder Kronprinz sein zu können. Wehmut empfand er dagegen beim Empfang durch die Studenten der Universität in Frankfurt an der Oder – so leben wie dieses »freie Völkchen«,[33] davon konnte er nur träumen.

Eleonore von Wreech – die geliebte Muse

Bei einem seiner Ausflüge in die nähere Umgebung kam Friedrich Ende August 1731 nach Tamsel, einem »reichen, schön gelegenen Dorf, etwa eine Wegstunde nordöstlich von Küstrin«.[34] Dort war er bei dem Oberst Adam Friedrich von Wreech (1689–1746) zur Entenjagd eingeladen. Doch was den Aufenthalt in Tamsel besonders machte, war weniger die Friedrich nach wie vor trotz aller gegenteiligen

Beteuerungen nicht interessierende Jagd, sondern die Begegnung mit der Schlossherrin Luise Eleonore von Wreech
(1708–1784). Die Enkelin des brandenburgischen Feldmar-
schalls Hans Adam von Schöning (1641–1696) war 23 Jahre
alt und verheiratet mit ebenjenem Oberst von Wreech, der
Friedrich eingeladen hatte. Bei ihrem Anblick geriet der
Kronprinz augenblicklich ins Schwärmen. Eleonore, damals bereits Mutter von fünf Kindern, war ganz offensichtlich eine sehr attraktive Frau. Auch General von der
Schulenburg begeisterte sich an ihrer »übervollen Schönheit«, ihrem »Teint von Lilien und Rosen«.[35] Voll »holdes-
ter Anmut« sei sie gewesen, schwärmte Friedrich selbst
noch Jahre später in einem Brief an Voltaire.[36]

Aber es waren nicht nur diese Äußerlichkeiten, die Friedrich nach seinem erzwungenen Eremitendasein in Küstrin
so begeisterten. Da war einmal die eigene Situation: Endlich konnte er wieder freier atmen, hatte nicht mehr immer
nur die gleichen Männer um sich. Und ausgerechnet in
dem Moment begegnete ihm diese junge, geistreiche Frau
voller »Geschmack und Zartsinn«.[37] Eleonores Mann war
fast 20 Jahre älter als sie, und vielleicht auch deshalb war die
junge Frau für die Schwärmerei des Kronprinzen zunächst
höchst empfänglich. Eleonore von Wreech war sogar die
Erste, die Friedrich als »den Großen« bezeichnet hat: Der
»große Friedrich« sei zu ihr hinabgestiegen und habe sie in
seinen Liedern besungen.[38] Und das tat er wirklich hinge-
bungsvoll, fast im Stil eines mittelalterlichen Minnesängers:
»Lass mich, oh Herrin, heut' es offen eingestehen: Dahin ist
meine Ruh, seitdem ich Dich gesehen. Wert bist der Sehnsucht Du und aller meiner Pein; der Pfeil so gut entsandt,
drang tief in mich hinein …«[39]

Die beiden kamen überein, sich »Cousin« und »Cousine« zu nennen; eine ungeheure Aufwertung für die ein-

fache Adlige, die sich dadurch auf eine Stufe mit dem künftigen König gesetzt sehen mochte, auch wenn Friedrich
selbst das Ganze nur scherzhaft gemeint hatte. Das zumindest legt ein Brief nahe, den er dem Markgrafen Albrecht
Friedrich von Brandenburg-Schwedt (1672–1731) schrieb.
Er habe, so Friedrich in der ihm eigenen, immer etwas
überheblichen Ironie, »nach einer sehr gründlichen genea-
logischen Untersuchung gefunden, dass sie meine leibliche
Cousine ist«. Allerdings sei dies nur möglich gewesen, indem er die fehlenden Glieder der Verwandtschaft ergänzt
habe.⁴⁰

Da er in dieser Zeit ohnehin mit seiner Berufung zum
Poeten kokettierte, drehte sich in den Briefen an die Angebetete fast alles um das Verseschmieden. Und es freute
ihn umso mehr, dass Eleonore diese Gedichte nicht nur zu
gefallen schienen, sondern sie ihm ihrerseits in Reimen antwortete: »Ich würde sehr undankbar sein«, bedankte sich
Friedrich am 20. Februar 1732 nach einem weiteren Besuch,
»wenn ich Ihnen nicht meinen Dank aussprechen wollte,
einmal darüber, dass Sie überhaupt nach Tamsel kamen,
dann über die reizenden Verse, die Sie für mich gemacht
hatten. Ich hätte mich einer Sünde schuldig zu machen geglaubt, wenn ich die Verse gleich gelesen und dadurch,
wenn auch nur auf einen Augenblick, mich um den Zauber
Ihrer Unterhaltung gebracht hätte. Gestern, in abendlicher
Einsamkeit, fand ich Gelegenheit, alles in ungestörtester
Muße zu lesen und zu bewundern. Da haben Sie meine
Kritik. Alles was von Ihnen kommt, entzückt mich durch
Geist und Grazie. Doch genug – ich breche ab, sehe ich Sie
im Geiste doch ohnehin erröten. Ihrer Bescheidenheit aber
jedes weitere Verlegenwerden zu ersparen und zugleich von
dem Wunsche beseelt, Ihnen einen neuen Beweis meines
blinden Gehorsams zu geben, schicke ich Ihnen, was Sie

von mir gefordert haben.«[41] Es war ein Medaillon mit
seinem Porträt, das sich Eleonore erbeten hatte – und natürlich bekam. Friedrich lechzte nach der Anerkennung,
die ihm weder seine Eltern noch irgendjemand anders in
den vergangenen Jahren wirklich hatten geben können. Und
so saugte er das Lob Eleonore von Wreechs begierig auf.

Schon für manche Zeitgenossen war die Frage aller
Fragen, ob Friedrich und Eleonore nur durch eine enge
Seelenverwandtschaft verbunden waren oder doch mehr
dahintersteckte. Das glaubte auch Friedrichs Vater – und
sogar daran, dass die Beziehung nicht folgenlos geblieben
sei, wie einem Brief Grumbkows an Seckendorff zu entnehmen ist: »Der König hat mir im Vertrauen gesagt, dass
der Kronprinz der Wreech, der Frau eines Obersten, ein
Kind gemacht habe, und dass der Gatte sage, dass er es
nicht für legitim anerkennen werde.«[42] Doch das entsprang
der Phantasie des Königs bzw. dem Wunsch, einen »Beweis
für die Manneskraft seines Sohnes« zu erlangen.[43] Zu einer
körperlichen Annäherung zwischen Friedrich und Eleonore
ist es allem Anschein nach niemals gekommen. Der Kronprinz sah in Eleonore so etwas wie seine Muse, das Publi-
kum, das dem Dichter bereitwillig Applaus spendete. Sollte
er darüber hinausreichende Absichten gehabt haben, war es
möglicherweise Eleonore, die dem einen Riegel vorgescho-
ben hat; darauf könnte ein Vers hinweisen, den Friedrich
ihr gewidmet hat: »Der Tugend Regeln streng verschworen,
bleibst treulich Du in ihrer Spur, ob auch durch Schönheit
auserkoren: Ich acht' und ehr Dich höher nur.«[44] Möglicherweise ist Eleonore die Schwärmerei am Ende sogar zu
viel geworden, oder sie wurde sich der pikanten Situation
bewusst, in die sie dadurch geraten war: Er wäre schon
zufrieden, gab sich Friedrich in seinem Abschiedsbrief an
Eleonore betont bescheiden, würde sie sich zu dem »Zu-

geständnis veranlassen«, dass er ein »guter Junge« gewesen sei, der sie aber »zu sehr geliebt« und mit seiner »unbequemen Liebe« oft zur Verzweiflung gebracht habe.[45]

Nach seinem Weggang aus Küstrin im Februar 1732 hat Friedrich keine Anstalten dazu unternommen, den engeren Kontakt mit Eleonore von Wreech aufrechtzuerhalten. Erst 1758 sollte er wieder nach Tamsel kommen – nach der zwar sieg-, aber auch verlustreichen Schlacht von Zorndorf. Das Schloss fand er verwüstet vor, und Eleonore – die er bei diesem Aufenthalt nicht traf – baute darauf, dass ihr alter Verehrer nicht nur die von den Russen verursachten Schäden beseitigen lassen, sondern auch dem darniederliegenden Dorf Tamsel und seinen Bewohnern wieder aufhelfen würde. Doch die Summe, die ihr der König nach einigem Hin und Her zukommen ließ, schien Eleonore in keinem Verhältnis zu der engen Freundschaft zu stehen, die sie einst verbunden hatte. Friedrich bat um Verständnis: »Es tut mir aufrichtig leid, Madame, weder so viel tun zu können, wie ich möchte, noch so viel, wie Sie wünschen.«[46] Der König hatte im Siebenjährigen Krieg ganz andere, größere Sorgen als Eleonore von Wreech und Tamsel. Und ohnehin hatte er es noch nie gemocht, wenn einstige Vertraute allein aufgrund dieser Tatsache Wohltaten erwarteten.

Die Hochzeit der Schwester

Nachdem die englische Doppelhochzeit mit dem Fluchtversuch Friedrichs endgültig geplatzt war (auch wenn die Königin das bis zuletzt nicht wahrhaben wollte), war klar, dass für Friedrich und Wilhelmine nun nach anderen Verbindungen gesucht würde. Beide waren um die 20 Jahre alt und damit im besten heiratsfähigen Alter. Zudem sah

Friedrich Wilhelm I. in einer ihm genehmen Hochzeit seiner ältesten Kinder eine weitere Möglichkeit, diese zu disziplinieren und ihr Leben, wie es ihm schien, in geordnetere Bahnen zu lenken.

Dabei sorgte sich Friedrich zunächst mehr um das Schicksal seiner Schwester als um das eigene. Er befürchtete, dass Wilhelmine in eine Ehe einwilligen würde, weil sie glaubte, damit die Freiheit für ihren Bruder erkaufen zu können. »Tue es niemals aus diesem Grund«, beschwor er sie, »und lass Dich durch keine Rücksicht auf mich einschüchtern.« Stattdessen möge sie immer nur »dem Gebot des Herzens« folgen. Hinter diesen Plänen vermutete er seinen alten Widersacher Grumbkow. Friedrich wusste, dass er ihn brauchte, weshalb er nach außen stets die Form wahrte. Doch innerlich kochte es in ihm: »Grumbkow ist wieder vom Teufel besessen. Er ist ein ausgemachter Narr und will uns zum Äußersten treiben. Bei mir kommt er jedoch an den Falschen … Mag der Teufel diesen Allerwelts-Ehestifter holen«, wetterte er im Frühjahr 1731.[47] Natürlich war auch umgekehrt Grumbkow nicht in plötzlicher Liebe zum Kronprinzen entbrannt – er wollte langfristig seine Macht sichern und Friedrich im Zusammenspiel mit Seckendorff auf einen proösterreichischen Kurs verpflichten.

Friedrich konnte in Küstrin schimpfen, so viel er wollte. Wilhelmine wurde die Pistole auf die Brust gesetzt, und dabei wurde das Schicksal ihres Bruders selbstverständlich zum Thema gemacht. Am 11. Mai 1731 sandte der König den unvermeidlichen Grumbkow und drei weitere Minister zu ihr. Sie sollten Wilhelmine wissen lassen, dass »eine Tochter keinen Willen haben« dürfe und denjenigen heiraten müsse, den ihr Vater wolle. Und er hatte auch schon einen Bräutigam ausgesucht: den Erbprinzen Friedrich von

Brandenburg-Bayreuth (1711–1763). Durch diese »Mariage« könne Wilhelmine dazu beitragen, dass die Ungnade, »so ihr allerliebster Bruder empfunden hätte, wiederum in völlige Gnade verwandelt werden könnte«. Sollte sie ablehnen, drohte der Vater seiner Tochter mit Festungshaft in Spandau.[48] Wilhelmine wusste, dass sie keine Wahl hatte. Und ihr war ebenso klar, dass sie sich durch diese Heirat – und damit die endgültige Absage an alle englischen Träume – die Feindschaft ihrer Mutter zuziehen würde. Zwar konnte der Fall auch für Wilhelmine selbst nicht tiefer sein. Als Königin von England hatte sie sich schon gesehen, und nun sollte sie Markgräfin in der fränkischen Provinz werden. Doch was ihr diese Aussicht halbwegs versüßte, war die Hoffnung, damit tatsächlich etwas für ihren Bruder erreichen und endlich der Enge des elterlichen Hofs entfliehen zu können. »Ich wünschte ihn bald zu heiraten, um vor der Königin [!] und allen, die mich ohne Unterlass plagen, Friede zu haben«, bekannte sie später in ihren Memoiren.[49]

Friedrich war unsicher, wie er auf die Nachricht von der Verlobung seiner Schwester reagieren sollte: »Alle Welt erklärt, der Erbprinz von Bayreuth sei sehr liebenswürdig. Nur wünschte ich ihm eine Krone, um sie Dir zu Füßen zu legen. Nur um Deinetwillen liebe ich ihn, und dass er Dich besitzen soll, sichert ihm für alle Zeit meine Achtung. Wüsste ich, wie es mit Deinem Herzen steht, ich wäre weit beruhigter als jetzt. Ist das liebe Herz noch voller Bangen? Oder bereut es den traurigen Schritt, den es getan hat. Ach wüsste ich das, ich durchbohrte mir diesen schmählichen Busen, der die Schuld daran trägt.«[50]

Die Hochzeit Wilhelmines fand am 20. November 1731 im Weißen Saal des Berliner Stadtschlosses statt. Und ausnahmsweise scheute der »Soldatenkönig« keine Kosten und

Mühen, um daraus ein rauschendes Fest zu machen. Umherziehende Komödianten sorgten dafür, dass auch das gemeine Volk an diesen Tagen etwas Abwechslung hatte. Drei Tage nach der Hochzeit fand bereits wieder ein großer Ball mit über »700 Paaren, sämtlich Leute von Rang«[51] statt. Bei allen merkwürdigen Begleitumständen dieser Hochzeit genoss es Wilhelmine, im Mittelpunkt des Interesses zu stehen. Nun fehlte eigentlich nur noch einer zu ihrem Glück: Friedrich! Grumbkow hatte versprochen, dass er zur Hochzeit seiner Schwester erstmals wieder nach Berlin werde kommen dürfen. Doch die Feierlichkeiten fanden ohne ihn statt, und auch an diesem Abend schien Wilhelmine vergeblich zu warten. Da kam Grumbkow auf sie zu: »Eh, mon Dieu, Madame … Sehen Sie denn nicht jene Fremden, die eben angekommen.« Es war Friedrich mit seinen Begleitern aus Küstrin, der zunächst unbemerkt den Saal betreten hatte: »Ich sprang mit offenen Armen auf ihn, ich war so ergriffen, dass ich nichts als gebrochene Ausrufungen hervorbringen konnte; ich weinte, ich lachte wie von Sinnen. Mein Lebtag habe ich keine so lebhafte Freude empfunden.«[52]

Doch alle Freudentränen konnten nicht darüber hinwegtäuschen, dass die Dinge noch nicht wieder im Lot waren. Friedrich blieb bei aller Wiedersehensfreude ernst, tanzte nur wenig. Da er noch immer nicht wieder in die Armee aufgenommen worden war, trug er keine Uniform, sondern ein »graues Kleid, so man hier einen Geheimem Rats-Rock nennt«.[53] Über zwei Jahre war Friedrich nicht mehr in Berlin, nicht mehr am Hof gewesen. Er kam zurück, so Wilhelmine, wie ein kleiner Beamter und nicht wie der künftige König. Das war nicht die Rolle, die er seiner würdig fand. Alles schien unwirklich, und er mag in diesem Moment auch daran gedacht haben, dass seine eigene Hochzeit mit einer Frau bevorstand, die er nicht liebte. Vorfreude darauf wollte sich bei ihm nun wirklich nicht einstellen. Immerhin erfüllte sich wenige Tage nach Wilhelmines Hochzeit ein lang gehegter Wunsch des Kronprinzen: Sein Vater nahm ihn – auf Bitten mehrerer Generäle unter Führung des »Alten Dessauers« – wieder in die Armee auf und kündigte sogar an, ihm ein eigenes Regiment übertragen zu wollen. Die Zeit des »grauen Rocks« war endlich vorüber.

Im Januar 1732 zog Wilhelmine mit ihrem frisch angetrauten Ehemann nach Bayreuth. Die Ehe ließ sich zunächst sehr glücklich an. Der Erbprinz war galant, interessierte sich für Kunst und Kultur. Kurzum: Wilhelmine verliebte sich aufrichtig in ihren Mann. Umso enttäuschter musste sie bald feststellen, dass er sie mit ihrer eigenen Hofdame und Vertrauten betrog. Das war im 18. Jahrhundert nicht unbedingt ungewöhnlich, doch Wilhelmine kannte dergleichen von ihren eigenen Eltern nicht, und sie hatte tatsächlich von einer glücklichen Ehe geträumt. Bei seinem Schwiegervater war der Bayreuther Erbprinz damals schon längst in Ungnade gefallen. Im Tabakskollegium hatte er sich dann auch noch als wenig trinkfest erwiesen. Seither stand für den »Soldatenkönig« fest, dass sein Schwiegersohn kein richtiger Mann war. Da half es auch nicht, dass sich der Erbprinz – gegen den ausdrücklichen Willen Wilhelmines – freiwillig zur preußischen Armee meldete und dort völlig unter die Herrschaft seines Schwiegervaters geriet.

Wilhelmine stürzte sich, nachdem sie sich das Scheitern ihrer Ehe hatte eingestehen müssen, ganz in ihre neue Rolle als Bayreuther Opernintendantin und suchte Erfüllung in der Kunst. Mit ihrem Bruder blieb sie zeitlebens in enger Verbindung, wenngleich es zwischenzeitlich auch zu Phasen der Entfremdung kam. Doch das gemeinsame Schicksal in Kindheit und Jugend hatte sie unauflöslich zusammengeschweißt. Als Wilhelmine 1758 starb, bekannte Friedrich seinem Vorleser Henri de Catt: »Wie soll ich meine Schwester wiederbekommen, diese edle, bewundernswerte Schwester, die mich seit meiner zartesten Jugend so herzlich geliebt hat? … Das ist der entsetzlichste Schlag, der mich treffen konnte.«[54] Und an Voltaire schrieb er: »Es gibt Unglücksfälle, die durch Standhaftigkeit und ein wenig Mut wettzumachen sind, doch es gibt andere, gegen die alle Festigkeit, mit der man sich wappnen will, und alles Reden der Philosophen nichts als vergebliche und unnütze Hilfe sind.«[55]

Drohende Hochzeitsglocken

Friedrich war von Beginn seiner Küstriner Zeit an klar, dass die Einwilligung in eine Heirat der Schlüssel für seine Freiheit sein würde. »Ich weiß: Das ist das einzige Mittel, um meine Haft zu verlassen. Ich bin in banger Sorge«, schrieb er seiner Schwester Wilhelmine.[56] Eigentlich hatte Friedrich darauf bestehen wollen, nicht nur seine Frau selbst auswählen, sondern auch den Zeitpunkt seiner Hochzeit selbst bestimmen zu können. Dem braunschweigischen Gesandten Stratemann gegenüber sagte er 1728 bestimmt, dass er »noch in vielen Jahren an keine Braut denken« werde. Wenn es denn aber so weit sei, werde er sich in dieser Frage nichts vorschreiben lassen.[57] Gleiches erklärte er auch Hille noch im Dezember 1730: Er wolle nicht jung heiraten, denn: »Bei meiner Natur wäre ich bald eines Frauenzimmers überdrüssig, die mir alljährlich ein Kind beschert und bald hässlich würde.« Am liebsten würde er erst mit 40 Jahren heiraten wollen, und zwar »eine 15-jährige Prinzessin, so schön, als ich sie finden kann«.[58]

Das waren im dynastischen Denken des 18. Jahrhunderts recht abstruse Vorstellungen. Prinzen – und Kronprinzen erst recht – waren Figuren auf dem Schachbrett der Diplomatie, zu der auch eheliche Verbindungen zählten. Zwar wurden die Hoffnungen, die man auf bestimmte Partien dynastisch setzte, häufig nicht erfüllt. Das änderte aber nichts an der Tatsache, dass die Heirat eines Kronprinzen eben nicht seine Privatsache war. Und schon gar nicht eines Kronprinzen in der augenblicklichen Lage Friedrichs.

Insofern war es sogar ein erstaunliches Entgegenkommen, dass Friedrich Wilhelm I. seinem Sohn Ende Mai 1731 mitteilen ließ, dass er demnächst heiraten, dabei aber immerhin die Wahl unter mehreren Kandidatinnen haben sollte. Nur alle englischen Prinzessinnen hatte er sich ein für alle Mal aus dem Kopf zu schlagen. Zunächst schien Friedrich dazu bereit, wenn ihm seine Zukünftige denn halbwegs gefiele und er ausreichend Geld bekäme, um einen eigenen kleinen Hof unterhalten zu können.

Bald waren auch die Namen der Kandidatinnen auf dem Tisch: Friederike von Sachsen-Gotha (1715–1775), Christiane Wilhelmine von Sachsen-Eisenach (1711–1740) und Elisabeth Christine von Braunschweig-Bevern (1715–1797) – alle drei protestantisch und aus alten, aber nicht allzu bedeutenden Häusern, jedenfalls rangmäßig kein Vergleich mit der englischen Partie. Seckendorff meinte in einem Brief an den Prinzen Eugen am 19. Juni 1731, dass sich Friedrich für »die Bevernsche resolviert [entschieden]« habe »unter der Bedingung, dass sie nicht dumm noch abschreckend wäre«.[59] Da war auch der Wunsch der Vater des Gedankens, denn Elisabeth Christine war die Kandidatin des Wiener Hofs und von Seckendorff selbst dem König beim abendlichen Tabakskollegium vorgeschlagen worden. Allerdings nicht im Auftrag des Kaisers, der sich offiziell natürlich heraushielt, sondern en passant unter Freunden – zumindest sollte der im Tabakskollegium so vertrauensselige König diesen Eindruck vermittelt bekommen. Braunschweig-Bevern war eine welfische Nebenlinie, doch was aus österreichischer Sicht für die junge Frau sprach, war etwas anderes: Elisabeth Christine war eine Großnichte der Kaiserin und vereinte damit zwei Trümpfe. Sie war Protestantin (was dem »Soldatenkönig« entgegenkam) und durch ihre nahe Verwandtschaft gleichzeitig dem habsburgischen Lager verpflichtet. Eine bessere Wahl konnte es aus Wiener Sicht kaum geben! Allerdings musste dieser Vorschlag geschickt lanciert werden, wollte der Kaiser doch nicht als derjenige dastehen, der die englische Doppelhochzeit verhinderte. Es war ein Ränkespiel hinter den Kulissen.

Doch so problemlos, wie Seckendorff gehofft hatte, wurde die kronprinzliche Entscheidungsfindung nicht. Seiner Schwester teilte Friedrich einen plötzlichen Sinneswandel mit: »Ich neige zu der Prinzessin von Sachsen-Eisenach und mag die Bevernsche nicht.«[60] In der Folge steigerte sich Friedrichs Abneigung gegen Elisabeth Christine immer mehr, wobei nicht ganz klar ist, worauf sich seine Einschätzung eigentlich begründete. Er werde sie zwar trotzdem heiraten, erzählte er Hille, doch auf dessen Nachfrage: »Werden Sie sie dann lieben und wirklich mit ihr leben können?« antwortete er bestimmt: »Nein, sicher nicht.« »Und was werden Sie dann tun?« »Ich werde sie sitzen lassen, sobald ich mein eigener Herr bin.« Darauf Hille: »So was macht ein Ehrenmann nicht.«[61] Doch Friedrich blieb dabei, seine Frau könne ja dann gleichfalls machen, was sie wolle. Im Grund nahm er damit das Schicksal Elisabeth Christines vorweg. In einem Brief an Grumbkow versuchte er seine wenig königliche Einstellung zu verteidigen: »Was die Prinzessin von Bevern anbelangt, so kann man darauf rechnen, dass sie, wenn man mich zur Ehe mit ihr zwingt, verstoßen werden wird, sobald ich Herr sein werde ... Ich will nicht, dass meine Frau eine von den Dummen ist. Ich muss mich mit ihr vernünftig unterhalten können, oder es ist nicht mein Fall.«[62]

Zwischenzeitlich kursierten noch die Namen weiterer Heiratskandidatinnen: Friedrich selbst brachte zuerst die älteste Tochter des Kaisers – Maria Theresia – ins Gespräch, seine spätere große Rivalin. Das wäre zwar nachträglich betrachtet ein verlockender Gedanke gewesen, doch war man in Wien von der Vorstellung eines hohenzollerischen Schwiegersohns alles andere denn begeistert. Schließlich sollte Maria Theresia die Erbin ihres Vaters werden, und dazu passte kein Mann mit eigenen machtpolitischen Ambitionen, der zudem noch Protestant war. Friedrich selbst erklärte für diesen Fall gar seine Bereitschaft, auf die preußische Thronfolge zugunsten seines Bruders August Wilhelm zu verzichten. Als Grumbkow die Denkschrift Friedrichs las, fiel er aus allen Wolken. Zwar leitete er die Anfrage natürlich nach Wien weiter, bat aber Hille in Küstrin zugleich, alle Aufzeichnungen des Kronprinzen in dieser Frage zu verbrennen – der »Soldatenkönig« durfte davon keinesfalls erfahren. Denn im Zweifelsfall könnte dadurch dessen Misstrauen geweckt und das Gerücht neue Nahrung bekommen, der Wiener Hof wolle den preußischen Kronprinzen »katholisch machen«. Und so weit ging die Liebe des »Soldatenkönigs« zum Kaiser nun auch wieder nicht. Seckendorff vermutete gar, dass Friedrich genau das mit seiner aberwitzigen Idee wollte – seinen Vater gegen den Kaiser und damit vielleicht auch noch einmal gegen Elisabeth Christine als Heiratskandidatin aufbringen.

Schließlich wollte Friedrich wissen, ob er denn nicht die jüngere Schwester Elisabeth Christines heiraten könne, die

nicht ganz so fürchterlich sein solle. Und zu guter Letzt fiel
Friedrichs Auge auf Elisabeth Katharina Christine von
Mecklenburg-Schwerin (1718–1746). Doch das war politisch
nicht weniger heikel – die Mecklenburgerin war die Nichte
der russischen Zarin Anna Iwanowna, und da deren Ehe
kinderlos geblieben war, ruhte die Thronfolge im Zarenreich
auf den Nachkommen Elisabeth Katharina Christines, die
aus diesem Grund auch selbst in Russland erzogen worden
war. Das heißt: Würde Friedrich sie heiraten, wäre ein potenzieller Sprössling dieser Verbindung nicht nur preußischer, sondern auch noch russischer Thronfolger. Damit
wäre das politische Gleichgewicht in Europa vollends über
den Haufen geworfen. Schon die Aussicht darauf genügte
also, um die Idee zu den Akten zu legen. Eher naiv wirken
vor diesem Hintergrund Friedrichs eigene Vorstellungen:
»Könnte ich sie nicht heiraten und sie in unser Land kommen und Russland aufgeben? Sie bekäme eine Mitgift von
zwei bis drei Millionen Rubeln. Denken Sie nur, wie ich
dann mit ihr leben könnte.«[63]

Letztlich waren das alles Rückzugsgefechte, und es wurde
bald klar, dass Friedrich nicht einmal mehr aus den ursprünglich drei genannten Kandidatinnen wählen durfte.
Alles lief auf Elisabeth Christine hinaus, in dieser Frage leis-
tete Seckendorff ganze Arbeit. Und der »Soldatenkönig«
selbst war in dieser Zeit so gut kaiserlich, dass ihm dies
ebenfalls die beste Wahl zu sein schien, zumal er den Vater
der Braut kannte und schätzte.

Friedrich schwankte bis zuletzt zwischen Trotz und resig-
nativer Einsicht: »Ehe ich heirate, bleibe ich lieber hier«,[64]
schrieb er seiner Schwester. Doch er wusste selbst, dass das
keine Option war. Nun hoffte er darauf, Elisabeth Christine vor der Hochzeit wenigstens noch kennenlernen zu
können: »Man kauft nicht eine Katze im Sack, viel weniger

eine Frau.«[65] Überhaupt war ihm der Gedanke an eine Heirat mittlerweile generell zuwider: Er werde »gewiss einen sehr schlechten Ehemann abgeben, denn ich fühle weder Beständigkeit noch Zuneigung genug für das weibliche Geschlecht, um mir einzubilden, das käme in der Ehe nach. Schon der Gedanke an meine Frau ist mir so zuwider, dass ich nicht ohne Abscheu daran denken kann. Ich würde trotzdem aus Gehorsam stets alles tun, nur gäbe es keine gute Ehe.«[66]

Am 4. Februar 1732 beendete der König alle Diskussionen und Gedankenspiele. Er habe die Prinzessinnen des Landes »examinieren lassen« und sich schließlich für Elisabeth entschieden: Sie sei »wohl aufgezogen« und »*modeste*« (bescheiden), ein »gottesfürchtiges Mensch«, weder hässlich noch schön. Und genau so mussten die Frauen nach der Vorstellung Friedrich Wilhelms I. sein. Immerhin versprach er Friedrich, dass er Gelegenheit dazu haben werde, seine Braut vor der Hochzeit kennenzulernen.[67]

Friedrich war am Boden zerstört über dieses Machtwort seines Vaters, schwankte zwischen Resignation und letztem Aufbäumen. Für Elisabeth Christine hatte er bestenfalls Mitleid übrig: »Ich bedaure diese arme Person, denn damit wird eine unglückliche Prinzessin mehr in der Welt sein.«[68] Deftiger äußerte sich Friedrich am 11. Februar 1732 gegenüber Grumbkow: Seine Braut bezeichnete er in diesem aufgewühlten Brief als »corpus delicti« und beteuerte: »Lieber wäre mir die größte Hure von Berlin als eine Betschwester, der ein halbes Dutzend Frömmler an den Röcken hängen.«[69] Dass Elisabeth Christine Johann Arndts (1555–1621) »Wahres Christentum« las, mochte seinen Vater für sie einnehmen, aber ganz sicher nicht ihn. Könne man ihr nicht einmal Komödien von Molière (1622–1673) zu lesen geben? Und sowieso: »Der müsste ein großer Philosoph sein, der mir bewiese, dass eine kokette Frau nicht viel mehr wert ist als eine frömmelnde.« Den Einwand Grumbkows, dass stille und bescheidene Frauen den geringsten Verdruss bereiteten,[70] wollte Friedrich keinesfalls gelten lassen. Grumbkow solle dem König klarmachen, dass Elisabeth Christine eine »einfältige Närrin« sei. Das seien »die allereigensinnigsten Geschöpfe« – und so eine konnte ihm sein Vater doch nicht zumuten.[71] In einem anderen Brief verstieg er sich zu der Feststellung, nicht der »Gatte einer Gans« sein zu wollen, »die mich durch ihre Dummheit außer sich bringt, und die ich mich schämen muss, vorzuzeigen«. Noch einmal beschwor er den Minister von Grumbkow: »Der König bedenke doch nur, dass er mich nicht um seinetwillen verheiratet, sondern um meinetwillen, und dass es ihm selber tausendfachen Verdruss machen würde, zwei Personen, die einander hassen, und die unglücklichste Ehe in der Welt vor sich sehen.«[72]

Doch am gleichen Tag sandte er dem König auch seine Kapitulationserklärung: »Ich habe heute die Gnade gehabt, meines allergnädigsten Vaters Brief zu empfangen, und ist mir lieb, dass mein allergnädigster Vater von der Prinzessin zufrieden ist. Sie mag sein, wie sie will, so werde ich jederzeit meines allergnädigsten Vaters Befehle nachleben, und mir nichts Lieberes geschehen kann, als wenn ich Gelegenheit habe, meinem allergnädigsten Vater meinen blinden Gehorsam zu bezeigen, und erwarte in untertänigster Submission meines allergnädigsten Vaters weitere Ordre ...«[73]

Die vermeintliche Freundschaft mit Grumbkow war dagegen für das Erste wieder beendet. Er hatte gehofft, der Minister könne ihm helfen, um die Heirat herumzukommen oder sie zumindest hinauszuschieben. Aber nun musste er sehen, dass der Minister kein Verständnis mehr für sein Jammern hatte – wie hätte Grumbkow sich in dieser Frage auch offen gegen den König stellen können, selbst wenn er gewollt hätte; das wäre sein Untergang gewesen. Der Minister hatte in den vorangegangenen Monaten, wie so oft, eine undurchsichtige Rolle gespielt. Einerseits bestärkte er Friedrich in seiner Überzeugung, dass Elisabeth Christine keine Schönheit war und ihm auch intellektuell nicht das Wasser reichen konnte, andererseits versuchte er ihm klarzumachen, dass ebendies für eine gute Ehe keine schlechte Voraussetzung sei. Grumbkow kannte Friedrich, und er musste wissen, dass ein solches Argument eher das Gegenteil bewirken würde. Möglicherweise wollte sich der gewiefte Taktiker alle Optionen offenhalten. Als er aber erkannte, dass der König sich klar für die Prinzessin von Braunschweig-Bevern aussprechen würde, war die Zeit des Lavierens vorbei, und der Kronprinz musste gehorchen, wollte er nicht noch länger in Küstrin versauern. Ja, der König hatte es jetzt sogar eiliger als Seckendorff.

Da Elisabeth Christine aber noch durch Narben einer erst kurz zuvor abgeklungenen Pockenerkrankung entstellt war, wollte der Gesandte ein zu frühes Zusammentreffen verständlicherweise vermeiden.

Doch als Friedrich seine Braut wenige Tage vor der Verlobung zum ersten Mal von Angesicht zu Angesicht sah, waren die Narben wohl schon weitgehend verheilt. Auch entsprach Elisabeth Christine insgesamt nicht der Horrorvorstellung, die er sich in seinen Albträumen ausgemalt hatte. Wilhelmine berichtete er über das Zusammentreffen: »Die Person ist weder schön noch hässlich.« Seine hohen Ansprüche konnte sie, wie zu erwarten, gleichwohl nicht erfüllen: »Die Prinzessin ist nicht ohne Geist, aber sehr schlecht erzogen, schüchtern und ohne Lebensart. Das ist das wahrheitsgetreue Bild dieser Prinzessin. Daraus, meine liebe Schwester, kannst Du entnehmen, ob sie nach meinem Geschmack ist oder nicht. Ihr größtes Verdienst besteht darin, dass sie mir die Freiheit verschafft hat, an Dich zu schreiben, was mein einziger Trost ist.«[74] Am 16. März 1732 fand die feierliche Verlobung im Ballsaal des Berliner Stadtschlosses statt: Dabei hielt der König noch einmal offiziell im Namen des Kronprinzen bei den Brauteltern um Elisabeth Christines Hand an; »dann begaben sich alle in die Prunkräume, wo etwa 250 geladene Personen sie schon erwarteten. Die Anwesenden bildeten einen Kreis, in dem die beiderseitigen Eltern des Paares und es selbst standen. Der König wandte sich mit einer kurzen Anrede und der Aufforderung an Friedrich und Elisabeth Christine, sie möchten nun, nachdem sie beide in die Absicht ihrer Eltern, sie miteinander zu versprechen, eingewilligt hatten, die Ringe wechseln. Als das geschehen war, umarmte Friedrich Wilhelm I. die beiden und fügte dem Glückwunsch für seinen Sohn noch einige Worte väterlicher Ermahnung zu. Darauf begann die Gratulationscour.« Dass dem Kronprinzen dabei Tränen in den Augen standen, führten einige der Anwesenden auf dessen »innere Bewegung« zurück, andere vermuteten dahinter – wohl zu Recht –, dass die Tränen sein Missfallen über die Verlobung ausdrücken sollten.[75]

Nachdem er einige Tage mit seiner Verlobten verbracht hatte, wurde Friedrich denn auch noch deutlicher: Die Prinzessin von Bevern habe offensichtlich »ihre Sprache und ihren Geist in Braunschweig gelasssen«.[76] Und er stellte fest: »Ich werde sie nie lieben können.«[77] Etwas versöhnlicher gab er sich gegenüber Grumbkow: »Ich habe keine Abneigung gegen die Prinzessin, sie ist ein gutes Herz. Ich will ihr nichts Böses.« Aber auch diesen Brief schloss er mit dem gleichen Satz wie jenen an Wilhelmine: »Ich werde sie nie lieben können.«[78]

Dabei hat Elisabeth Christine Friedrich nicht nur die

Freiheit gebracht, an seine Schwester zu schreiben; sie hat ihm überhaupt die Freiheit wiedergegeben: Am 26. Februar 1732 konnte er seine Zelte in Küstrin endlich abbrechen – nach über eineinhalb Jahren! Er war in dem Maß, wie er dies als Kronprinz und Sohn eines solchen Vaters überhaupt sein konnte, wieder ein freier Mensch. Und nicht nur das: Am 29. Februar 1732 ernannte ihn Friedrich Wilhelm I. zum Chef eines in Neuruppin stationierten Infanterieregiments. Aus dem Schelm, dem Arrestanten, dem Schurken, dem Deserteur war wieder des Königs Offizier geworden. Doch der »Soldatenkönig« wäre nicht er selbst gewesen, hätte er diese Ernennung nicht mit einer Ermahnung verbunden: Friedrich möge sein Schwert nie gebrauchen, »außer im Dienste des Kaisers, des Reichs und zum wahren Vorteile der Länder, die er einst beherrschen sollte«. Der Kronprinz versprach, dies alles zu befolgen, »worauf der König ihn in Gegenwart der Generale umarmte, so dass dem Anschein nach alle Zwistigkeiten zwischen beiden völlig beigelegt sind«.[79] Diese Zeilen sandte Guy Dickens nach London. Sein »dem Anschein nach« drückte Zweifel aus, die durchaus berechtigt waren. Und die Ermahnung des Vaters war nicht von ungefähr gekommen. Auch er hatte nach wie vor seine Bedenken. Und ob Friedrich damals wirklich daran gedacht hat, sein Schwert nur für den Kaiser zu führen, darf sicher bezweifelt werden. Der Ruhm wartete auf ihn, den Ruhmsüchtigen, und nicht der Dank oder Undank der Habsburger in Wien.

Das fürchtete Graf Seckendorff ebenfalls, der die Heirat Friedrichs mit Elisabeth Christine hinter den Kulissen zwar eifrig betrieben hatte, dem aber die Gefahr durchaus bewusst war. Es sei bei dieser Ehe keine »gute Harmonie zu hoffen«. Und auch wenn der Kaiser »nicht unmittelbar« zu dieser Verbindung geraten habe, könnte Friedrich den Wiener Hof doch einmal dafür verantwortlich machen: »So ist zu fürchten, dass, wo nicht Gott des Kronprinzen Herz sonderlich ändert, man mehr Böses als Gutes sich von dieser Vermählung versprechen« könne.[80] Ein glücklicher Heiratsstifter hörte sich anders an. Die Vermutung Seckendorffs war nicht aus der Luft gegriffen, denn nachdem Grumbkow sich geweigert hatte, ihm länger beizustehen, hatte Friedrich dem Minister geantwortet: »Gott verzeihe denen, die diese Verwirrung angerichtet haben, denn alles Übel, das darauf erwachsen kann, wird auf ihr Gewissen zurückfallen.«[81] Und damit meinte Friedrich nicht seinen Vater. Seckendorff drängte den Prinzen Eugen daher, die kaiserliche Geldbörse zu öffnen und Friedrich ein »wenig zur Hand zu gehen«. Allerdings möge er dabei »die nötige Obsorge tragen, damit weder der König noch irgendjemand anderer wegen des dem Kronprinzen gegebenen Geldes Argwohn schöpfe«. Sonst seien »sehr üble Wirkungen« zu befürchten.[82] Prinz Eugen wies sogleich die Übersendung von 2500 Dukaten an, schärfte aber Seckendorff noch einmal ein, dass keinesfalls der Eindruck erweckt werden dürfe, dass der Kaiserhof hinter der Hochzeit stehe. Stattdessen möge Grumbkow dahingehend wirken. Dass der Minister zeitweise sein eigenes Spiel gespielt hatte, war in Wien offenbar unbemerkt geblieben. Prinz Eugen ging davon aus, dass er selbst den größten Anteil am Gelingen des Heiratsprojekts hatte. Seckendorff blieb die Hoffnung, dass sich mit der Zeit bei Friedrich auch die Liebe zu Elisabeth Christine einfinden werde.

Fazit einer Lehrzeit

Auch wenn sich Friedrichs Begeisterung über die Küstriner Lehrzeit in Grenzen gehalten und er sich der täglichen Aktenarbeit zunächst nur widerwillig zugewandt hat, so bleibt

als Fazit doch, dass er sein Land auf diese Weise gründlich
kennengelernt hat. Da waren zum einen die Einblicke in
die reibungslos arbeitende preußische Verwaltung. Er sah,
wie die kleinen Rädchen ineinandergriffen als Voraussetzung
dafür, dass große Politik überhaupt erst eine Grundlage bekam. Die Beamten waren das Rückgrat des klassischen
preußischen Staates. Als Kronprinz war Friedrich in Küstrin,
wenn auch nur für rund eineinhalb Jahre, selbst ein solcher
Beamter. Gewiss kein normaler, aber doch so nah am Geschehen, dass die Erfahrungen ihn nachhaltig prägen konnten.

Die Gelegenheit, auch die Gegend um Küstrin näher zu
begutachten, hat Friedrich nicht nur zu galanten Ausflügen
genutzt, sondern um Erkenntnisse über den Zustand von
Landwirtschaft und Handwerk vor Ort zu gewinnen. Ob er
daran wirklich Gefallen gefunden hat – was tatsächlich zu
vermuten ist – oder bei seinem Vater vielleicht nur diesen
Eindruck erwecken wollte, ist eigentlich zweitrangig. Was
für Friedrichs eigene Herrschaft zählt, ist der Ertrag dieser
Erkundungen.

Dass die Zeit in Küstrin für Friedrich keine verlorene
war, davon war auch der Geheime Rat von Wolden überzeugt: »Denn davon abgesehen, dass die Trübsal ihm Kopf
und Herz gebildet hat, so beginnt er doch auch eine richtige Vorstellung von sehr vielen Dingen zu gewinnen, von
denen er vorher keine Ahnung hatte.«[83] So traurig und
grausam der Anlass für diese Lehrzeit gewesen sein mag –
Friedrich hatte allen Grund, seinem Vater für die Möglichkeit der Arbeit in der Kriegs- und Domänenkammer dankbar zu sein.

Regimentskommandeur in Neuruppin

Im März 1728 war Friedrich zum Oberstlieutenant befördert worden. Dies war der letzte militärische Dienstgrad,
den er vor seinem Fluchtversuch innegehabt hatte. Mit der
Übertragung des Infanterieregiments Nr. 15 wurde er am
29. Februar 1732 zum Oberst befördert. So wie sein Vater
erwartet hatte, dass Friedrich in der Kriegs- und Domänenkammer in Küstrin mitarbeitete, erwartete er nun, dass sein
Sohn nicht nur dem Namen nach Chef dieses Regiments
sein würde. Vor allem im 19. und frühen 20. Jahrhundert
war es üblich, Regimenter ehrenhalber an (auswärtige)
Staatsoberhäupter oder Prinzen zu übertragen. Dies aber
war bei Friedrich nicht der Fall. Hier ging es nicht um ein
Ehrenamt und ein bisschen Repräsentation. Militärische
Ausbildung, Logistik, Versorgung, Ausrüstung und Montur; all das lag in der Verantwortung des Regimentskom-
mandeurs. Und immerhin bestand ein solches Regiment
aus rund 1400 Mann – keine leichte Aufgabe für einen
20-Jährigen. »Ich sollte dafür sorgen«, erinnerte sich Friedrich an die Anweisung seines Vaters, »dass mein Regiment
kein Salatregiment wäre und sollte mit der Kompanie gut
Exempel geben.«[1] Ein »Salatregiment«, das war in der def-
tigen Sprache des Königs ein Regiment, das nichts taugte.
Friedrich hatte verstanden und war bereit, diese Heraus-

forderung anzunehmen: »Ich muss meinen neuen Charakter als Oberst verherrlichen und zeigen, dass ich ein tüchtiger Offizier bin, und dass ich weiß, was man verlangt.«[2]

Weil er fürchtete, dass es Friedrich noch an Erfahrung mangelte, um diese Aufgabe allein bewältigen zu können, gab er ihm einen »mentor militaire« zur Seite, den Oberstlieutenant Kaspar Ludwig von Bredow (1685–1773). Dem Kronprinzen behagte diese »Hilfe« zunächst überhaupt nicht: Erstens weil er glaubte, keine Hilfe nötig zu haben, zweitens weil er in Bredow vor allem einen nächsten Aufpasser des Königs vermutete. Während er in Küstrin anfangs noch murrte, dass er sich selbst um Kleinigkeiten kümmern musste, machte ihm dies in Ruppin offensichtlich nichts mehr aus. Zwar ist mit gewisser Vorsicht zu bewerten, wenn er in den sehr zahlreichen Briefen an den Vater immer wieder darüber berichtete, wie er sich persönlich um die Formalausbildung der Soldaten kümmerte. Doch das war nicht pure Heuchelei; er kokettierte regelrecht mit dieser neuen Leidenschaft. Etwa wenn er Grumbkow im April 1733 in Abwandlung von Caesars berühmtem »veni, vidi, vici« schrieb: »Ich exerziere, ich habe exerziert, ich werde exerzieren.«[3] Stunde um Stunde mussten die Soldaten marschieren, laden, feuern. Sie sollten alle ihre Handgriffe so perfekt, förmlich im Schlaf, beherrschen, dass sie in einem möglichen Krieg auch bei Kanonendonner »funktionierten«, ohne erschrocken nach rechts oder links zu schauen. Man mag dies einen seelenlosen Drill nennen, und für die Soldaten war er dies ohne Zweifel. Aber in den Kriegen Friedrichs sollte sich die Effektivität dieses Drills erweisen.

Nun könnte man meinen, dass ein Prinz, der die Uniform für einen »Sterbekittel« gehalten hatte, der sich als Dichter und Philosoph fühlte und für den die Jagd eine reichlich törichte Freizeitbeschäftigung war, dieser Aufgabe mit einer noch größeren Abneigung gegenüberstehen würde als der Arbeit in der Küstriner Kriegs- und Domänenkammer. Doch das Gegenteil war der Fall: Friedrich brannte regelrecht darauf, seinem Vater zu zeigen, dass er ein guter Soldat war. Aber hinter dem militärischen Ehrgeiz, den Friedrich entwickelte, steckte mehr. Wollte er sein ausgeprägtes Ruhmbedürfnis als König dereinst stillen können, dann musste er in der Lage sein, seine Truppen selbst anzuführen. Da halfen weder Molière noch Aristoteles. Während sein Vater zufrieden war, wenn seine »langen Kerls« nur ordentlich exerzierten, genügte dies Friedrich nicht. Nachdem er sein Regiment einmal dem König vorgeführt hatte, schrieb er darüber seinem Freund Paul Heinrich Tilio von Camas (1688–1741): »Unsere Revue ist, Gott sei Dank, sehr gut verlaufen. Der König war zufrieden, und seine Zufriedenheit hat das ganze Regiment fröhlich gestimmt von seinem Chef bis zum letzten Pfeifer. Endlich würde ich mir nichts sehnlicher wünschen, als eine ähnliche Freude über den Ausgang einer Schlacht und danach über die Niederlage der feindlichen Truppen empfinden zu können. Ich hoffe, dass wir dazu kommen werden.«[4] Nie wäre es seinem Vater eingefallen, so etwas zu schreiben. Der »Soldatenkönig« mochte keine Kriege. Seinen Sohn warnte er eindringlich, keine »ungerechten Kriege« zu beginnen. Denn für jeden Menschen, der in einem solchen Krieg sein Leben verlöre, müsse er sich einst vor Gott verantworten.

Preußen hatte seit der Mitte des 17. Jahrhunderts ein stehendes Heer – das heißt ständig unter Waffen befindliche Soldaten und nicht bloß für die Dauer eines Krieges angeworbene oder ausgehobene Truppen. In ganz Europa waren preußische Werber unterwegs, um Nachwuchs zu

rekrutieren – mit List, Tücke, Versprechungen auf eine
rosige Zukunft, blanker Gewalt, Geld ... Auch im Inland
wurde auf diese Weise versucht, junge Männer zu gewinnen. Weil das für böses Blut im In- und Ausland sorgte,
schuf der »Soldatenkönig« mit dem Kantonsystem eine
frühe Form der allgemeinen Wehrpflicht. Dazu wurde das
Land in Kantone mit jeweils rund 5000 Haushalten auf-
geteilt. Jeder Kanton hatte den inländischen Nachwuchs
für ein bestimmtes Regiment zu liefern.

So bestand die preußische Armee damals zum einen aus
(ausländischen) Freiwilligen, zum anderen aus einheimischen Kantonisten. Dem einheimischen Adel sollte es
schließlich immer mehr in Fleisch und Blut übergehen, die
Offizierslaufbahn als selbstverständlich und als Ehre zu
betrachten. Kasernen in unserem heutigen Sinn gab es noch
nicht; die Soldaten waren in Bürgerhäusern ihrer Garni-
sonsstädte einquartiert. Das war natürlich eine immense
Belastung, weshalb beispielsweise das Infanterieregiment
Nr. 15 ursprünglich über sechs Städte verteilt stationiert
war. Um dem Kronprinzen die Aufgabe etwas zu erleichtern, wurde das Regiment nur noch auf zwei Städte verteilt:
Nauen und Neuruppin, wo Friedrich selbst zusammen mit
seinem Stab untergebracht war. Allerdings leisteten die
Soldaten nicht das ganze Jahr über Dienst. Die einheimischen Bauernsöhne verbrachten in Friedenszeiten nach
der ein Jahr dauernden Grundausbildung nur zwei bis drei
Monate des Jahres in ihrer Garnison; die restliche Zeit
arbeiteten sie zu Hause auf dem Feld. Den auswärtigen
Freiwilligen wurde vielfach erlaubt, neben ihrem Dienst ein
Gewerbe auszuüben. Auch sah man gern, wenn die Aus-
länder heirateten und in ihrer Garnisonsstadt eine Familie
gründeten. Denn erstens senkte das die Neigung zur Desertion, und zweitens ließ eine solche Verbindung viele Kinder

erwarten, und Menschen waren für den »Soldatenkönig«
und sein dünn bevölkertes Land noch immer der größte
Schatz.

Enttäuschende Feuertaufe

Dass Friedrich Wilhelm I. Kriege nicht mochte, bedeutete
nicht, dass er ein Pazifist gewesen wäre. Mehrfach hat er
seine Bereitschaft bekundet, Krieg zu führen, wenn es
denn notwendig sein sollte. Ein solcher Fall drohte 1733
nach dem Tod Augusts des Starken. Während die Erbfolge
seines Sohnes in Sachsen unstrittig war, brach über der
polnischen Thronfolge wieder ein offener Konflikt aus:
Österreich und Russland unterstützten August III. (1696–
1763), Frankreich wollte Stanislaus Leszynski (1677–1766)
auf den Thron heben, der von 1704 bis 1709 schon einmal
König von Polen gewesen und als Schwiegervater Ludwigs XV. (1710–1774) für sie natürlich die erste Wahl war.
Friedrich Wilhelm I. war zwar kein Freund sächsischer Ex-
pansion, doch fühlte er sich dem Kaiser verpflichtet und
hoffte, mit seiner Unterstützung für Preußen einiges her-
ausschlagen zu können. Frankreich wiederum drohte, dass
eine preußische Erbfolge in Jülich-Berg – also vor der französischen Haustür – als Kriegsgrund betrachtet würde.
Friedrich war von dieser Aussicht begeistert: »Ich würde
entzückt sein, die schöne Armee des Königs handeln zu
sehen und das Kriegshandwerk inmitten seiner siegreichen
Waffen zu erlernen. Welch glücklichen Erfolg darf man
sich nicht versprechen im Kampf für eine gerechte Sache
und beseelt durch die Ruhmbegierde! Ich versetze mich
schon auf die Gefilde von Jülich und Berg und sehe unsere
neuen Untertanen zu den Füßen ihres neuen Herren, so

dass wir mit dem Schrecken unserer Waffen nur das Herz unserer feigen Widersacher zu erfüllen brauchen. Die Kraft meines Arms verdirbt in der Untätigkeit ... Der Krieg außerhalb unserer Grenzen kann nur nützlich und notwendig sein, er beschränkt den Luxus und die Pracht, er lehrt die Mäßigkeit und die Enthaltsamkeit, er macht unsere Körper fähig, Anstrengungen zu ertragen, und er rottet alles aus, was verweichlicht ist.«[5] Doch da musste sich der Kronprinz gedulden. Zwar meinte auch der König in einem Brief an den »Alten Dessauer« – den er kurioserweise auf den 32. Dezember 1732 datierte –, dass die Jülich-Bergsche-Frage »gewiss nicht ohne Schwertschlag« abgetan werden könne. Doch da der erkrankte Kurfürst von der Pfalz, zu dessen Ländermasse Jülich und Berg gehörten, sich wieder erholte, verschwand die potenzielle preußische Erbfolge in den beiden Herzogtümern wieder von der politischen Tagesordnung.

Blieb die drohende Auseinandersetzung zwischen Österreich und Frankreich: 50 000 Mann bot der Preußenkönig dem Kaiser für diesen Konflikt zur Unterstützung an – und musste erstaunt, ja verärgert, zur Kenntnis nehmen, dass man diese Hilfe gar nicht wollte. Prinz Eugen als Schlüsselgestalt der österreichischen Politik wusste nur zu gut, dass ein solches Heer ein geeignetes Machtinstrument war, um preußische Ansprüche anzumelden. Er ließ den »Soldatenkönig« daher wissen, dass die im Berliner Vertrag von 1728 festgelegten 10 000 Mann durchaus genug seien.

Immerhin bot sich Friedrich die Aussicht, dadurch tatsächlich einen Krieg erleben und dabei, wie er es sah, Erfahrungen sammeln zu können. Und dann noch unter dem Befehl des Prinzen Eugen, des siegreichen Helden der »Türkenkriege«! Im Januar 1734 wurde der Reichskrieg gegen Frankreich beschlossen, und nun setzten sich auch die preußischen Truppen in Marsch. Wie so oft wurde der Oberrhein zum Schauplatz der Auseinandersetzungen. Der »Soldatenkönig« erlaubte es seinem Sohn, als »Volontär« im Lager des Prinzen Eugen an der »Kampagne« teilzunehmen. Natürlich gab er ihm zuvor strikte Anweisungen mit auf den Weg, wie er sich zu verhalten habe. Keine Glücksspiele, keine Hurereien, kein Umgang mit liederlichem Gesindel, keine Saufgelage – denn der König trank zwar gern selbst, aber nichts verabscheute er mehr, als wenn sich Betrunkene nicht mehr im Griff hatten. Am 7. Juli 1734 traf Friedrich sein großes militärisches Vorbild in der Nähe von Philippsburg: »Er wolle zusehen, wie ein Held Lorbeeren sammle«, begrüßte er Eugen – und dieser antwortete: »Alles an Ihnen verrät mir, dass Sie sich einst als ein tapferer Feldherr zeigen werden.«[6]

Höchst beeindruckt war man im kaiserlichen Lager vom Anblick der preußischen Soldaten: »Was für ein Ansehen und Bewunderung diese königlich preußischen Truppen wegen ihrer Schönheit bei der ganzen Kaiserlichen und Reichs-Armee auf sich gezogen, und wie sie sich hierinnen sowohl als an fertigen Exercitiis alle anderen Regimenter übertroffen, davon hat man nicht genug gelesen. Es bleibt aber auch gewiss und wahr, dass die Truppen Seiner Preußischen Majestät an Schönheit und was die Kriegs-Exerzitien betrifft, ihresgleichen in der Welt nicht haben«, notierte ein zeitgenössischer Beobachter.[7] In Wien dürfte man sich jedoch ebenso gefragt haben, was sein würde, wenn diese Soldaten einmal auf der anderen Seite stünden. Der Eindruck war jedenfalls so groß, dass Prinz Eugen sich sofort daranmachte, die eigenen Soldaten nach dem preußischen Vorbild exerzieren zu lassen. Fast vergnügt stellte Friedrich fest, dass der »Exerzierteufel« jetzt auch in die Österreicher gefahren sei: »Der Prinz Eugen exerziert nun ärger als wir;

er ist öfter drei Stunden selber dabei.« Nur die Soldaten
fanden den stundenlangen Drill gar nicht komisch – und
sie wussten, dass sie diese Schikanen den Preußen zu verdanken hatten: »Die Kaiserlichen fluchen so viel auf uns,
dass es grausam ist«, hielt Friedrich mit seiner Schaden-
freude nicht hinter dem Berg.[8]

Allzu viele Gelegenheiten, sich auszuzeichnen, bekam
Friedrich in diesem Feldzug nicht. Große Schlachten gab
es nicht, sondern eher kleine taktische Nadelstiche, bei denen die Franzosen in der Regel die Erfolgreicheren waren.
Prinz Eugen war nicht mehr der vorpreschende Held, sondern mit dem Alter vorsichtiger geworden. »Hier war nur
noch ein Schattenbild von dem großen Eugen«, erinnerte
sich Friedrich später. »Er hatte sich selbst überlebt und
fürchtete, seinen so fest begründeten Ruf in der 18. Schlacht
auf Spiel zu setzen.« Ein junger Mann, so Friedrich, hätte
die schwache französische Verschanzung bei Philippsburg
angegriffen. Doch bevor Eugen eine Schlacht verlor, wollte
er lieber gar keine Schlacht. Und zumindest militärisch
rächte sich nun, dass man auf das weitgehende Truppen-
angebot des preußischen Königs nicht eingegangen war.
Gleichwohl waren die Monate von Juli bis Oktober 1735
für Friedrich lehrreich: Er sah eine Armee im Feld, wie sie
versorgt und bewegt wurde. Mit nach Preußen nahm er
eine abschätzige Meinung über den Wert der kaiserlichen
Truppen: »Unser Feldzug ist eine Schule gewesen, in der
man aus der Verwirrung und Unordnung, die in dieser Armee herrscht, eine Lehre ziehen kann.«[9] Seine Überzeugung, Österreich militärisch zumindest qualitativ überlegen
zu sein, gründete nicht zuletzt in der Erfahrung dieses
Sommers. Da der militärische Dienst den Kronprinzen in
diesem Feldzug nicht über Gebühr beanspruchte, blieb genügend Zeit, um gemeinsam mit den anderen jungen Offi-

zieren über die Stränge zu schlagen. Seine Ruhmbegierde hat diese »Kampagne« aber nicht einmal ansatzweise stillen können.

Vergebliche Hoffnung auf den Thron

Friedrich rechnete in dieser Zeit damit, schon bald den Thron besteigen zu können. Sein Vater war bei dem Feldzug nur kurz dabei gewesen und aufgrund einer Erkrankung zurückgekehrt. An seine Schwester Wilhelmine schrieb Friedrich am 24. September 1734: »Ich muss Dir offen sagen, dass der König nach allem, was ich höre, seinem Ende entgegen geht und dieses Jahr nicht überleben wird. Er hat Brustwassersucht, Atemnot, Schlaflosigkeit, keinen Appetit, und seine Beine sind bis über das Knie geschwollen und hochrot ... Man muss sich auf alles gefasst machen, liebste Schwester, und obwohl es meinem Herzen weh tut, bin ich doch andererseits froh, Dir dann dienlich sein zu können und Dir wirksamere Zeichen meines guten Willens und meiner Liebe zu geben.«[10] Als Friedrich seinen Vater bei der Rückkehr in Berlin selbst sah, war er erschüttert: »Sein Zustand ist erbarmungswürdig ... Wir können nichts anderes als weinen, wenn wir ihn so sehen, und ich persönlich kann Dir schwören, ich hätte nie geglaubt, dass ich ihn so lieb habe.«[11] Das war sicher ernst gemeint und drückte echte Betroffenheit aus. Doch Friedrich konnte in den folgenden Briefen an seine Schwester nicht verbergen, dass er die Thronbesteigung trotzdem herbeisehnte und dass er zugleich fürchtete, dass eine plötzliche Genesung des Vaters all jene Kräfte am Hof bestärken würde, die seinen – Friedrichs – Untergang wünschten. Aber genau das geschah: »Zu meinem größten Erstaunen«, schreibt Fried-

rich am 10. Januar 1735 an Wilhelmine, »muss ich Dir mitteilen, dass der König sich völlig erholt. Er beginnt wieder
zu gehen und ist wohler als ich. Gestern habe ich bei ihm
gespeist. Ich kann Dir versichern, er isst und trinkt für drei.
In acht Tagen geht er nach Berlin, und ich bin sicher, in
zwei Wochen kann er wieder reiten. Das ist ein Wunder
sondergleichen; denn nach mehr als drei tödlichen Krank-
heiten auf einmal völlig zu genesen, ist etwas Übermensch-
liches. Der liebe Gott muss wohl sehr gute Gründe haben,
dass er ihm das Leben wiedergibt ... Allem Anschein nach
werden wir alle den Trost haben, von ihm beerdigt zu werden.«[12] Der Traum vom Thron war fürs Erste geplatzt.
Friedrich musste tief deprimiert zur Kenntnis nehmen, dass
seine Zeit noch nicht gekommen war.

Im 18. Jahrhundert machte der Krieg in aller Regel im
Winter Pause. Als Friedrich davon hörte, dass der Feldzug
im Frühjahr 1735 fortgesetzt werden sollte und Prinz Eugen
»Ordre vom Kaiser hat, den Feind zu attackieren«, wollte er
natürlich dabei sein. Doch der König nahm seine bereits er-
teilte Zusage wieder zurück. Friedrich versuchte daraufhin,
seinen Vater zu überreden: Alle jungen Leute, die ehrgeizig
seien, wären schon zur Armee aufgebrochen. Was würde
man über ihn erzählen, wenn er als Einziger zu Hause
bliebe: »Kein Mensch würde glauben, dass es meines Vaters
Wille wäre.« Stattdessen würde man über ihn herziehen.
Gewiss würde »ein Jeder sagen, dass ich nicht darum angehalten hätte, und die faulen Tage lieber zu Hause genießen
möchte, als die Fatiguen [Mühen] einer Campagne zu ertragen«. Doch der König blieb zunächst hart: »Ich werde
schon wissen, was ihm nützlich ist.«[13] Am Ende scheint er
es sich kurzfristig anders überlegt zu haben, denn mit der
Ernennung Friedrichs zum Generalmajor erfolgte auch die
Erlaubnis, an dem Feldzug des Prinzen Eugen teilzuneh-

men. Friedrich atmete auf: »Ich glaube, dass die ganze Campagne dem Prinzen Eugen nicht solche Mühe machen wird, wie mir um die Erlaubnis sie mitzumachen, zu erhalten. Man sieht daraus, dass die Beharrlichkeit mit Allem fertig wird.«[14] Doch da freute sich Friedrich zu früh. Kurz darauf zog der König die Erlaubnis wieder zurück »wegen der jetzigen Umstände, worin ich mich befinde und die Situation der publiquen Affairen, die gewiss in einer ganz besonderen Crisi stehen«.[15] Mit den »jetzigen Umständen« bezog sich Friedrich Wilhelm I. auf die schwere Erkrankung, von der er gerade erst genesen war. In dieser Situation sollte sich der Thronfolger nicht in Lebensgefahr begeben. Zudem erwartete sich der König auch von dem Feldzug des Jahres 1735 keine besonderen Höhepunkte.

»Lustreise« nach Ostpreußen

Für Friedrich war es gleichwohl nur ein kleiner Trost, dass sein Vater ihm als Ersatz eine »Lustreise« nach (Ost-)Preußen erlauben wollte. »Eine Sendung nach Preußen ist etwas anständiger als eine Sendung nach Sibirien, aber nicht viel.«[16] Doch Friedrich machte das Beste daraus, und er beließ es nicht bei der »Lustreise«. Er nutzte die Gelegenheit, das vom brandenburgischen Kernland getrennte Ostpreußen von Grund auf kennenzulernen. So wurde eher eine Inspektionsreise daraus, von der er seinem Vater ausführlich Bericht erstattete. Und was er sah, erfüllte ihn mit Stolz, vor allem aber hielt er die »blühenden Landschaften« für das Werk seines Vaters. Insofern war auch diese Reise eine Etappe auf dem Weg der Anerkennung von dessen Lebensleistung. Seinem Freund Camas schrieb Friedrich am

8. Oktober 1735: »Die Städte sind schön und gut bevölkert, und da sie in die ganze Weite des Umkreises, der zur Verfügung stand, hineingebaut sind, ist die Mehrzahl unter ihnen gezwungen gewesen, Vorstädte anzulegen; kurz, es wimmelt von Menschen in den Städten und auf dem flachen Land. In ungefähr acht Jahren wird dieses Königreich besser bevölkert sein als die Schweiz und das Frankenland; infolge all der Jugend von acht, neun und zehn Jahren, welche man hier findet.« Ostpreußen war in den Jahrzehnten zuvor durch Missernten, Hungersnöte und Epidemien schwer getroffen worden. Dass es in diesem Landstrich wieder so von Menschen wimmelte, war das Ergebnis der klugen Einwanderungspolitik des »Soldatenkönigs«. Als er davon hörte, dass der Salzburger Erzbischof, Leopold Anton von Firmian (1679–1744), die Protestanten aus seinem Land vertrieb, lud Friedrich Wilhelm I. sie dazu ein, nach Preußen zu kommen – und sie kamen in Scharen. »Die Salzburger«, freute sich Friedrich bei seiner Reise, »beginnen, sich nach dem Geist des Landes zu formen, und es ist sicher, dass dieses Land in einigen Jahren in höchster Blüte stehen und auch in Sicherheit vor den gewöhnlichen Schicksalsschlägen sein wird.« Friedrich sah aber auch die Defizite, die es nach wie vor gab: »In diesem und dem vergangenen Jahr waren die Ernten sehr schlecht. Der König ist verpflichtet gewesen, die Getreidemagazine zu öffnen. Er wird es auch dieses Jahr tun müssen, wenn nicht die Menschen, die mit so vielen Mühen angesiedelt worden sind, an Hunger sterben sollen.« Auch fiel ihm auf, dass es noch überall an Schulen fehlte; »ausgezeichnete Geister von großer Begabung« könnten dadurch nicht gefördert werden. Und es entging ihm auch nicht, dass die alteingesessene Bevölkerung die Privilegien der Salzburger ungern sah: »Die Bevölkerung, eifersüchtig

auf die neuen Niederlassungen und Einrichtungen, schafft mit ihrer angeborenen Bosheit bei jeder Gelegenheit Widerstände.«[17]

Zwischen Dienst und Übermut

Nach seiner Rückkehr aus Ostpreußen begann für Friedrich wieder der Alltag in Neuruppin. Die Stadt hatte damals noch nicht das frühklassizistische Erscheinungsbild von heute, das auf einen planmäßigen Wiederaufbau nach dem verheerenden Stadtbrand von 1787 zurückgeht. Zur Zeit Friedrichs war Neuruppin eine »kleine winklige Ackerstadt, ... leblos und geistig arm. Auf der Straße lagerten Schmutz und Dünger, von Pflaster war wenig zu sehen.«[18] Der Kronprinz bewohnte zwei Fachwerkhäuser in der Nähe der Stadtmauer, die zu einem verbunden worden waren – kurioser- oder auch pikanterweise hatte in einem der beiden zuvor der Oberst von Wreech gewohnt, wenn er bei seinem Regiment war, der Ehemann von Friedrichs Muse Eleonore.

Friedrich ließ sich seine Laune durch die eher bescheidene Umgebung nicht verdrießen. Im Gegenteil: Theodor Fontane, der zusammen mit Karl Friedrich Schinkel (1781– 1841) berühmteste Sohn der Stadt, schreibt in seinen »Wanderungen durch die Mark Brandenburg«: »Kaum minder als der Dienst beschäftigte Friedrich die Verschönerung der Stadt. Dass Ruppin bis diesen Augenblick sich seines Walls, eines prächtigen, mit schönen und zum Teil sehr alten Bäumen bepflanzten Promenadenwegs, erfreut, ist des Kronprinzen Verdienst.«[19] Denn eigentlich hätten diese ursprünglich aus militärischen Gründen angelegten Wälle eingeebnet werden sollen, doch Friedrich erkannte, »welchen

Schmuck man auf dem Punkte stand, der Stadt zu rauben«.[20] Ganz uneigennützig war dieses Bemühen nicht. Zwar hatte Friedrich auch hinter seinem Haus in der Stadt einen kleinen Garten, doch genügte ihm dieser nicht, und so legte er sich »einen anmutigen, grünen Aufenthaltsort vor der Stadt an«.[21] Dieser Garten ist im 19. Jahrhundert zwar stark verändert worden, doch erinnert ein Bauwerk noch an die Zeit Friedrichs: ein kleiner Rundtempel – das Erstlingswerk des Baumeisters Georg Wenzeslaus von Knobelsdorff (1699–1753), der später für Friedrich dessen Schloss Sanssouci bauen sollte.

Der König hatte auch für den Aufenthalt seines Sohnes in Neuruppin eine Instruktion erlassen. Doch Friedrich war kein Arrestant mehr, und er nahm diese Verhaltensmaßregeln nicht besonders ernst. Die Offiziere seines Stabs waren junge Leute wie er selbst, und zusammen mit ihnen genoss er außerhalb des Dienstes ein Leben, »frei von allen Fesseln der Etikette, ja ein Übermut griff Platz«, schreibt Theodor Fontane, »der unseren heutigen Vorstellungen von Anstand und guter Sitte kaum noch entsprechen dürfte. Fenster einwerfen, Liebeshändel und Schwärmer [Feuerwerkskörper] abbrennen zur Ängstigung von Frauen und Landpastoren, zählte zu den beliebtesten Unterhaltungsmitteln. Man war noch so unphilosophisch wie möglich.«[22]

Friedrich gefiel dieses Leben fern der väterlichen Zwänge: »Man erfreut sich auf dem Lande einer Ruhe, die man bei Hofe nicht kennt; das ist der Grund, weshalb mir meine Einsamkeit so reizvoll erscheint und weshalb ich an dem Leben in einer kleinen Stadt Gefallen finde. Sorge und Unruhe sind aus dem Gemüt verbannt. Niemals braucht man zu befürchten, dass man zu spät kommt, denn man ist sein eigener Herr ... Man regelt seine Tageseinteilung nach freiem Belieben, man sieht nur diejenigen, die man sehen

will, und eine bei Hofe unvermeidliche Schar falscher
Freunde stört nicht die Ruhe.« Friedrich war jetzt Anfang 20, und er hatte eine solche Freiheit in seinem ganzen
Leben niemals kennengelernt. Bisher war der Tag von morgens bis abends durchgeplant gewesen, und immer saß ihm
das Damoklesschwert der väterlichen Ungnade im Nacken.
Natürlich war dies nicht das Leben, das er dauerhaft führen
wollte. Dazu bot ihm Neuruppin zu wenig. Doch seinen
Spott könnte man in diesem Fall fast schon wieder wohl-
meinend nennen: »Die Gesellschaft ist zwar nicht sonderlich erlesen, ermangelt aber trotzdem nicht des Reizes, da
die Gäste infolge der Mannigfaltigkeit ihrer Sinnesart reich-
lichen Stoff zu philosophischen Betrachtungen bieten. Der
eine mit seinen plumpen Scherzen, ein anderer mit seinem
albernen Hochmut, der Ignorant, der sich als Mann der
Gelehrsamkeit und Wissenschaft aufspielt, und der Prahl-
hans: Alle diese Leute verraten dadurch, dass sie keine Lebensart besitzen, ihre Charaktereigenschaften sind aber
unendlich viel besser als diejenigen, die infolge ihres langen
Verkehrs bei Hofe und durch die geschickte Verstellung
ihre wahre Natur zu verschleiern wissen.«[23]

Nach Berlin zog Friedrich wenig. Nachdem der König
seinen Zorn bei einer Revue auf dem Prinzen Friedrich
Heinrich von Brandenburg-Schwedt (1709–1788) abgela-
den hatte, ärgerte sich der Kronprinz über die seiner Meinung nach grundlos zur Schau getragene Unzufriedenheit
des Königs. Das Regiment seines Vetters habe im Gegenteil einen sehr guten Eindruck hinterlassen. Er könne daher für den Zorn des Vaters keine Erklärung finden, außer
vielleicht »einer Erregung seiner Galle, die den armen Prinzen und sein Regiment mit menschenfeindlichen und hy-
pochondrischen Augen ansehen ließ. Gott bewahre mich
vor einem gleichen Schicksal … Ich sehne Tag, Stunde und

Minute herbei, da ich von hier abreisen kann, um in meine Einsamkeit zurückzukehren und das Leben wieder zu genießen.«[24] Und da erhielt er wieder einmal den Befehl, nach Berlin zu kommen. Das jedoch empfand der Kronprinz als »einen Vorgeschmack des Todes«.[25]

Seinen Dienst in Neuruppin nahm Friedrich ernst, doch ließ er sich nicht mehr in ein Korsett pressen: Er bestimmte seinen Tagesablauf selbst, und es war ihm wichtig, Zeit für die Freuden des Lebens zu haben. Dazu gehörte es, auch einmal bis um elf Uhr morgens im Bett zu bleiben, wenn ihm danach war, vor allem aber verwöhnte er sich gern mit kulinarischen Genüssen, auf die er in den vergangenen Jahren hatte verzichten müssen. Englische Austern, Lachs aus dem Rhein, Steinbutt, Rebhühner, Kapaune und dazu natürlich Champagner – vom Bier, das der biedere »Soldatenkönig« so sehr schätzte, war in Neuruppin keine Rede mehr. Sosehr der König mit der Arbeit Friedrichs inzwischen zufrieden war, so sehr ärgerte es ihn, als Gerüchte über dessen »ausschweifendes Leben« bis nach Berlin drangen. In einem langen Brief an Grumbkow versuchte sich der Kronprinz zu rechtfertigen und malte das Bild eines einfachen Lebens auf dem Land: »Ich glaube kaum, dass es etwas Unschuldigeres gibt, und dass man stiller leben kann.« Er strebe ja danach, weise zu werden, doch bat er Grumbkow um Verständnis: »Ich glaube kaum, dass Cato in seiner Jugend Cato war.«[26]

Ein steter Stein des Anstoßes blieben der vermeintliche Atheismus Friedrichs und seine darauf aufbauende Geringschätzung der Geistlichkeit. Der Kronprinz wies solche Vorwürfe stets zurück oder wälzte sie auf andere ab. So im Fall eines Pfarrers, dem Offiziere die Fensterscheiben eingeworfen hatten. Damit habe er, rechtfertigte sich Friedrich in einem Brief an Grumbkow, nichts zu tun:

»Vermutlich hat der Geistliche geglaubt, sie hätten ihm auf meine Veranlassung die Fenster eingeschlagen, und da die heilige Rasse höchst rachsüchtig ist, wird er unter allen seinen Kollegen verbreitet haben, dass ich gottlos und frech bin.« Dabei kenne er den Pfarrer nicht einmal.[27] Auch wehrte er sich dagegen, als Atheist abgestempelt zu werden. Er sei weit davon entfernt, solche Gesinnungen zu hegen. Seine Begründung, wiederum in einem Brief an Grumbkow, wäre allerdings wenig dazu angetan gewesen, seinen Vater zufriedenzustellen: »Ich glaube, an keinem Ort der Welt wird weniger über religiöse Fragen geredet als bei mir. Aber vermutlich ... handelt es sich nur um Priesterhass.«[28]

Ein großes Problem Friedrichs war das Geld – zum einen für seine lukullischen Genüsse, die er sich eigentlich nicht leisten konnte; zum anderen für die Werbung von Rekruten. In seinem Regiment sollten die besten Soldaten dienen, doch die kosteten mehr Geld, als er zur Verfügung hatte. Weil er wusste, wie sehr seinem Vater »lange Kerls« gefielen, versuchte er möglichst viele groß gewachsene Soldaten zu gewinnen. Bisweilen mit dem Nebeneffekt, dass sein Vater die schönsten »abkaufte«, aber weniger dafür bezahlte, als Friedrich zuvor für deren Werbung ausgegeben hatte. Gegenüber dem Grafen Ernst Christoph von Manteuffel (1676–1749), einem früheren sächsischen Minister, der seit 1730 als Privatier in Berlin lebte, beschwerte sich Friedrich darüber, dass ihn sein Vater so kurzhielt. Er habe »an manchen Tagen keinen Taler in der Tasche und überdies, von den laufenden Aufwendungen abgesehen, eine Reihe außergewöhnlicher Aufwendungen, so 500 bis 600 Taler jährlich für kleine Geschenke, um die Dienerschaft in der Umgebung seines Vaters für sich zu gewinnen«.[29]

So geriet der Kronprinz einmal mehr in den Teufelskreis des Schuldenmachens. Da sich in Preußen niemand traute, Friedrich einen Kredit zu gewähren, musste er andere Wege finden, um an Geld zu kommen. So versuchte er es im Ausland, und es war allen voran wieder Seckendorff, der mit österreichischem Geld in die Bresche sprang, immer noch in der Hoffnung, Friedrich dadurch für Wien gewogen zu machen. Selten ist Geld unsinniger zum Fenster hinausgeschmissen worden.

Damit Friedrich noch mehr Erfahrung durch praktische Arbeit sammeln konnte, beauftragte ihn der König am 1. Oktober 1731 mit der Aufstellung eines »Pachtanschlags von dem Amte Ruppin«. Er sollte überprüfen, »ob es nicht mehr tragen kann, als es jetzo gibt. Ihr müsst Euch zu dem Ende von allem genau informieren und rechten Fleiß anwenden, dass Ihr alles erfahret und einen accuraten Anschlag machet. Ich schicke Euch auch ein Schema hierbei, darnach der Anschlag kann gemachet werden, und will ich nun sehen, was Ihr von der Wirtschaft gelernet habt. Ihr müsset aber den Anschlag alleine machen und niemanden aus der Kammer zu Rate ziehen.«[30]

Friedrich versprach, sich um die Aufstellung zu kümmern, bat aber um Verständnis, dass dies eine sehr komplexe Materie sei und er dergleichen noch nie gemacht habe. Diese Bitte um einen zeitlichen Aufschub hatte aber noch einen ganz anderen Grund, denn Friedrich war nur allzu bewusst, dass er diesen Auftrag allein niemals zur Zufriedenheit seines Vaters würde erfüllen können. Also schrieb er an Grumbkow: »Um Ihnen die Wahrheit zu sagen, verstehe ich nicht genug davon und kann es nicht ganz allein machen. Darum bitte ich Sie, mir aus meiner bösen Lage zu helfen, indem Sie mir jemand schicken, der einen Anschlag zu machen versteht. Sie könnten mir keinen größeren Gefallen tun, denn ich bin in schrecklichen Nöten ... Soll ich doch ein Plus machen und will gehängt werden, wenn ich weiß wie. Ich bitte Sie also, mir auch bei dieser Gelegenheit, wie schon so oft, zu zeigen, dass Sie mein Freund sind, obwohl ich daran nicht zweifle. Das wird die Verpflichtungen, die ich schon gegen Sie habe, unendlich vermehren.«[31]

Nach dem Streit um die Hochzeitspläne für Friedrich kam Grumbkow diese Bitte gerade recht, um sich mit Friedrich wieder ins Einvernehmen zu setzen. Und so schickte er ihm einen Helfer, der sich um die Details der Aufstellung kümmerte, denn – so verriet Friedrich dem Minister: »Die Kameralien [Finanzwesen] werden niemals mein Fach sein, ich weiß davon gerade so viel, wie ich brauche, aber die Preise und Schätzungen selbst machen, das kann ich nicht. Es genügt, wenn man einen allgemeinen Überblick hat, die ganze Masse dirigiert, und auch der Handel nicht vergessen wird.«[32]

Gegenüber seinem Vater erweckte Friedrich natürlich den Eindruck, dass er die Aufgabe ganz allein bewältigte. Er habe zahlreiche Dörfer inspiziert und sich dort »alle Bücher weisen« lassen. Sein Fazit: Die Abgaben könnten nicht erhöht werden, auch beim Ackerbau könne »ohnmöglich plus gemacht« werden.[33] Einzig die Branntweinbrennerei biete Ansatzpunkte für die Steigerung der Einnahmen. Auch aus Mühlen und Brauereien sei bei effizienterer Bewirtschaftung ein höherer Gewinn zu erzielen. Zu viele Importgüter kämen über Hamburg. Könnte man die nicht ebenso direkt über Stettin importieren? Dann hätten die einheimischen Kaufleute den Profit. Am Ende konnte der Kronprinz seinem Vater stolz berichten: »Ich werde aus dem Amt ein größeres Plus herausbringen, als ich es mir vorgestellet, und hoffe, es auf 200 Taler zu bringen.«[34] Das war ganz nach dem Geschmack des sparsamen Königs, und so gab es für Friedrich ein seltenes Lob: »Ich bin mit Eurer Arbeit sehr wohl zufrieden.«[35]

Hochzeit mit Hindernissen

Doch zurück in das Jahr 1732. In die Zeit von Friedrichs Tätigkeit als Regimentskommandeur fällt seine Hochzeit mit Elisabeth Christine von Braunschweig-Bevern. Man kann nicht gerade sagen, dass seine Verliebtheit zwischenzeitlich gewachsen wäre. Das mag auch daran gelegen haben, dass außer seinem Vater die ganze Familie bemüht war, ihn in seiner Abneigung zu bestärken. So soll Friedrichs Mutter Sophie Dorothea über ihre Schwiegertochter in spe geurteilt haben: »Sie ist das dümmste Tier zwischen Himmel und Erde. Auf alles, was man ihr sagt, antwortet sie ja oder nein, und lacht dabei so einfältig, dass einem ganz übel wird.«[36] Dass Elisabeth Christine schlicht eingeschüchtert war von der fremden Welt des Berliner Hofs und sich darin noch nicht zu bewegen verstand, kam der Königin nicht in den Sinn.

In das gleiche Horn blies zunächst auch Friedrichs jüngere Schwester Philippine Charlotte (1716–1801), die mit dem Bruder Elisabeth Christines verlobt war – sodass es 1733 doch noch zu einer Doppelhochzeit kommen sollte, wenngleich einer ganz anderen als ursprünglich gedacht. Philippine Charlotte lästerte über ihre künftige Schwägerin: »Ich bin einmal des Morgens bei ihrer Toilette gewesen – sie ist ganz verwachsen, ihr Schnürleib ist auf der einen Seite ausgepolstert, und sie hat eine Hüfte höher als die andere.«[37] Das waren nicht unbedingt Aussichten, die auf einen jungen Mann verlockend wirkten, und Friedrich verspürte wohl nicht einmal die Neigung zu überprüfen, ob die Tiraden seiner Schwester denn auch nur ansatzweise etwas mit der Wirklichkeit zu tun hatten. Verzweifelt versuchte Seckendorff gegenzusteuern. Dabei malte er das Bild Elisabeth Christines in den hellsten Farben: »An der Änderung der Gestalt ist nicht zu zweifeln, denn da sie in der Tat die schönsten Gesichtszüge, auch in der Tat einen wohlgeschaffenen Leib hat, so wird die Schönheit im Gesicht unfehlbar zunehmen, wenn die übrigen Flecken, die die Blattern zurückgelassen haben, vergehen, und der Hals bei zunehmenden Jahren etwas vollkommener wird.«[38]

Sogar einen Tanzmeister wollte der österreichische Gesandte für Elisabeth Christine besorgen, nachdem sich Friedrich darüber beschwert hatte, dass sie bei ihrer Verlobung »wie eine Gans getanzt« hätte. Einen solchen Tanzmeister wollte allerdings Ferdinand Albrecht II. (1680–1735), Herzog von Braunschweig-Bevern, nicht in seinem Haus haben. Also setzte man alle Hoffnungen auf eine neue Oberhofmeisterin für Friedrichs Braut: Christiane Elisabeth von Katsch kannte den Berliner Hof und seine Intrigen, und sie wusste, wie man sich auf diesem glatten Parkett zu bewegen hatte. All das sollte Elisabeth Christine quasi im Schnelldurchlauf nun ebenfalls lernen und darüber hinaus noch »einen etwas lustigen humeur«[39] vermittelt bekommen. Keine Frage, dass auch Frau von Katsch sofort auf der Gehaltsliste Seckendorffs landete. Das Problem aber blieb: Selbst wenn Elisabeth Christine ihre Schüchternheit ablegen lernte, konnte sie Friedrich intellektuell nicht das Wasser reichen.

Der Kronprinz machte in der Folge keine Anstalten, seiner Verlobten wirklich näherzukommen. Wenn er ihr aus Neuruppin überhaupt schrieb, dann waren es nichtssagende Briefe voller Floskeln. Vom König darauf angesprochen, wand sich Friedrich wie ein Aal. Gegenüber Grumbkow

nahm er kein Blatt vor den Mund: »Man will mich mit
Stockschlägen verliebt machen«, schrieb er dem Minister
am 4. September 1732, »aber leider habe ich nicht die Natur
des Esels und fürchte sehr, man wird kein Glück damit
haben … Mein Gott, wenn man doch nur ein bisschen
daran denken wollte, dass mir diese Heirat nolens volens
vorgeschlagen wurde, und dass meine Freiheit der Lohn
dafür war … Hoffentlich wird sich der König, sobald ich
verheiratet bin, nicht mehr in meine Angelegenheiten mischen; sonst fürchte ich stark, die Sache wird übel ablaufen,
und die Frau Prinzessin dürfte dabei schlecht wegkommen.
Die Ehe macht mündig, und sobald ich es bin, bin ich Herr
im Haus, und meine Frau hat nichts darin zu befehlen. Nur
kein Weiberregiment in irgendetwas auf Erden. Ein Mann,
der sich von Weibern regieren lässt, ist meiner Ansicht nach
die größte Memme von der Welt und verdient nicht, den
Ehrennamen Mann zu tragen. Darum, wenn ich heirate,
heirate ich als Mann von Lebensart, das heißt, ich lasse
Madame ihrer Wege gehen und tue meinerseits, was mir gefällt. Und es lebe die Freiheit … Ich liebe die Frauen, aber
flatterhaft. Ich will von ihnen nur Genuss, danach verachte
ich sie. So beurteilen Sie selbst, ob ich aus dem Holze bin,
aus dem man gute Ehemänner schnitzt. Der Gedanke,
einer zu werden, macht mich rasend, aber ich mache aus
der Not eine Tugend. Ich werde Wort halten, werde heiraten, aber dann ist es genug. Guten Morgen, Madame, und
gute Reise.«[40]

Friedrich hat sich in diesem Brief offensichtlich in Rage
geschrieben. Manches davon könnte man daher einfach als
spätpubertäres, männliches Imponiergehabe abtun. Doch
es mag auch mehr dahinterstecken: Der Kronprinz wusste,
dass Grumbkow nicht wirklich sein Freund war. Friedrich
benutzte Grumbkow, wie umgekehrt der Minister den

Thronfolger in seinem Sinn zu instrumentalisieren suchte. Wenn Friedrich also eine derartige Schimpftirade abließ, dann könnte dahinter auch die verzweifelte Hoffnung gesteckt haben, über Grumbkow allen Beteiligten die Unmöglichkeit dieser Ehe vor Augen zu führen. Doch sobald seine Wut verraucht war, musste er sich doch wieder eingestehen, dass diese Hoffnung eine vergebliche war.

Vermeintliche Schützenhilfe erhielt Friedrich von gänzlich unerwarteter Seite. Der Wiener Hof, vom dem das Projekt überhaupt erst ausgegangen war, wandte sich urplötzlich wieder davon ab. Auf der politischen Agenda des Prinzen Eugen stand ein Bündnis mit England im Sommer 1732 ganz oben; diese Chance wollte man sich in Wien nicht entgehen lassen. Seckendorff erhielt daher zunächst den Auftrag, dem englischen Gesandten glaubhaft klarzumachen, dass Wien nichts mit der Hochzeit Friedrichs und Elisabeth Christines zu schaffen habe. Doch dann wurde sogar ein ganz neuer Hochzeitsplan in Wien entworfen: Friedrich sollte seine englische Prinzessin Amelia bekommen, seine Verlobte Elisabeth Christine hingegen den englischen Thronfolger heiraten. Damit wäre das Brautpaar unvermutet zu Schwager und Schwägerin geworden. Aufgelöst werden sollte auch die Verlobung zwischen dem jungen Herzog von Braunschweig-Bevern und Friedrichs Schwester Philippine Charlotte. Letztere drohte bei diesem Kuhhandel ganz leer auszugehen, der Bruder Elisabeth Christines sollte statt ihrer die englische Prinzessin Anna heiraten.

Wie sollte man das dem »Soldatenkönig« klarmachen? Seckendorff gab zu, noch nie einen so schweren Auftrag erhalten zu haben, konnte er sich doch gut ausmalen, wie der König darauf reagieren würde. Immerhin waren am 4. September 1732 bereits die vertraglichen Abmachungen für die Eheschließung zwischen Friedrich und Elisabeth Christine ratifiziert worden. Sein Versuch, Grumbkow einmal mehr für die gemeinsame Sache einzuspannen, schlug fehl. »Ich muss mich doch wundern, dass Sie, der Sie doch das Gemüt des Königs gründlich kennen, sich in so etwas einlassen wollen. Sie können damit rechnen, dass er es Ihnen nie verzeihen wird, wenn Sie ihm den Vorschlag unterbreiten ... Mein lieber Freund, bei diesen Geschäften bitte ich Sie, mich aus dem Spiel zu lassen. Im Augenblick, wo man dem König einen derartigen Antrag macht, kann man damit rechnen, dass er mit dem Bevernschen Hause vollkommen brechen und der fürchterlichste Feind werden würde, den dieses und der Kaiser jemals haben könnten. Nachdem die Ehepakten unterschrieben sind, Verlöbnis gehalten ist, da will man Philippine Charlottes Heirat brechen? Warum? Weil man den Prinzen von Wales verheiraten will? Der König muss doch merken, dass das Bevernsche Haus die englische Verbindung der seinen vorzieht, und dass der Kaiser derselben Ansicht ist.«[41]

Elisabeth Christines Vater, Herzog Ferdinand Albrecht von Braunschweig-Bevern, saß nun zwischen allen Stühlen. Doch er dachte ähnlich wie Grumbkow und war nicht bereit, von sich aus die Wiener Pläne zu forcieren. In einem Brief an Friedrich Wilhelm I. machte er diesen Standpunkt am 22. November 1732 unmissverständlich klar, gab aber zugleich zu erkennen, dass es Bestrebungen gebe, die preußisch-bevernsche Doppelhochzeit zu kippen. Der »Soldatenkönig« beruhigte den Herzog: Dergleichen sei auch ihm schon berichtet worden, doch bleibe er fest. »Wenn es von den Übelgesinnten zu toll gespielet würde, wäre das Beste, dass die Hochzeiten in der Stille und eher als die anderen es glaubten, gemachet, die Feierlichkeiten aber erst nachher zelebriert werden.«[42]

Als Seckendorff am 5. Dezember 1732 dem König seinen »unschuldigen Vorschlag« vortrug, war ihm wohl selbst klar, dass der »Soldatenkönig« diesen nicht nur ablehnen, sondern er danach die größte Mühe haben würde, sich nicht dauerhaft den Zorn des prinzipienfesten Monarchen zuzuziehen. Friedrich Wilhelm I. ließ sich gegenüber Seckendorff zunächst nichts anmerken, doch im abendlichen Tabakskollegium brach es aus ihm heraus: Wie man ihm eine derartige Gemeinheit habe zumuten können? »Nein und nimmermehr. Die verfluchten Intrigen. Der Teufel soll sie holen ... Ich will es alles heraus sagen, dass mich die verfluchten gewissen Schurken haben betrügen wollen.« Auch Friedrich und seine Mutter gerieten durch diese unvermutete Wendung in Gefahr, denn natürlich vermutete der König – wenngleich zu Unrecht –, dass die beiden in die Intrige verwickelt seien. Nur mit Mühe, erinnerte sich Grumbkow, habe er den König wieder einigermaßen beruhigen können.[43] Dem gewieften Minister gelang es in bemerkenswert kurzer Zeit sogar, die Wut Friedrich Wilhelms I. auf Seckendorff so weit herunterzukühlen, dass er wieder mit ihm sprach. Zufrieden berichtete Seckendorff an Prinz Eugen: »Ich habe daher die beste Hoffnung, mit dem König in kurzem wieder auf die alte, vertrauliche Art umgehen zu können, doch kann man sicher glauben, dass auf die Änderung der Heirat nicht mehr zu gedenken.«[44] Doch da freute sich der Graf zu früh. Äußerlich mochte Friedrich Wilhelm I. ihm wieder sein Vertrauen geschenkt haben, doch wirklich verziehen hat er seinem »Freund« nicht. »Es ist Seckendorff«, sagte er im Februar 1733 gegenüber der Königin, »der mich ums Leben bringt, Infamie begehen machen, die Heirat abzuändern, bei Jülich und Berg alles daran strecken, mit aller Macht marschieren und dann nicht Treu und Glauben halten.«[45]

Wie er es angekündigt hatte, wollte Friedrich Wilhelm I. daher bald vollendete Tatsachen schaffen. In Berlin wurde das Kronprinzenpalais für den Einzug des jungen Paares hergerichtet und die Hochzeit auf den 12. Juni 1733 festgesetzt. In seltsamer Verkennung des Charakters von Friedrich Wilhelm I. arbeitete man in Wien bis zuletzt gegen die ursprünglich so herbeigesehnte Verbindung. Noch am 11. Juni – also nur einen Tag vor der Hochzeit – musste Seckendorff auf Anweisung des Prinzen Eugen noch einmal zum König und ihm vorschlagen, dass zwar die Vermählung Philippine Charlottes mit dem jungen Herzog von Braunschweig-Bevern wie geplant stattfinden, Elisabeth Christine aber den englischen Thronfolger heiraten solle. Die Antwort darauf war vorhersehbar: »Er werde sich durch keine Vorteile der Welt dazu bewegen lassen, seiner Ehre einen solchen Schandfleck anzuhängen und die in 24 Stunden zu vollziehende Hochzeit aufzuschieben.«[46]

Mit seiner abrupten Abwendung von dem Heiratsprojekt erwies sich der Kaiser einen Bärendienst. Langsam dämmerte es selbst einer außenpolitisch so naiven Natur wie dem »Soldatenkönig«, dass es Wien nur um die eigenen Interessen ging. Das mochte eigentlich nicht verwerflich sein, doch der »Soldatenkönig« war davon überzeugt, dass es darüber hinaus moralische Grundsätze gebe, durch die der Kaiser und die Reichsfürsten verbunden seien. Das war ehrenwert, aber wenig realitätsnah. Zunehmend wurde dem König auch klar, dass man ihn in der Frage der Erbfolge in den Herzogtümern Jülich und Berg nur hinzuhalten suchte. Die Entfremdung Friedrich Wilhelms I. vom Kaiserhof nahm hier ihren Ausgang. Er ahnte, dass man ihn in Wien für einen gutmütigen Trottel hielt. »Der Kaiser traktiert mich und alle Reichsfürsten wie Schubjacks [schlechte Kerle]«, warf er Seckendorff an den Kopf.[47] Immer mehr war er davon überzeugt, dass sein Sohn stärker war als er und sich nicht so leicht würde ins Bockshorn jagen lassen. Als der Kaiser ihm Anfang 1736 zum wiederholten Mal (durchaus nachvollziehbar) verbot, in den österreichischen Erblanden weiter Truppen zu werben, ärgerte ihn dies maßlos. An seinen Sohn schrieb er damals: »Das ist der Dank für die gestellten 10 000 Mann [im Polnischen Thronfolgekrieg] und alle Deference [Wertschätzung], so ich für den Kaiser gehabt, und könnet Ihr daraus sehen, dass es nichts helfe, wenn man sich für denselben auch sacrificierte [opferte]. So lange man uns nötig hat, so flattiert [schmeichelt] man, sobald man aber glaubt, der Hilfe nicht mehr zu gebrauchen, so zieht man die Maske ab und weiß von keiner Erkenntlichkeit. Die Betrachtungen, so Euch dabei einfallen müssen, können Euch Gelegenheit geben, Euch künftig in dergleichen Fällen zu hüten.«[48] Friedrich fiel dazu einiges ein – vor allem, dass er in seiner Politik keine moralischen Rücksichten nehmen würde wie sein Vater, schon gar nicht gegenüber dem Kaiserhof in Wien.

Und so wurde denn am 12. Juni 1733 tatsächlich Hochzeit gefeiert auf dem Schloss Salzdahlum bei Wolfenbüttel, also im Herzogtum Braunschweig-Bevern, der Heimat der Braut. Es war eine Zeremonie, bei der es eigentlich nur einen einzigen zufriedenen Menschen gab: den König! Alle anderen mussten gute Miene zu einem Spiel machen, das ihnen eigentlich zuwider war. Allen voran der Bräutigam, der schon zuvor angekündigt hatte: »Ich werde so gut Komödie spielen, dass nichts fehlen soll.«[49] Es wurde ein prachtvolles und vor allem teures Fest, denn die Brautmutter wollte der preußischen Königin unter allen Umständen zeigen, dass Braunschweig-Bevern kein Duodezfürstentum war und sich dergleichen durchaus leisten konnte. Entrüstet, jedoch natürlich stets die Contenance wahrend, ließ

Sophie Dorothea die Feier über sich ergehen. Friedrich aber stahl sich gegen Mitternacht davon, um an Wilhelmine nach Bayreuth zu schreiben: »Liebste Schwester! Soeben ist die ganze Zeremonie vorüber. Gott sei gelobt, dass sie überstanden ist.«

Glückliche Zeiten in Rheinsberg

Der Hochzeit in Salzdahlum folgte am 26. Juni 1733 der feierliche Einzug Elisabeth Christines als frischgebackene Kronprinzessin in Berlin. Friedrich Wilhelm I. stellte an diesem Tag sogar seine Sparsamkeit hintan – wenn es die Repräsentation erforderte, war er durchaus bereit, seine Herrschaft mit einem gewissen Glanz zu umgeben. Allerdings stand, wie beim »Soldatenkönig« nicht anders zu erwarten, eine große Truppenschau im Mittelpunkt der Feierlichkeiten: »Der ganze Hof und die Gäste fanden sich dazu ein. Die Königin fuhr mit der Kronprinzessin in einem offenen Wagen, und der König ritt neben der Kronprinzessin in Unterhaltung und Erklärung der Kriegsübungen, nach deren Schlusse die sämtliche Armee ... vor den Herrschaften in Parade vorbeimarschierte, worauf der Einzug der Kronprinzessin durch das Rondell in der Friedrichstadt zum Leipziger Tore herein, unter fortwährendem Kanonendonner vor sich ging, mit einem Gefolge von sechzig sechsspännigen Staatskarossen. Die Kronprinzessin stieg auf dem großen Schlosse [dem Stadtschloss] ab und wurde abends neun Uhr von dem Könige und der Königin in dero gegen dem Zeughause neu erbauten Palast begleitet.«[1]

Damit ist das auch heute noch so bezeichnete Kronprinzenpalais gemeint, das damals aber natürlich noch nicht das jetzige Erscheinungsbild hatte. Dieses Kronprinzenpalais war fortan der Berliner Wohnsitz Friedrichs und Elisabeth Christines. Allerdings war Friedrich nach den Hochzeitsfeierlichkeiten umgehend zu seinem Regiment nach Neuruppin zurückgekehrt, und es zog ihn jetzt so wenig in die Hauptstadt wie zuvor. Elisabeth Christine muss sich verlassen vorgekommen sein in diesen ersten Wochen ihres neuen Lebens. Bei ihrer Schwiegermutter stieß sie auf eisige Ablehnung, und auch von ihrer Schwägerin war zunächst keine Hilfe zu erwarten. Wilhelmine sah Elisabeth Christine in diesen Tagen zum ersten Mal, und Friedrich durfte sich in seiner eigenen abschätzigen Haltung durch die Schilderung der Schwester bestätigt sehen: »Die Kronprinzessin ist groß, aber von schlechter Haltung und Wuchs; sie ist von blendend weißer Farbe, und diese Weiße ist von den lebhaftesten Farben gehoben. Ihre Augen sind von einem blassen Blau und versprechen nicht viel Geist; ihr Mund ist klein; alle ihre Züge sind niedlich, ohne schön zu sein, und das gesamte Ganze ihres Gesichts ist so reizend und so kindlich, dass man glauben sollte, dieser Kopf gehöre einem Kind von zwölf Jahren an; ihre Haare sind blond und natürlich gelockt, aber alle ihre Schönheiten sind durch schwarze und übelgestaltete Zähne entstellt. Sie hat wenig Anstand, viel Unbeholfenes im Sprechen und sich verständlich machen, und es ist nötig zu erraten, was sie sagen will, was sehr in Verlegenheit setzt.«[2]

Nach Neuruppin begleitete Elisabeth Christine ihren Ehemann nicht. Doch das entsprach den zeitgenössischen Gepflogenheiten. Auch Friedrichs »Vormieter« von Wreech hatte ja allein in der Garnisonsstadt gelebt und nicht zusammen mit Eleonore, die in Tamsel geblieben war. Dem König war klar, dass sein Sohn für die Hochzeit den Lohn einer eigenen Hofhaltung erwartete und ihm eine solche nun auch zustand. Er war bereit, diesen Preis zu bezahlen. Im März 1734 erwarb er in Rheinsberg, gut 25 Kilometer nördlich von Neuruppin, ein Schloss, das er seinem Sohn zum Geschenk machte. Zu viel kosten durfte das Ganze natürlich nicht. 55 000 Taler würde der König zahlen, doch der damalige Besitzer Oberstlieutenant Heinrich von Beville (1684/85–1775) wollte 75 000 Taler. Die Differenz beglich schließlich Elisabeth Christine – mit einem Teil ihrer Mitgift. Durch seinen Hofbaumeister Johann Gottfried Kemmeter (? – 1748) ließ Friedrich Wilhelm I. das Schloss umbauen, allerdings in einem bescheidenen Rahmen. Erst in den Folgejahren erhielt Rheinsberg durch Friedrichs Freund Georg Wenzeslaus von Knobelsdorff sein heutiges Erscheinungsbild. Das war zum Nulltarif natürlich nicht zu haben. Und Friedrich war ohnehin bis über beide Ohren verschuldet. Im September 1736 kamen seine Eltern zum Antrittsbesuch nach Rheinsberg. Friedrich hatte sie eingeladen und ein Programm vorbereitet, das seinem Vater gefallen sollte: »am ersten Tag Jagd, am zweiten Fischfang, am dritten Vogelschießen«. Ohne Hintergedanken war das nicht: »Der Prinz verfolgt mit dieser Einladung den Zweck, eine Erhöhung seines Einkommens zu erreichen«, hielt Graf Manteuffel aus einem Gespräch mit dem Kronprinzen fest.[3]

Tatsächlich war Friedrich Wilhelm I. bei seinem Besuch dann ausnehmend guter Laune, und so traute sich Friedrich sogar zuzugeben, dass er Schulden hatte. Grumbkow wurde angewiesen, 40 000 Taler an den Kronprinzen zu überweisen, die Frage des Ministers, ob Friedrich denn künftig grundsätzlich 40 000 Taler zusätzlich im Jahr bekommen sollte, überhörte der König geflissentlich.[4] Ansonsten blieben Friedrich die üblichen Geldgeber, und er hatte keine Bedenken, den erwarteten Tod seines Vaters mit in sein Kalkül zu ziehen. Über den sächsischen Gesandten in St. Petersburg versuchte er an russische Gelder zu kommen und schrieb: »Der König ist krank. Das können Sie als guten Grund dafür benutzen, dass man mir im kommenden Sommer eine gute Summe vorschießt. Denn ernstlich: Wenn man mich zu Dank verpflichten will, ist Eile geboten.«[5] Gleichwohl plagten ihn als Kronprinzen stets Geldsorgen. Noch am 14. Februar 1739 berichtete der englische Gesandte nach London: »Die Not des Prinzen ist so groß, dass vor kurzer Zeit seine Pferde drei Tage lang nichts als Heu zu fressen bekamen, weil er weder Geld noch Kredit hatte, Hafer anzuschaffen.«[6]

»Wahrhaft entzückende Tage«

Die vier Jahre in Rheinsberg, von 1736 bis 1740, waren die glücklichsten in Friedrichs Leben. Niemand schrieb ihm mehr vor, mit wem er zusammen sein durfte. Er sammelte eine Gesellschaft um sich, die ganz nach seinem Geschmack war. Unbeschwert konnte er sich seinen Neigungen, der Musik, der Philosophie, dem geistreichen Gespräch widmen: »Ich lebe jetzt wie ein Mensch und ziehe dieses Leben der majestätischen Gewichtigkeit und dem tyrannischen Zwang der Höfe weitaus vor.«[7] Immer mehr Zeit verbrachte er in Rheinsberg; immer seltener war er in Neuruppin. Das Regiment exerzierte auch ohne ihn. Friedrich genoss die Freuden des ländlichen Lebens ohne Zwang und ohne Verpflichtungen in vollen Zügen. »Wir haben«, schrieb Friedrich seinem Freund Suhm im Oktober 1736, »unsere Beschäftigungen in zwei Klassen eingeteilt, von denen die eine die nützlichen, die andere die angenehmen umfasst. Zu den nützlichen rechne ich das Studium der Philosophie, der Geschichte und der Sprachen; die angenehmen sind die Musik, die von uns aufgeführten Trauer- und Lustspiele, die Maskenbälle und die Gaben, mit denen wir uns beschenken. Die ernsten Beschäftigungen aber haben jederzeit den Vorrang vor den übrigen, und ich wage zu versichern, dass wir von den Vergnügungen nur einen vernünftigen Gebrauch machen.«[8] In einer intimen höfischen Umgebung wie Rheinsberg gab es keine professionelle Theatertruppe, deren Aufführungen man hätte besuchen können, sondern der Hof spielte selbst Theater – und Friedrich begeistert mit. Womöglich weil er sich in seinem echten Leben so oft hatte verstellen müssen, bemerkte ein Reisender, der zu einer Aufführung in Rheinsberg eingeladen war: »Wenn er nicht seine Staaten regieren müsste, und er Lust hätte, in Paris zu debütieren, würde er manchen Kenner entzücken.«[9]

Als Jakob Friedrich Freiherr von Bielfeld (1717–1770) im Herbst 1739 zum ersten Mal nach Rheinsberg kam, war er von der Atmosphäre dieses Musenhofs begeistert: Er habe dort »wahrhaft entzückende Tage« verbracht. »Eine königliche Tafel, ein Götterwein, eine himmlische Musik, köstliche Spaziergänge, sowohl im Garten als im Walde, Wasserfahrten, Zauber der Künste und Wissenschaften, angenehme Unterhaltung: alles vereinigt sich in diesem feenhaften Palaste, um das Leben zu verschönern.«[10] Alle, die auf dem Schloss wohnten, genössen »die ungezwungenste Freiheit … Jeder denkt, liest, zeichnet, schreibt, spielt ein Instrument, ergötzt oder beschäftigt sich in seinem Zimmer bis zur Tafel. Alsdann kleidet man sich sauber, doch ohne Pracht und Verschwendung an und begibt sich in den Speisesaal.«[11] Die Tafel in Rheinsberg bestand gewöhnlich aus 20 bis 25 Personen – ein noch überschaubarer Kreis, doch deutlich größer als in der Garnison in Neuruppin. Von seinem Gastgeber war Bielfeld hingerissen: »Alle Beschäftigungen und Vergnügungen des Kronprinzen verraten den Mann von Geist ... Sein Gespräch bei Tafel ist unvergleichlich; er spricht viel und gut. Es scheint, als wäre ihm kein Gegenstand fremd oder zu hoch; über jeden findet er eine Menge neuer und richtiger Bemerkungen. Sein Witz gleicht dem nie verlöschenden Feuer der Vesta. Er duldet den Widerspruch und versteht die Kunst, die guten Einfälle anderer zutage zu fördern, indem er die Gelegenheit, ein sinniges Wort anzubringen, herbeiführt. Er scherzt und neckt zuweilen, doch ohne Bitterkeit und ohne eine witzige Erwiderung übel zu nehmen. Glauben Sie nicht ..., dass mich der Nimbus blendet. Nein, ich schwöre es Ihnen, selbst wenn er ein schlichter Privatmann wäre, würde ich mit Vergnügen meilenweit zu Fuß gehen, wenn mir seine Gesellschaft dadurch zuteil würde.«[12]

Friedrich und die Liebe

Wenn Friedrich in Rheinsberg weilte, war in der Regel auch Elisabeth Christine dabei. In den vier Rheinsberger Jahren entwickelte sich eine erstaunliche Zuneigung und Harmonie zwischen den beiden, die man nach der Vorgeschichte kaum vermutet hätte. Von einer Inspektionsreise nach Ostpreußen schrieb Friedrich seiner Frau im Juli 1739: »Gott erhalte Sie, Madame. Vergessen Sie mich bitte nicht, und gestatten Sie, dass ich Sie herzlich umarme.«[13] Elisabeth Christine gab sich alle erdenkliche Mühe, ihrem Mann zu gefallen. Sie begann intensiv zu lesen, nahm Tanzunterricht und legte langsam sogar ihre Schüchternheit ab. Verliebt, bekannte Friedrich gegenüber dem Grafen Seckendorff, war er in Elisabeth Christine gleichwohl nicht. »Aber ich müsste der niedrigste Mensch sein, wenn ich sie nicht auf-

richtig schätzen wollte, denn sie hat erstens ein sehr sanftes
Gemüt, sie ist zweitens so gelehrig, wie man es mehr nicht
wünschen kann und drittens gefällig bis zum Übermaß und
tut, was sie mir nur an den Augen absehen kann, um mir
eine Freude zu machen.«[14]

Elisabeth Christine ihrerseits liebte Friedrich aufrichtig,
vor allem aber bewunderte sie ihn: »Wahrlich, man kann
sagen, er ist der größte Fürst unserer Zeit ... Er ist Gelehrter, besitzt Geist, so viel man haben kann. Er ist gerecht,
hilfsbereit, mag niemandem etwas Böses tun ... Er hat das
Herz auf dem rechten Fleck. Kurz und gut, er ist ein Phönix
unserer Zeit, und ich bin selig, die Frau eines so großen
Fürsten mit so vielen guten Eigenschaften zu sein.«[15] Elisabeth Christine verehrte Friedrich geradezu naiv und war
froh, sich in seinem Glanz sonnen zu dürfen: »Der Aufenthalt in Rheinsberg ist mir so angenehm, wie er es in Gesellschaft des Liebsten, das ich auf der Welt besitze, nur sein
kann, und wie könnte ich mich in der Gesellschaft dessen
langweilen, den ich am meisten liebe, nämlich den Kronprinzen. Mein größtes Vergnügen sind die Spaziergänge,
wenn das Wetter schön ist, oder die Wasserfahrten oder zu
Wagen ...«[16]

Mit dieser Zweisamkeit war es jedoch schon wenige
Monate nach Friedrichs Thronbesteigung 1740 vorbei. Wie
er es Grumbkow gegenüber angekündigt hatte, trennten
sich ihre Wege. Elisabeth Christine erhielt Schloss Nieder-
schönhausen als Residenz zugewiesen; Sanssouci – das
Schloss »Sorgenfrei« ihres Mannes – hat sie niemals betreten. Gleichwohl dachte Friedrich nicht an eine offizielle
Trennung. Nach außen wurde die Form gewahrt, und wenn
es die repräsentativen Pflichten erforderten, trat Friedrich
auch zusammen mit Elisabeth Christine auf. Allerdings
wurden diese Anlässe erst durch die Kriegsjahre und später

durch die Abneigung Friedrichs gegen alle öffentlichen Auftritte mit der Zeit immer seltener. Ab und an schrieb Friedrich seiner Frau nichtssagende Briefe, und als er sie nach dem Siebenjährigen Krieg zum ersten Mal wiedersah, fiel ihm nichts anderes zu sagen ein als: »Madame sind korpulenter geworden.« Als 1771 seine Schwester Luise Ulrike (1720–1782), die in Schweden verheiratet gewesen war, nach vielen Jahren wieder Berlin besuchte, stellte er ihr seine in Hörweite stehende Frau mit den Worten vor: »Das ist meine alte Kuh, die Sie schon kennen.«[17] Elisabeth Christine hat ihr Schicksal mit bewundernswerter Haltung ertragen. Dabei dachte sie noch im hohen Alter »mit Freude an die Rheinsberger Zeit zurück, wo ich so vollkommen glücklich war. Warum hat sich denn alles ändern und warum habe ich all die frühere Güte und Gnade verlieren müssen? … Doch mein Herz ist unverändert geblieben und wird immer gleich für ihn schlagen.«[18]

Die Tränen, die sie bei Friedrichs Tod 1786 vergossen hat, waren keine Krokodilstränen.

In Rheinsberg hatte sich Elisabeth Christine noch Hoffnungen gemacht, dass Friedrich ihre Gefühle erwidern würde. Von der Abneigung, wie er sie vor der Hochzeit fast gebetsmühlenartig wiederholt hatte, war hier tatsächlich nichts mehr zu spüren. Sogar in einem gemeinsamen Bett sollen die beiden geschlafen haben. Doch selbst vor dem Hintergrund dieser harmonischen Jahre ist fraglich, ob die Ehe zwischen Friedrich und Elisabeth Christine jemals vollzogen worden ist. Natürlich wartete man bei Hofe sehnsüchtig darauf, dass die Verbindung endlich mit einem Kind gesegnet würde. Der König, berichtete Seckendorff nach Wien, »animiert ihn zum Kindermachen, lässt ihm ein sammetnes Ehebett machen«.[19] Dabei hätte Friedrich seine Stellung durch ein Kind und noch besser durch einen

Sohn ohne Zweifel weiter festigen können und bei seinem
Vater zusätzlich an Respekt gewonnen. Selbst Wilhelmine
beschwor ihren Bruder: »Ich glaube, das würde Deine Stellung ganz verändern.«[20] Allein – er wollte nicht: »Wenn ich
dieselbe Bestimmung habe wie die Hirsche, die gegenwärtig in der Brunft sind, dann könnte jetzt in neun Monaten
geschehen, was Sie mir wünschen. Ich weiß nicht, ob es ein
Glück oder ein Unglück für unsere Neffen und Großneffen
sein würde; die Königreiche finden immer Nachfolger, und
es ist ganz ohne Beispiel, dass ein Thron unbesetzt geblieben ist«, schrieb Friedrich an Grumbkow, als auch
dieser sich wegen des ausbleibenden Kindersegens besorgt
gezeigt hatte.[21] Und so sollte es schließlich kommen: Friedrichs Ehe blieb kinderlos, und auf dem Thron folgte ihm
1786 der älteste Sohn seines Bruders August Wilhelm als
Friedrich Wilhelm II.

Diese angekündigte Kinderlosigkeit hat zu zahlreichen
Spekulationen geführt. Dazu zählt die vermeintliche Homo-
sexualität Friedrichs. Voltaire äußerte sich sehr eindeutig in
diese Richtung. Doch geschah dies zu einer Zeit des hefti-
gen Streits zwischen den beiden, und Voltaire war nicht nur
ein großer Philosoph, sondern auch eine große Plauder-
tasche mit Hang zur Boshaftigkeit. Zumal er über eine Zeit
berichtet, in der er Friedrich noch überhaupt nicht gekannt
hat, nämlich dessen Aufenthalt in Küstrin: »Dort blieb er in
einer Art Kerker ein halbes Jahr lang ohne Bedienung
eingesperrt; erst nach einem halben Jahr bekam er einen
Soldaten, der ihn bediente. Dieser junge, schön gewachsene
Soldat, der auch Flöte spielte [= Fredersdorff], diente zur
Belustigung des Gefangenen in mehr als einer Richtung.«[22]

Anders als bei seinem Bruder Heinrich (1726–1802) gibt
es bei Friedrich kein hinreichendes Indiz für eine Homo-
sexualität, was gewisse homoerotische Neigungen nicht

ausschließt. Doch waren diese im höfischen Kontext des
18. Jahrhunderts nicht selten, und manche uns heute sehr
überschwänglich anmutende Freundschaftsbekundung muss
mit dem Maß der (damaligen) Zeit gemessen werden. Tatsächlich war Sanssouci eine exklusive Männergesellschaft,
zu der Frauen höchst selten Zutritt hatten – ganz im Unterschied zu Rheinsberg, wo Friedrich noch davon überzeugt
gewesen war: »Die Frauen bereiten einen unbeschreiblichen
Reiz über den täglichen Verkehr aus. Ganz abgesehen von
dem holden Minnedienste, sind sie für die Gesellschaft
durchaus unentbehrlich; ohne sie ist jede Unterhaltung
matt.«[23] In Rheinsberg wurde das weibliche Element von
Elisabeth Christine und ihren Hofdamen vertreten, die vor
allem das Ziel der galanten Komplimente Friedrichs und
seiner Freunde waren.

Friedrich hat sich in seiner Jugend und auch noch als
junger Erwachsener zweifellos zu Frauen hingezogen gefühlt, und diese Zuneigung ist nicht immer platonischer
Art geblieben. Bei seinem Besuch am sinnenfrohen sächsischen Hof in Dresden kam Friedrich 1728 offensichtlich
nicht nur der hübschen Gräfin Orzelska näher. Darüber hinaus hat er selbst mehrfach flüchtige Frauenbekanntschaf-
ten in seinen Jugendjahren angedeutet. Etwa in jenem Brief
an Grumbkow, wenn er von dem kurzfristigen Genuss
schreibt, den ihm Frauen bereitet hätten, oder wenn er im
gleichen Jahr ebenfalls wenig galant festhält: »Man hat an
allem seinen Spaß, und irgendeine dörfliche Nymphe, die
nach Knoblauch duftet, gefällt besser als die anspruchsvolle
Gräfin D ...«[24] Hier kommt eine zweite Vermutung ins
Spiel: Friedrich habe sich bei einer dieser Bekanntschaften
eine (Geschlechts-)Krankheit zugezogen, die ihn zeugungs-
unfähig gemacht habe. Schließlich wurde auch eine auf
psychosomatischen Ursachen beruhende Impotenz als Er-

klärung für Friedrichs Verhalten angeführt. Doch vielleicht ist es am naheliegendsten, von einer bewussten Entscheidung auszugehen, einer Art freiwilligem Zölibat – eben nicht zu tun, was alle Welt von ihm erwartete.

Tatsächlich trat in Friedrichs langen Jahren als König nur noch einmal eine Frau in Erscheinung, die ihn offensichtlich durch ihr Äußeres und ihr Auftreten angezogen hat: 1744 setzte er Himmel und Hölle in Bewegung, um die italienische Tänzerin Barbara Campanini (1721–1799) nach Preußen zu holen. Es gelang, und Friedrich konnte sich an ihr nicht sattsehen. Seinen Hofmaler Antoine Pesne beauftragte er mit einem Porträt der Tänzerin, das er in seinem Arbeitszimmer im Berliner Stadtschloss aufhängen ließ. »La Barbarina« erhielt ein wahrhaft königliches Salär, und zumindest die Gerüchteküche wusste von einem Verhältnis zwischen dem König und der Tänzerin.

Die Rheinsberger Tafelrunde

Was waren aber das nun für Menschen, die Friedrich in seiner Rheinsberger Tafelrunde versammelte? An erster Stelle ist hier Dietrich Freiherr von Keyserlingk zu nennen, der gute Geist von Rheinsberg, der Sonnenschein, der mit seiner guten Laune alles und jeden anzustecken wusste. Als Gewährsmann sei noch einmal der Freiherr von Bielfeld zitiert, der über seine erste Begegnung mit dem Wirbelwind Keyserlingk festhielt: »Er trat in den Saal mit einem Geräusch und Getöse, wie der Nordwind im Rosenballett. Er kam von der Jagd, und es nahm mich sehr wunder, ihn in einem Schlafrock und mit einer Flinte auf der Schulter zu erblicken. Er redete mich mit einer munteren Miene an; seine ersten Worte ließen mich glauben, dass ich schon lange die Ehre gehabt hatte, sein vertrautester Freund zu sein. Er fasste mich beim Arm und trug mich fast in sein Zimmer. Bei dem Ankleiden sagte er mir einige Stücke aus der Henriade [einem epischen Gedicht Voltaires] vor, führte einige Stellen aus deutschen Dichtern an, sprach mit mir von Pferden und von der Jagd, machte einige Kapriolen und Schritte aus dem Rigadon [einem französischen Tanz], kam auf die Wissenschaften und unterhielt mich von der Politik, von der Mathematik, von der Malerei, von der Baukunst, von der schönen Gelehrsamkeit und vom Kriegswesen.«[25]

Selten sind die ungezwungene Atmosphäre, die in Rheinsberg geherrscht hat, und die Vielfalt der Themen, über die gesprochen wurde, schöner und anschaulicher beschrieben worden. Zwar gab es durchaus so etwas wie einen inneren Kreis, der sich dadurch auszeichnete, dass man sich mit einem möglichst geistreichen Übernamen ansprach (so war Keyserlingk »Caesarion«), doch auch Besucher wie Bielfeld fühlten sich schnell aufgenommen, wenn sie nur nicht verstockt, humorlos, unsympathisch, ungebildet oder pedantisch waren.

Dietrich Freiherr von Keyserlingk, 14 Jahre älter als Friedrich, war nichts von alledem. Nach dem Studium in Königsberg führte Keyserlingks Kavalierstour nach Holland und Frankreich, ehe er als Offizier in die Dienste des »Soldatenkönigs« trat. Schon 1730 gehörte der Freiherr zu Friedrichs Vertrauten, doch verlor er – weil er seinem Freund dringend von dem Plan abgeraten hatte und auch bei dieser Ablehnung geblieben war – nicht wie Katte seinen Kopf, sondern wurde nur versetzt. Mit der Begnadigung des Kronprinzen war auch Keyserlingk wieder wohlgelitten. Keyserlingk sprach neben Deutsch fließend Französisch, Italienisch, Polnisch, Holländisch, und anders als Friedrich konnte er die antiken Schriftsteller im lateinischen Original lesen. Friedrich schätzte sich glücklich, einen solchen Freund zu besitzen. Und ohne Zweifel hat er Keyserlingk in einem zutiefst freundschaftlichen Sinn geliebt.

Als Friedrich 1740 den Thron bestieg, war Keyserlingk außer sich vor Freude. Nicht nur weil er es seinem Freund von Herzen gönnte, sondern weil er weniger berechnend als naiv glaubte, dass er an dieser Macht in einem bedeutenden Amt oder wenigstens als enger Ratgeber teilhaben würde. Doch diese Hochstimmung hielt nicht lange an. Schon nach wenigen Tagen beschied ihn Friedrich barsch: »Du bist ein sehr lieber Mensch, Du hast viel Esprit und bist sehr belesen; Du singst hübsch und Du scherzest hübsch, und Du bist durch und durch ein Biedermann, aber Deine Ratschläge sind die eines Toren.«[26] Immerhin: Friedrich und Keyserlingk blieben Freunde, und als der Ältere 1745 starb, war der König tief betroffen: »Ich muss bekennen, dass dieser Schlag mich zu Boden wirft, und dass ich nicht die Kraft besitze, ihn zu ertragen.«[27]

Kam Keyserlingk aus Westfalen, so stammte Charles Étienne Jordan (1700–1745) aus einer hugenottischen Familie. Diese französischen Glaubensflüchtlinge waren noch unter dem Großen Kurfürsten nach 1688 in Brandenburg angesiedelt worden. Sie dankten es mit Fleiß und einer Staatstreue, die sie preußischer werden ließ als viele alteingesessene Preußen. Jordan stammte aus einer Berliner Kaufmannsfamilie, doch die Eltern merkten schnell, dass der Junge ungewöhnlich begabt war. Also durfte er studieren: Philosophie und Theologie in Genf und in Lausanne. Allzu ernsthaft betrieb der junge Jordan diese Studien nicht, sodass die Eltern ihn heim nach Berlin holten. Hier schloss er 1723 sein Theologiestudium ab und wurde Pfarrer – nicht gerade aus Begeisterung: Einmal weil es ihn in die tiefste

Provinz nach Potzlow in der Uckermark verschlug, vor allem aber, weil er für einen Landgeistlichen viel zu gern über Gott und die Welt philosophierte, als einen einfachen Glauben zu predigen. In Berlin hatte er zum Kreis um La Croze gehört – jenen ehemaligen Benediktinermönch, der als wandelnde Bibliothek galt und einer der Lehrer von Friedrichs Schwester Wilhelmine gewesen war. Nach dem Tod seiner Frau brach Jordan 1733 zu einer langen Reise auf, die ihn durch Deutschland, Frankreich, England und die Niederlande führte. Dabei »lenkte er seine Schritte vornehmlich in die Bibliotheken und cabinets de curiosités [Kuriositätenkabinette]; das Studium der Sitten und Gebräuche der Länder war ihm aber ebenso wichtig.«[28] Auf die Kanzel zurückkehren wollte Jordan nach dieser Reise nicht mehr. Als Privatgelehrter lebte er in Berlin; dabei »scheint er für verschiedene junge Adlige Brandenburgs die Rolle des Privatlehrers bzw. Hofmeisters gespielt zu haben«.[29]

Ganz befriedigen mochte diese Rolle Jordan nicht, da kam das Angebot seines Lebens: »Als Kronprinz Friedrich seinen Wohnsitz nach Rheinsberg verlegte, wünschte er in seiner Umgebung einen Gelehrten zu haben, der gründliches Wissen mit guten gesellschaftlichen Formen vereinigte, und der ihm als literarischer Berater und Helfer zur Seite stehen könnte.« Und wer konnte für diese Stelle geeigneter sein als ein ehemaliger Geistlicher, der »um des Aristoteles willen Sankt Paulus hatte fahren lassen«.[30]

Anders als Keyserlingk war Jordan, in modernen Worten gesprochen, ein Angestellter. Vielleicht könnte man ihn als eine Art persönlichen Kulturreferenten und Bibliothekar bezeichnen, im altertümlichen Sinne als einen Gesellschafter. Doch »trotz des Standes und Altersunterschieds sowie der unterschiedlichen Erziehung, die beide genossen hatten, fanden sie gerade in der Rheinsberger Zeit zu einem erstaunlich vertrauten und offen kritischen Umgang … In Rheinsberg versuchte Friedrich, intensiv alles nachzuholen, was er in seiner Ausbildung versäumt hatte – Philosophie, Literatur, Geschichte usw. Die bedrückenden Erfahrungen seiner Jugend führten bei ihm zu dem Wunsch, eine Gesellschaft zu finden, die sich durch harmonischen Umgang auszeichnete. Bildungsdrang und Harmoniebedürfnis ließen ihn in der antiken Literatur und Philosophie Ideale menschlichen Zusammenlebens finden, die er im Rheinsberger Kreis verwirklichen wollte.«[31] Jordan sollte ihm dabei helfen, das in der Jugend Versäumte aufzuholen. Nicht wie ein Lehrer, dem man nachplapperte, sondern als herausfordernder, intellektueller Gesprächspartner. Jordan unterzog Friedrichs Briefe und Gedichte seiner stilistischen Kritik; er besorgte ihm die besten französischen Übersetzungen der Klassiker und versah sie gleich noch mit kritischen Kommentaren. Als sein Vater ihm 1739 ein Gestüt in Ostpreußen zum Geschenk machte, schrieb Friedrich voller Begeisterung an Jordan: »Ich bin sicher, dass Sie sich dafür interessieren. Sie werden ja auch Ihren kleinen Teil daran haben, und ich werde meine guten preußischen Pferde in Bücher Ihrer Bibliothek verwandelt sehen.«[32]

Gelernt hat von ihm nicht nur Friedrich; auch Elisabeth Christine hörte dem ehemaligen Geistlichen gern zu: »Es ist hier ein Gelehrter namens Jordan, der viel Geist und Witz besitzt; alles, was er sagt, entzückt mich. Er sitzt immer mit uns zusammen, und es ist ein wirkliches Vergnügen, ihn sprechen zu hören. Er weiß über alles zu reden und gibt von allem, worüber er redet, eine richtige Vorstellung. Mit der Zeit wird er ein berühmter Mann werden.«[33] In der Rheinsberger Theatertruppe gab Jordan den Souffleur.

Jordan blieb Friedrich auch nach dessen Thronbesteigung verbunden. Er wurde Vizepräsident der Akademie der

Wissenschaften und Mitglied im Geheimen Rat. Er machte
eine Verwaltungskarriere, wirklich berühmt – wie Elisabeth
Christine geglaubt hatte – wurde er nicht. Jordan war kein
Mann des Krieges, und dass Friedrich nach seiner Thronbesteigung nichts anderes einfiel, als sofort einen ebensolchen
zu beginnen, hat ihn verstört, wenngleich niemals illoyal
werden lassen. Doch in diesen Fragen nahm Friedrich Jordan so wenig ernst wie Keyserlingk. Ironisch vermeldete er
ihm im Januar 1741: »Mein lieber Herr Jordan, mein sanf-
ter Herr Jordan, mein friedlicher Herr Jordan, mein guter,
mein sehr menschenfreundlicher Jordan, ich verkünde Euer
Heiterkeit die Eroberung Schlesiens … Das muss genügen.
Sei mein Cicero, was das Recht meiner Sache anbetrifft; ich
werde Dein Cäsar sein, was die Ausführung angeht.« Und
einige Tage später: »Ich habe die Ehre, Euer Menschlichkeit
mitzuteilen, dass wir uns christlich darauf vorbereiten,
Neiße zu belagern und dass es, wenn die Stadt sich nicht gut-
willig ergibt, zur Notwendigkeit wird, sie zu vernichten.«[34]
Gegenüber seinem Vorleser de Catt lobte Friedrich zwar Jordans »stets uneigennützige Freundschaft«, den ungezwunge-
nen und lehrreichen Umgang mit ihm, doch machte er sich
zugleich ein wenig lustig über ihn: »Er hatte ein so weiches
Herz, dass es ihn betrübte, wenn er in der Zeitung von
Schrecknissen las, die sich in Amerika zugetragen hatten;
er weinte dann über das Schicksal dieser Unglücklichen.
›Bedenken Sie, Sire, dass man dort so viele arme Leute in
scheußlichster Weise niedergemetzelt hat! Ist das nicht
schrecklich?‹ Und er zerfloss in Tränen.«[35] 1745 ist Charles
Étienne Jordan gestorben. Friedrich selbst verfasste die Trau-
errede – auf seinen Grabstein ließ er den Satz meißeln: »Hier
ruht Jordan, der Freund der Musen und des Königs.«[36]

Heinrich August de la Motte Fouqué (1698–1774) war
wie Jordan hugenottischer Abstammung. Er schlug früh die

militärische Laufbahn ein. Im Regiment des »Alten Dessauers« diente er sich bis zum Kompaniechef hoch. Der »Soldatenkönig« sah es daher gern, als Friedrich ihn 1736 in seine Rheinsberger Tafelrunde aufnahm. Sogar für die Jagd konnte sich de la Motte Fouqué begeistern, was Friedrich ironisch kommentierte, nachdem dieser nach einem Besuch in Rheinsberg wieder zu seinem Regiment aufgebrochen war: »Seit Sie nicht mehr hier sind, haben die Hirsche und Wildschweine mehr Ruhe denn je.«[37]

Weniger begeistert über die neue Freundschaft waren Seckendorff und Grumbkow, die de la Motte Fouqué für einen Spion des »Alten Dessauers« hielten, der Friedrich in seinem Sinne zu beeinflussen suchte. Tatsächlich war de la Motte Fouqué souverän genug, sich von niemandem instrumentalisieren zu lassen. Der »Soldatenkönig« hatte schon recht, wenn er ihn für einen Mann hielt, der von einem starken Ehrgefühl geprägt war. Das wurde ihm allerdings 1739 zum Verhängnis, als er sich mit dem »Jungen Dessauer« anlegte, deshalb beim Alten in Ungnade fiel und nur dank der Intervention Friedrichs einen ehrenhaften Abschied erhielt. De la Motte Fouqué wechselte kurzzeitig in dänische Dienste; seine Familie blieb jedoch in Preußen. Friedrich kümmerte sich rührend um sie und sorgte dafür, dass die Kinder seines Freundes in das Französische Gymnasium in Berlin aufgenommen wurden: »Haben Sie die Güte«, bat er seinen Referenten Jordan, »die Leute dieses Gymnasiums in Kenntnis zu setzen, dass man dieselben aufnimmt und sie auf meine Kosten unterhält.«[38]

Unmittelbar nach seiner Thronbesteigung rief Friedrich seinen Freund zurück nach Preußen, wo er eine beachtliche militärische Karriere machte und es bis zum General brachte. 1760 geriet er in österreichische Gefangenschaft, aus der er erst nach dem Abschluss des Hubertusburger

Friedens drei Jahre später wieder freikam. Gesundheitlich angeschlagen, lebte de la Motte Fouqué bis zu seinem Tod 1774 zurückgezogen in Brandenburg an der Havel. Friedrich hielt bis zuletzt engen Kontakt mit ihm.

In Rheinsberg spielte de la Motte Fouqué mehr begeistert als talentiert bei zahlreichen Theateraufführungen mit, doch soll er an dieser Stelle exemplarisch für eine andere Besonderheit dieses Hofs Erwähnung finden: den Bayard-Orden. Dahinter steckte zwar mehr Spielerei als tiefschürfende Philosophie, gleichwohl war es ein bezeichnender, charakteristischer Beweis für die Atmosphäre in Rheinsberg. Pierre Terrail de Bayard (1473–1524) gilt in Frankreich als der Ritter ohne Furcht und Tadel schlechthin, und seinem Vorbild war der Bayard-Orden gewidmet. Nie sollten dem Orden mehr als zwölf Mitglieder angehören; eine exklusive Gemeinschaft, die an die legendäre Tafelrunde des Königs Artus erinnern sollte. Dazu kamen ein bisschen Heimlichtuerei, ein gestelzter Briefstil und der mehr für das 18. Jahrhundert als für das Mittelalter typische Freundschaftskult. Hochmeister des Bayard-Ordens war Heinrich August de la Motte Fouqué, der daher auch die Zusammenkünfte in Rheinsberg leitete. Dem Orden mit seinem Wahlspruch »Es lebe, wer sich nie ergibt« gehörten sogar Frauen an – ebenfalls ein Zeichen dafür, dass von einer Abneigung Friedrichs gegen das schöne Geschlecht in dieser Zeit noch nicht eigentlich gesprochen werden kann.

Malerei, Musik und Architektur

Das Preußen Friedrich Wilhelms I. bot Kunst und Kultur wenig fruchtbaren Boden. Eine feste Hofkapelle, die diesen Namen verdient gehabt hätte, gab es nicht. Große Schloss-

bauten gab der König nicht in Auftrag; sein Jagdschloss
Stern in Potsdam erweckt eher den Anschein eines holländischen Bürgerhauses. Und genauso sollte es auch aussehen.
Dagegen ließ Friedrich Wilhelm I. gern Kirchen bauen,
was bei seiner betonten Frömmigkeit nicht verwunderlich
ist und daher eher mit seinem Glauben als mit der Liebe zur
Architektur in Verbindung zu bringen ist. Sparsamkeit und
Repräsentation verbanden sich in dem schweren Silberge-
schirr, das der König anfertigen ließ. Einerseits machte es
nach außen etwas her und konnte Besucher beeindrucken.
Andererseits liegt die Vermutung nahe, dass der König diese
Meisterwerke des Silberschmiedehandwerks als eine Art
solider Geldanlage betrachtete.

Etwas besser sah es in der Malerei aus. Der König malte
sogar selbst in einem naiven, fast bäuerlich wirkenden Stil.
»In tormentis pinxit«, schrieb er dann darunter: »In
Schmerzen gemalt«. Denn die Malerei diente ihm vor allem
dazu, die Schmerzen zu vergessen, die ihm seine Gicht bereitete. Porträts der königlichen Familie waren Teil der herr-
scherlichen Selbstdarstellung, der sich auch der »Soldatenkönig« nicht entziehen konnte. Und wollte er eine seiner
vielen Töchter verheiraten, dann erwartete der Bräutigam
samt Familie im wahrsten Sinne des Wortes ein Bild der
Zukünftigen. Diese Aufgabe erfüllte am Hof Friedrich Wilhelms I. vor allem ein Mann: Antoine Pesne. 1711 war er
noch von König Friedrich I. zum Hofmaler ernannt worden. Pesne war ausnahmsweise kein Hugenotte, sondern
war in Frankreich aufgewachsen und hatte dort studiert.
Für den frankophonen preußischen Kronprinzen musste es
natürlich ein französischer Maler sein, und so konnte seine
Freude nicht größer sein, dass sein Vater 1737 nichts gegen
dessen Übersiedlung nach Rheinsberg einzuwenden hatte.
Der erste Auftrag, den Friedrich »seinem« Hofmaler gab,

war ein Porträt, das sich seine Schwester Wilhelmine nach Bayreuth erbeten hatte: »Pesne bietet seine ganze Kunst auf, um Deinem Befehl gemäß ein gutes Bild von mir zu malen. Ich bitte ihn stets, nicht so Gewicht auf die Gesichtszüge zu legen, sondern vielmehr die Gefühle auszudrücken, die ich für Dich hege, damit sie Dir stets gegenwärtig sein mögen.«[39]

Natürlich hatte Friedrich in den folgenden drei Jahren bis zu seiner Thronbesteigung Pesne nicht exklusiv für sich. Dabei hätte er genügend Arbeit für ihn gehabt, wenn er nur über die nötigen Mittel verfügt hätte. Denn das durch den »Soldatenkönig« nur bescheiden sanierte Rheinsberg wartete geradezu darauf, dass seine Decken endlich mit Malereien geschmückt würden – Malereien im Stil Antoine Watteaus (1684–1721), die Friedrich so sehr liebte. Mythologische Szenen, ländliche Schäferstunden, romantische Ruinen in südlicher Kulisse … Doch erst 1738 verfügte Friedrich über die Mittel, Pesne damit zu beauftragen. Der Franzose war in Rheinsberg aber nicht nur in seiner Profession tätig. Wie Jordan gehörte er zu den Gästen an Friedrichs Tafel. Es war gerade diese ungezwungene Atmosphäre, die an Rheinsberg bis heute fasziniert. Doch wie das Beispiel Keyserlingks und Jordans zeigte, wusste Friedrich sehr wohl zu unterscheiden zwischen dem »Philosophen« und dem Kronprinzen bzw. späteren König. Anders als sein Vater war Friedrich bestrebt, als König eine Gemäldegalerie von Rang aufzubauen. Dabei hatten er und seine Einkäufer nicht immer eine glückliche Hand, doch finden sich in der eigens für die königliche Gemäldesammlung erbauten Bildergalerie im Park von Sanssouci durchaus auch Kunstwerke von europäischem Rang, etwa von van Dyck (1599–1641), Rubens (1577–1640) oder Caravaggio (1571–1610). Als Kronprinz konnte Friedrich von dergleichen nur

träumen. Ebenso wie seine Schlösser und Opernhäuser
vorerst Luftschlösser bleiben mussten. Doch ist es interessant, dass er nicht nur in der Kunst, sondern auch in der
Musik und der Architektur seine »Meister« schon als
Kronprinz fand.

In der Architektur war dies der bereits erwähnte Georg
Wenzeslaus von Knobelsdorff, der den kleinen Rundtempel in Friedrichs Neuruppiner Garten erbaut hatte. Ursprünglich ebenfalls Offizier, erbat er 1729 seinen Abschied,
um sich fortan ganz seinen künstlerischen Neigungen
widmen zu können. Damals kam Knobelsdorff auch schon
mit Pesne in Kontakt. Doch erst die Nähe zum Kronprinzen brachte für Knobelsdorff die entscheidende
Wende. Es war üblich, dass Herrscher ihre Baumeister zu
Studien ins Ausland schickten – in dieser Zeit vor allem
nach Italien. Bemerkenswert ist, dass Friedrich Knobelsdorff trotz seiner beschränkten Mittel 1736 eine solche
Reise ermöglichte. Bis nach Neapel führte den Architekten
sein Weg. Besonders die Hinterlassenschaften der Antike
hatten es Knobelsdorff angetan, mehr noch die der Griechen (in Süditalien) als jene der Römer. Daher sei es sehr
»zu bejammern«, dass der »erste christliche Kaiser Konstantin« keinen vergleichbaren Geschmack in den Wissenschaften und in der Religion gehabt habe. Deshalb habe er
alle heidnischen Tempel zerstören lassen und »aus diesen
vortrefflichen Trümmern dem wahren Gott so schlechte
und miserable Kirchen erbauen lassen«. Mit der zeitgenössischen italienischen Kunst und Architektur konnte Knobelsdorff dagegen weniger anfangen. Mit einem zweiten
Auftrag Friedrichs war der Baumeister allerdings nicht erfolgreich: Er sollte italienische Sängerinnen für den Hof
in Rheinsberg gewinnen. Doch die Gage, die Knobelsdorff
den Damen anbieten konnte, war so gering, dass keine das

Land, in dem die Zitronen blühen, mit dem kalten Deutschland vertauschen wollte.[40]

Auf der Rückreise machte Knobelsdorff im März 1737 bei Wilhelmine in Bayreuth Station: »Mir war es sehr lieb, Herrn von Knobelsdorff hier zu sehen. Sei nicht böse, wenn ich ihn ein paar Tage hier behalte. Es macht mir so viel Freude, mit ihm über Dich, liebster Bruder, zu plaudern, dass ich ihn nicht sobald fortlassen mag. Er hat einen recht feinen Geist und scheint Dir sehr ergeben.«[41] Dieser Brief vermittelt einige Einsichten: Knobelsdorff war in Rheinsberg kein katzbuckelnder Diener; sonst hätte er Wilhelmine nichts wirklich Interessantes über ihren Bruder berichten können. Und er war nicht nur als Baumeister begabt, sondern galt überhaupt als Feingeist. Dabei war Knobelsdorff kein fröhlicher Luftikus wie Keyserlingk, sondern »von etwas rauem Wesen und Aussehen«. Ein Zeitgenosse verglich ihn mit einer »sehr schönen Eiche« und sah ihn als Verkörperung des gesunden Menschenverstands.[42]

Seine große Zeit sollte nach der Thronbesteigung Friedrichs kommen: Schloss Sanssouci ist bis heute untrennbar mit seinem Namen verbunden. Aber auch in Rheinsberg, am Potsdamer Stadtschloss oder am Schloss Charlottenburg, wo er den sogenannten Neuen Flügel erbaute, hinterließ er markante Spuren. Friedrichs ambitionierteste städtebauliche Idee sollte das Forum Fridericianum in Berlin werden – als Hort der Wissenschaft und der Kunst. Knobelsdorff baute hier für Friedrich das erste eigenständige – nicht in ein Schloss oder einen anderen Bau integrierte – Theater Europas, das Opernhaus »Unter den Linden«, die heutige – allerdings nach einem Brand 1843 leicht verändert wieder aufgebaute – Staatsoper.

Die Oper »Unter den Linden« führt zu Friedrichs größter Leidenschaft seit Kindheitstagen: der Musik. Auch auf

diesem Gebiet hat sich Friedrich eine erstaunliche Anhänglichkeit bewahrt; sähe man es kritisch, könnte man auch
sagen, dass sein künstlerischer Geschmack – egal ob in
Dichtung, Malerei, Musik oder Theater – sich bereits als
Kronprinz ausgebildet und in seinen 46 Jahren als König
kaum mehr weiterentwickelt hat, weshalb er beispielsweise
nie einen Zugang zu deutscher Literatur finden sollte.

Länger noch als Pesne oder Knobelsdorff war Johann
Joachim Quantz an der Seite Friedrichs: seit er ihn bei
seinem Besuch in Dresden 1728 kennengelernt hatte, bis
zu seinem Tod 1773. Allerdings gelang es Friedrich nicht,
Quantz vor seiner Thronbesteigung dauerhaft zu verpflichten. Erst 1741 verließ Quantz die sächsischen Dienste und
kam nach Berlin. Doch war der Flötenvirtuose ein häu-
figer Gast des Kronprinzen sowohl in Neuruppin als auch
in Rheinsberg: »Quantz unterrichtete Friedrich weiterhin
auf der Flöte und beriet ihn kompositorisch. Es steht außer
Zweifel, dass Quantz trotz seiner weiteren Tätigkeit in
Dresden personell und stilistisch bei der Gründung von
Friedrichs Kapelle die Fäden in der Hand behielt. Er erkannte die Gelegenheit, seinem Flötenschüler hervorragende Begleiter zur Seite zu stellen und zugleich im
abgeschiedenen Ruppin eine neue Kapellmusik eigener
Vorstellung zu begründen.«[43] Im persönlichen Verhältnis
blieben Spannungen nicht aus: Friedrich verübelte es
Quantz im November 1733 sehr, dass er seine Stellung in
Dresden nicht früher quittierte. »Quantz freut sich vielleicht, dass sein neuer Herr [August III., Sohn Augusts des
Starken] den Königsthron bestiegen hat. Da er nicht vom
Pferd [das ihn im übertragenen Sinn am polnisch-sächsi-
schen Hof erwartete] auf den Esel [sprich: die bescheidenen Verhältnisse der Hofhaltung Friedrichs] steigen will,
hat er es für angezeigt gehalten, mir sein Wort zu brechen;

denn er hatte mir versprochen, in meine Dienste zu treten. Ich bin so böse auf ihn, dass ich nichts mehr von ihm hören will.«[44]

Und noch im Januar 1736 gab er in einem Brief an Wilhelmine seiner Enttäuschung freien Lauf, doch dieses Mal machte er August III. für den Entzug seines liebsten Virtuosen verantwortlich: »Ich gestehe, ich bin wütend auf den dicken König Mantelsack…, den polnischen Dickwanst; denn nachdem ich mich diese ganze Zeit darauf gefreut hatte, Quantz zu hören, beruft er ihn nach Polen zu seinem königlichen Ohrenschmaus. Ich hoffe, er wird dort zum Orpheus werden und zahllose Flöhe und Wanzen anlocken, seine Musik zu lauschen, denn die Herren Polen besitzen ja genug davon.«[45]

Doch versuchte sogar Wilhelmine, die in Bayreuth gleichfalls eine eigene Hofkapelle aufzubauen begann, den Flötenvirtuosen an ihren Hof zu holen. Zumindest gegen ein Gastspiel in Bayreuth hatte Friedrich nichts einzuwenden: »Möge Quantzens Flöte, die ungleich beredter ist als er, Dir mit ihren schönsten, rührendsten Klängen, mit ihren pathetischen Adagios alles sagen, was mein Herz für Dich fühlt… Das Feuer seines Allegros ist das lebendige Sinnbild der Freude, die mir der Augenblick bescheren wird, wo Du mein bist.«[46] Allerdings warnte er seine Schwester zugleich: »Du wirst ihn hochmütiger denn je finden. Dagegen gibt es nur ein Mittel, ihn nicht zu sehr als großen Herrn zu behandeln.« Wilhelmine fand ihn dagegen bei seinem Besuch in Bayreuth 1736 »sanft wie ein Lamm, seit er eine böse Frau hat«[47] und vermutete, dass der Virtuose nur eifersüchtig auf Friedrich sei, »denn es wird ihn verdrossen haben, dass Du ebenso gut spielst wie er; er hat mir das mehrfach gesagt«.[48]

Da Quantz aufgrund seiner Dresdner Verpflichtungen

nicht das Amt des Kapellmeisters in Rheinsberg übernehmen konnte, musste Friedrich nach einem anderen geeigneten Musiker Ausschau halten. Und er hatte auch schon einen im Auge: Zur Hochzeit Friedrichs und Elisabeth Christines 1733 hatte der braunschweigische Hofkapellmeister Carl Heinrich Graun (1704–1759) die Oper »Lo specchio della fedeltà« (»Der Spiegel der Treue«) komponiert – deren Uraufführung dürfte einer der wenigen Teile des Festprogramms gewesen sein, der dem preußischen Kronprinzen wirklich Freude bereitet hatte. »Friedrichs Adlerauge erkannte Grauns inneren Wert und fand an ihm den Virtuosen, welcher mit italienischer Kunst und Leichtigkeit die Seele der Musik, das Rührende, Gefühlserregende in seine Töne zu verweben wusste.«[49] So fragte Friedrich bei seinem Schwiegervater an, ob er nicht einen Wechsel Grauns, den er bereits bei einem Besuch in Neuruppin 1733 kennengelernt hatte, in preußische Dienste ermöglichen könnte. Tatsächlich kam Graun 1735 nach Berlin und übernahm ein Jahr später die kleine, zwischen 15 und 20 Mann starke Hofkapelle Friedrichs in Rheinsberg.

Man darf vermuten, dass Graun zum einen von der aufrichtigen Begeisterung Friedrichs für die Musik angezogen wurde, in dem Wechsel aber auch eine Investition in seine eigene Zukunft sah. Friedrich würde in absehbarer Zeit König werden und Graun dann eine glänzende Karriere in Aussicht stehen. Die Verhältnisse in Rheinsberg waren bescheiden, doch machten Begeisterung und Können die Einschränkungen wett. Rückblickend meinte Quantz, dass Friedrichs Orchester damals zwar klein gewesen sei, doch habe es »in einer Verfassung gestanden, die jeden Komponisten und Konzertisten reizten, um ihm vollkommen Genüge leisten zu können«.[50] Der »Soldatenkönig« versuchte seinem Sohn in Rheinsberg nicht mehr, das Flötenspiel mit aller Macht auszutreiben. Doch zu viel kosten durfte diese Spielerei seines Sohnes nicht. »Die Söhne Apolls«, erinnerte sich der englische Reisende Charles Burney (1726–1814) 1772, »lebten in Ruppin und Rheinsberg gefährlich, denn der König durfte nicht wissen, dass der Kronprinz eine vollständige Kapelle hatte.«⁵¹ Aus diesem Grund brachte Friedrich einen Teil der Musiker als Oboisten auf der Gehaltsliste seines Regiments unter. Und gegen Militärmusiker, die den Soldaten den Marsch bliesen oder schlugen, konnte selbst sein gestrenger Vater nichts einwenden. Der besondere Vorteil Grauns war, dass er nicht nur als Kapellmeister und Komponist Erfolg hatte, sondern auch als Sänger. Nach den Absagen, die er aus Italien kassiert hatte, und vor dem Hintergrund seiner leeren Kassen kam Friedrich ein solches Multitalent gerade recht. Wie Quantz unterrichtete auch Graun den Kronprinzen in der Kompositionslehre.

Das Musikleben in Rheinsberg atmete den gleichen Geist der Leichtigkeit und Verspieltheit, wie er für den kronprinzlichen Hof dort insgesamt typisch war. Ein Besucher wurde bei seinem Eintreffen sogleich in den Schlosspark geführt. Auf einem Wiesenabhang lagerte eine Gruppe von Personen im Schatten hoher Bäume – eine ländliche Idylle, die dem von Friedrich so geliebten Antoine Watteau als Motiv hätte dienen können: »Fröhliche Gesänge tönen in ihrem Kreise, in dessen Mitte ein Flötenspieler [Friedrich?] steht und seinem Instrumente schmeichelnde Töne entlockt. Beim Anblick der Fremden macht er eine Pause und stützt den schlanken Arm auf die schweigende Flöte. Der liebenswürdige Ehms [Violinist in der Rheinsberger Kapelle] führt uns durch den Park zum Schlosse zurück und heißt uns unter dem Fenster des Musikzimmers warten, bis das Kammerkonzert beginnt. Es wird durch eine Ouvertüre von Graun eröffnet; darauf singt Graun eine Kantate, eben-

falls von seiner Komposition, deren Text der Kronprinz in
französischen Versen entworfen, ein Kundiger aber in das
Italienische übertragen hat. Dass die eigenen Kompositionen des Schlossherrn nicht zu kurz kamen, versteht sich
von selbst.«[52]

Zur Rheinsberger Hofkapelle gehörte auch Grauns Bruder Johann Gottlieb (1703–1771), dem als Konzertmeister
ebenfalls hervorgehobene Bedeutung zukam. Die Grauns
waren aber nicht das einzige Brüderpaar: Auch die beiden
ersten Geiger Franz (1709–1786) und Johann Georg Benda
(1713–1752) gehörten von 1733 bzw. 1734 an zu Friedrichs
musikalischen Wegbegleitern. Franz Benda war mit einer
Hofdame Wilhelmines verheiratet und – wie Quantz – gelegentlich zu Gast in Bayreuth. Es spricht für die besondere
Atmosphäre in Friedrichs Hofkapelle, dass die beiden Ben-
das – wie Quantz und Graun – bis zu ihrem Tod in preußischen Diensten blieben. Johann Georg starb 1752, Franz im
Todesjahr des Königs selbst – 1786. Was bedeutet, dass
Franz Benda stattliche 53 Jahre lang Mitglied in der Hofkapelle Friedrichs des Großen war. Und dies, obwohl Friedrich vor allem in späteren Jahren auch in musikalischer
Beziehung wenig Widerspruch ertrug und sich mehr als
einmal in die Arbeit seiner Hofkomponisten einmischte,
wenn etwas nicht nach seinem Geschmack war.

Bereits in Neuruppin hatte Friedrich mit ersten eigenen
Kompositionen begonnen, wobei er darin zunächst von
Quantz, später auch von Graun, unterstützt wurde.[53] Seiner
Schwester schrieb er am 8. Dezember 1732 voller Stolz: »Ich
bin Komponist geworden und habe soeben mein zweites
Konzert vollendet. Es ist ganz leidlich.« Natürlich wollte er
seiner Schwester die Noten schicken, damit das Konzert
auch in Bayreuth aufgeführt werden würde. Selbstironisch
fügte er daher den Wunsch an, »dass meine Wenigkeit …

die Ehre haben wird, Dir die Ohren zu verletzen«.[54] Doch Wilhelmine gefiel es – zumindest schrieb sie ihm das –, und Friedrich antwortete: »Ich bin hocherfreut, dass mein Konzert Deinen Beifall findet. Das gibt mir noch mehr Mut, künftig Besseres zu schaffen.«[55] 1735 wagte sich Friedrich an die Komposition seiner ersten eigenen Sinfonie. Wilhelmine schrieb er aus Neuruppin: »Ich lese und schreibe wie ein Besessener, und ich mache Musik für vier. Im Komponieren habe ich es bis zu einer Sinfonie gebracht. Sobald sie ganz fertig ist, werde ich sie Dir senden.«[56]

Friedrich und die Philosophie

Wenn Friedrich über seinen Aufenthalt in Rheinsberg sprach, dann stand neben der Musik vor allem die Philosophie im Mittelpunkt. Und als Philosoph sah sich der Kronprinz schon seit frühen Jahren – es sei nur an jenen Brief erinnert, den er 1728 aus Dresden an seine Schwester Wilhelmine geschrieben und in noch jugendlich-naiver Orthografie mit »Frédéric le Pfilosophe« unterzeichnet hat.

In Friedrichs Erziehungsplan war für Philosophie kein Platz vorgesehen. Doch hat er schon von frühester Jugend an versucht, seine Wissenslücken zu schließen. Seine ersten Schulden machte er, um von dem Geld Bücher kaufen zu können. Umso härter traf es ihn, dass der König seine mühsam aufgebaute Bibliothek nach der Flucht 1730 verkaufen ließ. Erst in Rheinsberg konnte Friedrich mit der Hilfe Jordans wieder daran anknüpfen. Das Bild, das er in der Bibliothek des Schlosses aufhängen ließ, war keine ländliche Hirtenszene Watteaus, auch kein Vorfahre in schimmernder Rüstung, sondern das Porträt eines Philosophen: François Marie Arouet – besser bekannt als Voltaire.

Wie kein anderer steht Voltaire für die französische Aufklärung. An die Stelle dumpfen Aberglaubens, herrscherlicher Willkür und verbreiteter Unwissenheit sollte die Vernunft als einzig gültiges Kriterium der Urteilsfindung treten. Doch Voltaire war kein Atheist. Er glaubte an einen Schöpfergott, der aber in den Lauf der Welt nicht eingriff. Die Einsicht in das Gute hatte für Voltaire und die Aufklärer nichts mit einer vermeintlichen Gnade Gottes zu tun, sondern war einzig und allein eine Folge vernünftigen Denkens. »Ich mag verdammen, was du sagst, aber ich werde mein Leben dafür einsetzen, dass du es sagen darfst« – das hat Voltaire zwar, anders als es in unzähligen Zitatensammlungen zu lesen ist, so nie gesagt. Aber er hätte es sagen können, und er hätte diesem Satz unzweifelhaft zugestimmt. Der Grundsatz der Toleranz und der Humanität war bestimmend für sein Denken. Das schloss scharfe Kritik und bitterbösen Spott über jene nicht aus, die seiner Meinung nach ebendiese Grundsätze verletzten.

Dabei bauten die Aufklärer auf den Ideen des Naturrechts auf, wie sie beispielsweise Christian Thomasius an der Universität Halle vertreten hatte: Tue einem anderen nicht an, was auch dir niemand antun soll, und begegne im Umkehrschluss jedem anderen Menschen so, wie du selbst willst, dass dir begegnet werde. Auch der Staat baute auf diesen Grundsätzen auf: Jeder Bürger muss einen Teil seines Eigennutzes dem seiner Nächsten opfern, seine eigenen Wünsche der Wohlfahrt des Landes unterordnen. Oder, wie Friedrich es später ausdrücken sollte: »Unser Leben ist ein flüchtiger Übergang vom Augenblick unserer Geburt zu dem des Todes. Während dieser Spanne Zeit hat der Mensch die Bestimmung, zu arbeiten für das Wohl der Gesellschaft, der er angehört.«[57] Diesem Grundsatz hätte auch der »Soldatenkönig« zugestimmt, ihn aber anders begründet, in der Verantwortung auch des Herrschers vor der letzten Instanz: Gott. Die Aufklärer aber sahen diesen Grundsatz bereits in der Gesetzmäßigkeit der Natur unverrückbar festgeschrieben.

Friedrich wollte sich mit dem Bild Voltaires in seiner Rheinsberger Bibliothek, der Lektüre seiner Bücher oder der Aufführung seiner Bühnenstücke nicht zufriedengeben. Er wollte ihm selbst als Philosoph gegenübertreten. Am 8. August 1736 schrieb er seinem großen Vorbild: »Monsieur, wenngleich ich nicht die Genugtuung habe, Sie persönlich zu kennen, so sind Sie mir doch durch Ihre Werke sehr wohl bekannt. Es sind, wenn ich mich so ausdrücken darf, Schätze des Esprits und Werke, die mit so viel Geschmack, Delikatesse und Kunst gearbeitet sind, dass ihre Schönheiten bei jedem Wiederlesen ganz neu erscheinen. Ich vermeine darin den Charakter ihres ingeniösen [kreativen] Schöpfers wiederzuerkennen, der unserem Jahrhundert und dem menschlichen Geist überhaupt zur Ehre gereicht … Möge der Ruhm sich meiner bedienen, um Ihre Erfolge zu krönen. Ich fürchte nichts weiter, als dass dieses Land, das dem Lorbeer nicht günstig ist, nicht so viel davon sprießen lässt, wie Ihre Werke verdienten, und man aus Mangel zur Petersilie greifen müsste. Falls mein Schicksal es mir nicht vergönnt, sie selbst zu besitzen, so kann ich doch hoffen, eines Tages den Mann zu sehen, den ich seit so langer Zeit von weitem bewunderte.«[58] Dies ist nur ein kleiner Auszug aus einem langen Schreiben, in dem Friedrich auch bereits konkrete philosophische Fragestellungen aufgreift. Es war der erste von insgesamt 654 Briefen, die sich die beiden in 42 Jahren geschrieben haben, »voll von genialen Geistesblitzen, Süßholz raspelnden Schmeicheleien und bösen Vorwürfen«.[59]

Bis zum ersten Treffen der beiden sollten tatsächlich

noch vier Jahre vergehen, und erst 1743 kam Voltaire zu
Friedrichs Tafelrunde in Sanssouci. Das Verhältnis zwischen König und Philosoph war nicht immer ungetrübt,
und in einer solchen getrübten Phase hat Voltaire die Annäherung des preußischen Kronprinzen in seinen Memoiren mit nicht immer fairer Ironie geschildert: »Da sein
Vater ihn wenig Anteil an den Staatsgeschäften nehmen
ließ und es Staatsgeschäfte in diesem Land, wo sich alles
um Paraden drehte, eigentlich nicht gab, schrieb der Prinz
in seiner Muße an französische Schriftsteller, die in der Welt
einigermaßen bekannt waren. Die Hauptlast fiel auf mich.
Es kamen Verse in Briefen, metaphysische Abhandlun-
gen, historische, politische. Er hieß mich einen göttlichen
Mann, ich ihn einen Salomo. Die Epitheta [Beinamen]
kosteten uns nichts. Man hat einige dieser Abgeschmackt-
heiten in einer Sammlung meiner Werke abgedruckt; zum
Glück nur den dreißigsten Teil… Und die Schöngeister
in den Pariser Cafés dachten schaudernd, mein Glück sei
gemacht.«[60] Immerhin konstatierte der Philosoph: »Er besaß Geist, Anmut, und er war König, was in Ansehen der
menschlichen Schwachheit immer eine große Verfüh-
rung darstellt. Gewöhnlich schmeicheln wir, die Schriftsteller, den Königen; dieser lobte mich von Kopf bis zu den
Füßen.«

Besonders beeindruckt war Friedrich von Voltaires »Henriade«, in der der französische König Heinrich IV. (1553–
1610) »als musterhafter, toleranter Volkskönig«[61] präsentiert
wird. Das Stück wurde schon von Friedrichs eigener Theatertruppe in Rheinsberg aufgeführt – und ohne Zweifel sah
er in dem Heinrich IV. Voltaires das Vorbild für sein eigenes künftiges Königtum. Umgekehrt mochte Voltaire in
seinen Memoiren zwar leichten Spott über Friedrich aus-
gießen – ausgehend von dem Streit, in dem sich die beiden

1753 getrennt hatten –, doch fiel sein zeitgenössisches Urteil über ihn wesentlich freundlicher aus. So schrieb Voltaire einem Freund 1740: »In allem erscheint er mir wie Marc Aurel, außer dass dieser keine Verse machte, während Friedrich ausgezeichnete schreibt, wenn er sich nur die Mühe gibt, sie zu feilen. Er hat mehr Einbildungskraft als ich, aber ich habe mehr Übung. Seine Prosa ist mindestens ebenso gut ... Zudem ist er der beste aller Menschen, oder ich bin der allertörichteste. Die Philosophie hat seinen Charakter noch vervollkommnet. Er hat sich selbst verbessert, wie er seine Werke verbessert.«[62]

Schon in seinem ersten Brief an Voltaire 1736 erwähnte Friedrich einen Mann, der sein Denken, vor allem in den frühen Jahren als Kronprinz, mindestens ebenso stark beeinflusst hat wie Voltaire: Christian Wolff (1679–1754). Der Mathematiker und Philosoph hatte an der Universität Halle gelehrt und war 1723 vom »Soldatenkönig« aus dem Land gejagt worden, nachdem er in einer Vorlesung gewagt hatte zu behaupten, dass die Einsicht in das Gute nur eine Folge vernünftigen Denkens und nicht der Gnade Gottes sein könne. Die Welt Friedrich Wilhelms I. war durch die Bibel hinreichend erklärt. Doch damit wollten sich weder Christian Wolff noch der Kronprinz zufriedengeben. An Wilhelmine schrieb Friedrich am 10. März 1736: »Wir philosophieren nach Herzenslust. Jetzt sind wir bei der Metaphysik des berühmten Wolff, unstreitig dem vollendetsten philosophischen Werk, das wir besitzen.«[63]

Gemeint ist damit eine 1720 erschienene Schrift Wolffs mit dem Titel »Vernünftige Gedanken von Gott, der Welt und der Seele des Menschen«. Und genau darum ging es bei der sogenannten Metaphysik – sie sollte hinter die Dinge schauen, die Natur des Menschen und der Welt ergründen, sich mit den letzten Fragen von Zeit und Ewigkeit

beschäftigen: Themen, wie sie Friedrich in seinem Briefwechsel mit Voltaire auf hohem intellektuellen Niveau diskutiert hat. Das Einzige, was Friedrich störte, war, dass
Wolff sein großes Werk auf Deutsch geschrieben hatte.
Zwar sprach Friedrich Deutsch nicht so schlecht wie ein
Kutscher, auch wenn er dies einmal kokettierend behaupten sollte. Aber der intellektuelle Austausch konnte für ihn
nur auf Französisch stattfinden. Und so war er dankbar, als
sein sächsischer Freund Suhm ihm Wolffs Metaphysik in
diese Sprache übersetzte. »Die Philosophen«, schrieb Friedrich wenige Tage vor seiner Thronbesteigung an Wolff, »sollen die Lehrer der Welt und die Lehrer der Fürsten sein. Sie
müssen folgerichtig denken, wir folgerichtig handeln. Sie
müssen die Welt durch ihre Urteilskraft belehren, wir durch
unser Beispiel. Sie müssen entdecken und wir in die Praxis
umsetzen.«[64]

Viele Seiten hat Friedrich gefüllt mit Gedanken über das
Wesen Gottes. Sein Vater wäre entsetzt gewesen, hätte er
folgende Zeilen gelesen, die sein Sohn im September 1736
schrieb: »Wolff und die Vernunft lehren uns, dass Gott alle
Dinge geschaffen hat; folglich hat er sie so geschaffen, wie
es ihm gut dünkte. Steht dies grundsätzlich fest, so folgt
daraus, dass Gott nach seinem Willen und nach seiner un-
endlichen Weitsicht als Schöpfer des Alls gleichzeitig der
Urheber des Guten wie des Bösen ist.« Als seine Schwester
Wilhelmine diesem Gedankengang nicht ohne Weiteres
folgen wollte, setzte er nach: »Gibt es Sünde in der Welt,
wie wir es täglich sehen, so muss Gott sie notwendig geschaffen haben, und da er nichts geschaffen hat, was er
nicht wollte, ist er also der Urheber der Sünde.«[65] Interes-
santerweise näherte sich Friedrich durch die Lektüre von
Wolffs Schriften wieder der Prädestinationslehre an: »Wie
Wolff richtig sagt, hat Gott dem Menschen bei seiner

Geburt alle seine Gedanken in die Seele gelegt. Aber er hat das in so versteckter Weise getan, dass wir stets aus eigenem Antrieb zu handeln glauben und eine dichte Wolke die unsichtbare Hand, die uns leitet, verhüllt.«[66] An die Unsterblichkeit der Seele vermochte Friedrich nicht zu glauben: »Wie mein Geist, bevor ich war, nicht gedacht hat, so wird er auch nicht denken, wenn meine Bestandteile sich aufgelöst haben.«[67]

Der Skeptizismus des Kronprinzen gegenüber der Religion bzw. gegenüber den Religionen wurde durch Voltaire und Wolff weiter befördert. »Leichtgläubigkeit«, gab er sich überzeugt, »war von jeher das Erbteil der großen Masse, und auf ihr beruhen gleichsam alle Religionen.« Und er konnte sich nur darüber wundern, wie weit »vernünftige Menschen in ihrer Glaubenswut« gingen. Dass man Heilige um Fürsprache bitte, wie dies die Katholiken praktizierten, sei nichts weniger als »erbarmungswürdig« und das Fasten »nicht weniger lächerlich«. Doch nicht nur die Katholiken ernteten Friedrichs Unverständnis. Auch das »Dogma der Lutheraner« sei »voller Widersprüche«.[68]

Für die Vertreibung Wolffs machte Friedrich als König 1758 »das verfluchte Pfaffengeschmeiß« verantwortlich, das »eifersüchtig auf Wolffs Verdienste« gewesen sei und deshalb Mittel und Wege gefunden habe, »meinen Vater gegen seine Philosophie einzunehmen. Man schrie über Religionslosigkeit; das ist die Alarmglocke der eifersüchtigen, schwarzen und unwissenden Seelen. Bei dem Worte Religionslosigkeit ließ mein Vater, der darin, wie in manchen anderen Dingen, keinen Spaß verstand, Wolff mit Schimpf und Schande aus Halle jagen ... Es war eine meiner ersten Sorgen nach meiner Thronbesteigung, den Philosophen zurückzurufen, ihn mit Ehren zu überschütten und ihm dadurch die Achtung zu bezeigen, die er verdiente ... Ich habe

niemals begreifen können, wie mein Vater mit so gesundem
Menschenverstand und bei solcher Klugheit nicht hat fühlen können, wie wichtig es für einen Fürsten ist, Untertanen zu haben, die aufgeklärt sind durch die Wissenschaften
und durch die gute Philosophie, und dass einem König
kein größeres Unglück begegnen kann, als über unwissende
und daher meist abergläubische Untertanen zu herr-
schen.«[69]

Der »*Antimachiavell*«

In die Rheinsberger Zeit fällt auch die Entstehung von
Friedrichs berühmtestem literarischen Werk: dem »Antimachiavell«. Darin untersuchte Friedrich 1739 die Philosophie des florentinischen Renaissance-Politikers Niccolò
Machiavelli (1469–1527), der in seiner Schrift »Il Principe«
das Loblied einer rücksichtslosen Machtpolitik unabhängig
von moralischen Grundsätzen gesungen hatte. Friedrichs
Gegenrede ist eigentlich nur vor dem Hintergrund der Atmosphäre, die in Rheinsberg geherrscht hat, vorstellbar.
Darauf spielt auch Voltaire in seinen Memoiren an: »Er
schrieb in aller Aufrichtigkeit, zu einer Zeit, da er noch
nicht Staatsoberhaupt war und sein Vater ihm die despo-
tische Gewalt nicht eben liebenswert erscheinen ließ.«
Voltaire sollte unmittelbar nach der Thronbesteigung
Friedrichs in Brüssel nach einem Verleger für den »Antimachiavell« suchen, doch der Philosoph ahnte, dass sein
Salomo etwas im Schilde führte: »Sein Vater hatte ihm
66 400 Mann hervorragende Truppen hinterlassen; er verstärkte sie und schien Lust zu haben, sich ihrer bei der
ersten Gelegenheit zu bedienen. Ich hielt ihm vor, es sei
vielleicht unpassend, sein Buch eben zu der Zeit zu ver-

öffentlichen, wo man ihm vorwerfen könnte, er übertrete seine Grundsätze.« Doch der von Voltaire engagierte Verleger verlangte ein Ausfallhonorar, sollte das Buch nicht erscheinen dürfen, und so entschied Friedrich, »lieber umsonst gedruckt, als für teures Geld nicht gedruckt zu werden«.[70] Die Enttäuschung Voltaires darüber, dass sein Salomo zum Mars wurde, und darüber, dass dieser den Philosophen nicht gerade für einen guten Ratgeber in Sachen Alltagspolitik hielt, war groß. Doch Friedrich dachte nicht daran, Voltaire in seine politischen Pläne einzuweihen.

Der Philosoph tröstete sich in seinen Memoiren damit, dass Friedrich immerhin offen mit den Vorwürfen umgegangen war bzw. eine gewisse Selbstkritik hatte erkennen lassen: »Seit es Eroberer gibt oder Feuerköpfe, die es sein möchten, ist er, glaube ich, der Erste, der so mit sich ins Gericht gegangen ist. Vielleicht hat nie ein Mensch stärker die Vernunft gefühlt und mehr auf seine Leidenschaften gehört. Diese Zusammensetzung aus Philosophie und ausschweifender Phantasie hat stets seinen Charakter ausgemacht.«[71]

In seinem »Antimachiavell« zeichnete Friedrich das Idealbild eines den moralischen Grundsätzen folgenden Fürsten. Jemand, der – Machiavelli folgend – »Treubruch, Bedrückung und Ungerechtigkeiten« beging, sollte niemals an der Spitze eines Staates stehen dürfen. Ein idealer Fürst sollte Wissenschaften und Künste fördern; »in der Finanzwirtschaft ist der Fürst seinen Untertanen verantwortlich, seine erste Pflicht ist die Rechtspflege«. Und: »Wirklich große Fürsten haben stets ihr eigenes Ich zu vergessen und nur an das Gemeinwohl zu denken.«[72]

Aber der »Antimachiavell« war niemals ein Aufruf zum Pazifismus gewesen. Dabei muss man nicht einmal zwischen den Zeilen lesen. Denn als zweite Pflicht eines guten

Fürsten nennt Friedrich die Verteidigung des Staates, die er ganz im Sinne Machiavellis »selbst leiten muss, wegen des Interesses und – des Ruhms. In der Schlacht hat er anwesend zu sein, um Mut und Zuversicht der Truppen zu stärken.«[73] Mit der Anwesenheit allein sollte es aber nicht sein Bewenden haben: Es sei seine Sache, den »Gang der Schlachten zu bestimmen und ... seinen Truppen den Geist zuversichtlicher Kampfesfreudigkeit mitzuteilen. Er müsse ihnen ein leuchtendes Beispiel geben, wie man Gefahren und selbst den Tod missachtet.«[74] Welch ein Ruhm sei dies für einen Fürsten, schreibt Friedrich im »Antimachiavell«, der »mit Gewandtheit, mit Klugheit und Tapferkeit seine Staaten vor dem Einbruch deckt, durch Kühnheit und Gewandtheit über alle Gewaltunternehmungen seiner Feinde triumphiert, und der durch seine Festigkeit, seine Besonnenheit und seine soldatischen Tugenden sein gutes Recht behauptet, das man ihm zu Unrecht und mit widerrechtlicher Anmaßung bestreiten will«.[75]

Dabei unterschied Friedrich zwischen verschiedenen Arten von Kriegen: »Interessenkriege, welche die Könige zu führen genötigt sind, um sich selbst die Rechte aufrecht zu erhalten, die man ihnen streitig machen will ..., Vorsichtskriege, welche die Fürsten aus Klugheit unternehmen. Es sind Angriffskriege, aber sie sind nicht minder gerecht. Wenn die übermäßige Größe einer Macht über alle Grenzen gehen will und das Universum zu verschlingen droht, empfiehlt es sich, ihr einen Damm zu setzen, den wilden Lauf eines Stromes aufzuhalten, solange man noch Herr darüber ist ... Besser zum Angriffskriege schreiten, so lange man noch zwischen Ölzweig und Lorbeer zu wählen hat, als bis zu dem Zeitpunkt warten, wo alles so verzweifelt steht, dass eine Kriegserklärung nur noch einen Aufschub der völligen Verknechtung und des Untergangs um Augen-

blicke bedeutet.« Und vor dieser Wahl stand Friedrich seiner Meinung nach vor dem Angriff auf Schlesien.

Vor diesem Hintergrund könne ein Fürst sogar dazu gezwungen werden, »wohl oder übel seine Verträge und
Bündnisse zu brechen«.[76] Dabei war der »Antimachiavell«
schon wieder ganz nah an Machiavelli. Und Friedrich hat
seine Bündnispartner in den folgenden Kriegen um Schlesien mehr als einmal gewechselt.

Der historischen Gerechtigkeit halber sei aber betont,
dass Friedrich damit nicht dem Krieg um des Krieges willen
das Wort redete: »Auf zweifache Art kann ein Herrscher
sich vergrößern: einmal durch die Eroberung, wenn ein
kriegerischer Fürst mit Waffengewalt die Grenzen seiner
Herrschaft erweitert. Das andere Mittel ist die Tatkraft des
betriebsamen Fürsten, der alle Werktätigkeiten und Wissenschaften in seinem Lande zur Blüte bringt, die es kräf-
tiger und gesitteter zu machen vermögen … Die für das
Land notwendigsten Tätigkeiten sind die Landwirtschaft,
der Handel und der Gewerbefleiß. Die Wissenschaften, in
denen der Menschengeist seine höchste Würde offenbart,
sind die Geometrie, Philosophie, Astronomie, Redekunst,
Poesie und die Gesamtheit der schönen Künste … Ent-
scheidet sich nun ein Fürst für diese friedliche und freund-
liche Form der Machterweiterung, so wird seine nächste
Aufgabe sein, sich um die gründliche Kenntnis der Natur
seines Landes zu bemühen, um sich darüber klar zu werden, welche von jenen Erwerbsmöglichkeiten dort die aus-
sichtsvollsten … sind.«[77] Hier konnte sich der Kronprinz
seinen Vater als Vorbild nehmen, der in zahlreichen, kräfte-
zehrenden Inspektionsreisen genau diese Aufgabe erfüllt
hat, und auch Friedrich selbst hat in seiner Küstriner und
Neuruppiner Zeit mehrfach die Gelegenheit dazu genutzt.
Das war eine Art der Pflichterfüllung, die Vater und Sohn

gleichermaßen ernst nahmen. Friedrich Wilhelm I. und
Friedrich der Große kannten auch den entlegensten Winkel
ihres Königreichs.

An der Schwelle der Macht

In der Rheinsberger Zeit war das Verhältnis zwischen Fried-
rich und dem König nach außen entspannt. Der Kronprinz
achtete die Lebensleistung seines Vaters. Von einer Reise in
den Norden Ostpreußens im Sommer 1739 schrieb er an
Voltaire: »Es ist eine nur wenig gekannte Provinz von
Europa, die als eine neue Schöpfung des Königs, meines
Vaters, angesehen werden kann. Litauen war durch die
Pest verheert, zwölf bis fünfzehn entvölkerte Städte und
vier- bis fünfhundert unbewohnte Dörfer waren das traurige
Schauspiel, das sich hier darbot. Der König hat keine Kosten gespart, um seine heilsamen Absichten auszuführen. Er
baute auf, traf treffliche Einrichtungen, ließ einige tausend
Familien von allen Seiten Europas kommen. Die Äcker
wurden urbar gemacht, das Land bevölkert, der Handel
blühend, und jetzt herrscht mehr als je Überfluss in einer
Provinz, die eine der fruchtbarsten in Deutschland ist. Und
alles, was ich Ihnen sage, ist allein das Werk des Königs, der
es nicht bloß anordnete, sondern selbst die Hauptperson
bei der Ausführung war.«[78]

Doch diese Achtung und die zunehmende Übereinstimmung in politischen Fragen waren nicht automatisch gleich-
bedeutend mit einem spannungsfreien Verhältnis. Die Harmonie blieb meist nur so lange gewahrt, wie Vater und Sohn
physisch voneinander getrennt waren. Es ließ sich aber nicht
vermeiden, dass Friedrich eine gewisse Zeit in Berlin oder
gar im verhassten »Fegefeuer« von Wusterhausen verbrin-

gen musste. Sei es, weil Truppenrevuen anstanden oder familiäre Verpflichtungen ihn dazu zwangen. Dann drohten die alten Konflikte wiederaufzubrechen, und Friedrich flüchtete sich in Sarkasmus. Wie immer vertraute er sich dabei seiner Schwester Wilhelmine an: »Ich werde nach Potsdam reisen, um zum Abendmahl zu gehen. Ich hoffe, es bald erledigt zu haben: zwei Tage für den lieben Gott, ein paar Tage für den König und die Abende für die Königin.« Mal gab sich der König seinem Sohn gegenüber erstaunlich freundlich, doch beim nächsten Besuch war es wieder umgekehrt: »Der König ist in furchtbarer Laune«, bemerkte Friedrich im Januar 1739, »und wütender auf mich denn je. Ich weiß nicht, was daraus werden soll. In einer so peinlichen Lage weiß man nicht mehr aus noch ein ... Der König verkehrt fast nur noch mit den Geistlichen. Die Liebe zum Höchsten soll sehr weit gehen, aber von der Nächstenliebe ist nicht die Rede. Wen er nicht zum Verbrecher stempeln kann, macht er lächerlich, und der gewöhnliche Sterbliche wird geschlagen und wie ein Türke behandelt.«[79]

Abhängig war die Laune Friedrich Wilhelms I. in dieser Zeit vor allem von seiner Krankheit. Die Gicht machte ihn nahezu bewegungsunfähig, und das schlug sich verständlicherweise auf sein Gemüt nieder. Friedrich konnte den Tag der Abreise aus Berlin daher meist kaum erwarten: »Liebste Schwester«, klagte er im Februar 1739, »ich bin gerade im Überschwang meiner Andacht und hoffe, meine Seele wird morgen abgefertigt und erhält ein Zeugnis des heiligen Petrus, dass sie rein sei wie Alabaster. Die Seele des Gebieters [des Königs] wird wohl nie diese Reinheit erreichen; denn ich habe Reden anhören müssen, die mir Verzweiflung und Wut ins Herz gießen sollten. Trotzdem habe ich nicht gewütet und betrachte den nächsten Dienstag als den Tag meiner Erlösung aus der ägyptischen

Knechtschaft. Ich werde mich vor Freude nicht lassen können, wenn ich den friedlichen Umkreis des glücklichen
Remusberg [Rheinsberg], meine Freunde ... und meinen
häuslichen Herd wieder erblicke. Gott, welche Freude!«[80]
Ganz schlimm muss es allerdings schon Ende Dezember
1738 gewesen sein, als er Camas sein Herz ausschüttete:
»Die Laune des Königs ist so übel geworden, und sein Hass
auf mich hat sich in so mannigfachen Formen offenbart,
dass ein anderer als ich längst seinen Abschied erbeten
hätte. Tausendmal lieber wollte ich mein Brot anderswo
ehrlich erbetteln, als mich hier von dem Verdruss nähren,
den ich herunterschlucken muss. Die Erbitterung, mit der
mich der König öffentlich und im vertrauten Kreis schlecht
macht, ist allgemeines Stadtgespräch ... Das Merkwür-
digste ist dabei, dass ich gar nicht weiß, was ich verbrochen
habe, außer dass ich der mutmaßliche Thronfolger bin ...
Ich möchte nur wissen, warum der König mich nicht in Remusberg gelassen hat, wenn in ihm doch keine väterlichen
Gefühle gegen mich aufkommen ... Er würde dann seine
Galle weniger anstrengen, und ich wäre glücklicher.«[81]
Doch auch wenn der Vater seinen Besuch in Neuruppin
oder Rheinsberg ankündigte, begann das große Zittern:
»Künftigen Dienstag erwarten wir den König«, schrieb
Friedrich am 2. September 1736 an Wilhelmine. »Es wird
mir wie Zentnerlast von der Seele fallen, wenn dieser ruhm-
reiche Akt vorüber ist ... Mein Glück liegt in meiner Ruhe
und Unabhängigkeit.«[82]
Allerdings reagierte Friedrich auf die Launen seines
Vaters äußerlich gelassener als früher. Er hatte gelernt, sich
zu verstellen. Und er wusste in doppelter Hinsicht, dass die
»ägyptische Knechtschaft« ihr Ende haben würde: Wenn er
wieder allein in Rheinsberg war, wo sein Vater ihn doch
relativ frei schalten und walten ließ. Aber auch in einem

übergeordneten Sinn. Es ging Friedrich ehrlich nahe, wenn
er seinen Vater in den letzten Lebensmonaten leiden sah.
Sogar Liebe und Zuneigung schimmerten dann durch.
Doch wie schon bei der schweren Erkrankung des Königs
1735 wartete er letztlich doch auf seinen Tod. Denn erst
dann würde er wirklich frei sein. Wenngleich er ebenso
spürte, dass es dann auch mit dem schönen, ungezwunge-
nen Leben in Rheinsberg zu Ende war. Friedrich war sich
sehr bewusst, dass er als König ein anderer sein würde, sein
müsste. Und viele seiner Freunde sollten spüren, dass er als
König lockere Scherze keineswegs mehr schätzen sollte.
Doch der König erwies sich als zäh. Immer wieder sah es
nach seinem baldigen Tod aus, und dann stieg er wie ein
Phönix aus der Asche. Sein Vater habe eine »athletische
Gesundheit, so dass die Besitzer von Trauermagazinen
Hungers sterben können«.[83] In dieser Zeit ging Friedrich in
depressiver Stimmung sogar bisweilen davon aus, dass er
vor seinem Vater das Zeitliche segnen würde.

Aber so weit kam es nicht. Am 27. April 1740 zog Friedrich Wilhelm I. ein letztes Mal nach Potsdam um. Er wollte
in der Stadt sterben, die er mehr geliebt hatte als das große,
unübersichtliche Berlin. Potsdam, das war seine Stadt. Eine
Stadt, deren Bild von den Soldaten bestimmt wurde – seinen Soldaten, seinen »Kindern«, wie er sie in emotionalem
Überschwang nennen konnte. Friedrich wurde nach Potsdam gerufen. Sein Vater wollte sich von ihm verabschieden.
Seine Offiziere und Weggefährten waren versammelt, als
der Kronprinz eintrat – und der König endgültig seinen
Frieden mit ihm machte: »Mein Gott, ich sterbe zufrieden,
da ich einen so würdigen Sohn und Nachfolger habe.«[84]
Wenige Tage nach dieser hochemotionalen Szene, am
31. Mai 1740, ist Friedrich Wilhelm I., der »Soldatenkönig«,
gestorben. Und auch der Sohn hatte seinen Frieden mit

dem Vater gemacht. Wie er sein Leiden ertragen hatte, imponierte ihm: »Er starb mit der Festigkeit eines Philosophen und mit der Ergebung eines Christen. Er bewahrte eine bewundernswerte Geistesgegenwart bis zum letzten Augenblick seines Lebens, als Staatsmann seine Geschäfte ordnend, die Fortschritte seiner Krankheit verfolgend, wie ein Arzt, über den Tod triumphierend als ein Held... Wenn es wahr ist, dass wir den Schatten der Eiche, der uns umfängt, der Kraft der Eichel verdanken, die den Baum sprossen ließ, so wird der Erdkreis darin einstimmen, dass in dieses Fürsten Leben voll Arbeit und in der Weisheit seines Waltens die Urquellen der Wohlfahrt zu erkennen sind, derer das Königshaus sich nach seinem Tod erfreut hat.«[85]

Der Tag der Thronbesteigung Friedrichs ist als »Tag der Betrogenen« in die Geschichte eingegangen. Die Rheinsberger Spaßgesellschaft gab es fortan nicht mehr. »Die Possen haben nun ein Ende«,[86] verkündete Friedrich, und er meinte es ernst. Als Freunde mochte er die Mitglieder seiner Tafelrunde weiter schätzen. Aber entscheiden würde er fortan ganz allein. Das hatte er schon in seinem »Antimachiavell« angekündigt: »Es gibt zwei Arten von Fürsten in der Welt. Solche, die alles mit ihren eigenen Augen sehen und ihre Staaten selbst regieren; und solche, die sich auf ihre Minister verlassen und sich von denen leiten lassen, welche Einfluss auf ihren Geist gewonnen haben.« Natürlich war Friedrich überzeugt, zu der ersten Art zu gehören: Diese seien »wie die Seele ihrer Staaten: Die Bürde ihrer Regierung ruht auf ihnen allein wie die Welt auf dem Rücken des Atlas; sie leiten die inneren wie die äußeren Angelegenheiten; und sie erfüllen zugleich das Amt der obersten Reichsbehörde, des Generals der Heere, des Großschatzmeisters... Ihre Minister sind eigentlich nur Werkzeuge in den Händen eines weisen und geschickten Meisters.«[87] Persönliche Interessen hatten hinter dieser Aufgabe zurückzustehen.

Am 16. Dezember 1740 brach Friedrich auf zu seinem »Rendezvous des Ruhms«. Seine Truppen marschierten im österreichischen Schlesien ein. Drei Kriege sollten darum geführt werden. Am Ende des letzten, des Siebenjährigen Krieges, schlossen die erschöpften Parteien 1763 den Frieden von Hubertusburg. Preußen blieb im Besitz Schlesiens und stieg endgültig in den Kreis der europäischen Großmächte auf. Doch bis es so weit war, verloren eine halbe Million Soldaten und noch einmal so viele Zivilisten ihr Leben.[88] Was wohl der »Soldatenkönig« dazu gesagt hätte?

Anmerkungen

Einleitung

1 Friedrich Matthias Gottfried Cramer, Zur Geschichte Friedrich Wilhelms I. und Friedrichs II., Könige von Preußen, Leipzig 1833, S. 13

2 Willy Schüßler (Hrsg.), Friedrich der Große. Gespräche mit Henri de Catt, München 1981, S. 46 f.

3 Jochen Klepper, Der König und die Stillen im Lande, Witten/Berlin 1956, S. 10

4 Uwe A. Oster, Wilhelmine von Bayreuth. Das Leben der Schwester Friedrichs des Großen, München 2005, S. 11

5 Friedrich Christoph Förster, Friedrich Wilhelm I. König von Preußen. Erster Band, Potsdam 1834, S. 252

6 Carl Friedrich von Beneckendorff, Karakterzüge aus dem Leben König Friedrich Wilhelms I. nebst verschiedenen Anekdoten, Berlin 1787 (Nachdruck Wiesbaden 1982). Erste Sammlung, S. 142

7 Klepper, Der König und die Stillen, S. 35 f.

8 Theodor Fontane, Wanderungen durch die Mark Brandenburg. Vierter Teil: Spreeland, Frankfurt am Main 1984, S. 251

9 Anneliese Botond (Hrsg.), Voltaire über den König von Preußen. Memoiren, Frankfurt am Main 1967, S. 7 f.

10 Schüßler, S. 358 f.

11 Gustav Berthold Volz, Die Werke Friedrichs des Großen. Erster Band: Denkwürdigkeiten zur Geschichte des Hauses Brandenburg, Berlin 1913, S. 121 f.

12 Reinhard Dietrich (Hrsg.), Die politischen Testamente der Hohenzollern, Köln/Wien 1986, S. 463

Die Erziehung eines Kronprinzen

1 Johann David Erdmann Preuß, Friedrich der Große mit seinen Verwandten und Freunden. Eine historische Skizze, Berlin 1838, S. 379

2 Gustav Berthold Volz (Hrsg.), Friedrich der Große im Spiegel seiner Zeit. Erster Band: Jugend und Schlesische Kriege bis 1756, Berlin 1926, S. 8

3 Beneckendorff. Erste Sammlung, S. 87 ff. Zu diesem Komplex insgesamt siehe auch: Sebastian Fischer-Fabian, Preußens Gloria. Der Aufstieg eines Staates, München 1979, S. 81 ff.

4 Dietrich, S. 222

5 Cramer, S. 11

6 Geheimes Staatsarchiv Preußischer Kulturbesitz Berlin, BPH Rep. 46 König Friedrich Wilhelm I., W 10

7 Johann David Erdmann Preuß (Hrsg.), Œuvres de Frédéric le Grand, Band 27,3, Berlin 1846–1856, S. 3

8 Cramer, S. 4

9 Den kompletten Text der Instruktion siehe Cramer, S. 3 ff.

10 Das gereimte französische Original siehe bei: Preuß, Œuvres, Band 11, S. 98

11 Werner Langer, Friedrich der Große und die geistige Welt Frankreichs, Hamburg 1932, S. 3

12 Werner Schneiders (Hrsg.), Christian Thomasius. Ausgewählte Werke, Band 18: Grundlehren des Natur- und Völkerrechts, Hildesheim/Zürich/New York 2003, S. 118

13 Der folgende Tagesablauf ist dem »Reglement, wie mein ältester Sohn seine Studien zu Wusterhausen halten soll« entnommen. Abgedruckt bei Cramer, S. 20 ff. Auf Anfrage der beiden Gouverneure bestätigte Friedrich Wilhelm I., dass die dargestellte Einteilung der Unterrichtsstunden etc. grundsätzlich auch dann Gültigkeit habe, wenn Friedrich nicht in Wusterhausen sei.

14 Fritz Arnheim, Der Hof Friedrichs des Großen. Erster Teil: Der Hof des Kronprinzen, Berlin 1912, S. 35

15 Preuß, Œuvres, Band 27.3, S. 5 ff.

16 Hans Droysen, Aus den Briefen der Königin Sophie Dorothea, in: Hohenzollern-Jahrbuch 17, Berlin/Leipzig 1913, S. 211

17 Förster, Friedrich Wilhelm I. Zweiter Band, S. 43 f.

18 Annette Kolb (Hrsg.), Wilhelmine von Bayreuth. Eine preußische

Königstochter. Glanz und Elend am Hof des Soldatenkönigs in den Memoiren der Markgräfin Wilhelmine von Bayreuth, Frankfurt am Main 1990, S. 127. Der Quellenwert der Memoiren Wilhelmines ist umstritten. Die Erinnerungen sind verfasst vor dem Hintergrund eines von vielen Enttäuschungen gezeichneten Lebens. Wilhelmine vermittelt ihre subjektive Sicht der Geschehnisse und scheut dabei vor offensichtlichen Überzeichnungen nicht zurück. Dies gilt auch für die in den Memoiren aus der Erinnerung zitierten Briefe.

19 Ernst Bratuscheck, Die Erziehung Friedrichs des Großen, Berlin 1885, S. 20

20 David Fassmann, Leben und Thaten des Allerdurchlauchtigsten und Großmächtigsten Königs von Preußen Friderici Wilhelmi, Hamburg/Breslau 1735 (Neudruck: Wiesbaden 1981), S. 961

21 Preuß, Œuvres, Band 12, S. 258

22 Johann David Erdmann Preuß, Die Lebensgeschichte des großen Königs Friedrich von Preußen. Erster Teil, Berlin 1834, S. 13

23 Ernest Lavisse, Die Jugend Friedrichs des Großen 1712–1733, Berlin 1919, S. 75

24 Fassmann, S. 851

25 Eduard Vehse, Illustrierte Geschichte des preußischen Hofes bis zum Tode Kaiser Wilhelms I. Erster Band: Vom großen Kurfürsten bis zum Tode Friedrichs des Großen, Stuttgart 1901, S. 273

26 Franz Kugler, Geschichte Friedrichs des Großen, Leipzig 1856, S. 30

27 Cramer, S. 32 f.

28 Uwe A. Oster, Eine Stadt in der Stadt. Franckesche Stiftungen Halle, in: DAMALS, 1/2001, S. 70

29 Klepper, Der König und die Stillen, S. 90

30 Klepper, Der König und die Stillen, S. 70

31 Klepper, Der König und die Stillen, S. 92

32 Klepper, Der König und die Stillen, S. 91

33 Kolb, S. 102 f.

34 Klepper, Der König und die Stillen, S. 82

35 Otto Krauske, Die Briefe König Friedrich Wilhelms I. an den Fürsten Leopold zu Anhalt-Dessau 1704–1740, Berlin 1905, S. 389

36 Vehse, Illustrierte Geschichte, S. 210

37 Dietrich, S. 240

38 Kolb, S. 105

39 Kolb, S. 106

40 Fassmann, S. 377
41 Förster, Friedrich Wilhelm I. Dritter Band, S. 259
42 Friedrich Aster, Journal über die Anwesenheit des Königs von Preußen im Jahr 1728. Aus den Papieren des Grafen Flemming, in: Dresdner Geschichtsblätter, VII. Jahrgang, Nr. 1, Dresden 1899, S. 141
43 Dietrich, S. 16 f.
44 Aster, S. 142 f.
45 Werner Hegemann, Das Jugendbuch vom großen König oder Kronprinz Friederichs Kampf um die Freiheit, Hellerau 1930, S. 182
46 Krauske, Briefe, S. 391
47 Kolb, S. 107 f.
48 Aster, S. 143
49 Krauske, Briefe, S. 397 f.
50 Fassmann, S. 383
51 Kolb, S. 121
52 Rainer Ahnert, Friedrich und Katte. Der Kronprinzenprozess, Friedberg 1982. S. 48
53 Lavisse, S. 106
54 Otto Krauske, Vom Hofe Friedrich Wilhelms I., in: Hohenzollern-Jahrbuch 5, Berlin/Leipzig 1901, S. 197
55 Preuß, Œuvres, Band 27.3, S. 10
56 Preuß, Œuvres, Band 27.3, S. 11
57 Paul Seidel/Reinhold Koser, Die äußere Erscheinung Friedrichs des Großen, in: Hohenzollern-Jahrbuch 1, Berlin/Leipzig 1897, S. 89
58 Friedrich von Oppeln-Bronikowski/Gustav Berthold Volz (Hrsg.), Gespräche Friedrichs des Großen, Berlin 1919, S. 3 ff.
59 Kolb, S. 127
60 Reinhold Brode, Friedrich der Große und der Conflict mit seinem Vater. Zur inneren Geschichte der Monarchie Friedrich Wilhelms des Ersten, Leipzig 1904, S. 295
61 Friedrich Christoph Förster, Friedrichs des Großen Jugendjahre, Bildung und Geist, Berlin 1823, S. 41
62 Die zitierten Auszüge siehe in: Reinhold Koser, Friedrich der Große als Kronprinz, Stuttgart 1886, S. 24 f.
63 Koser, Kronprinz, S. 29
64 Max Hein, Friedrich der Große. Ein Bild seines Lebens und Schaffens, Berlin 1922, S. 11
65 Hans Beschorner, Das Zeithainer Lager von 1730, in: Neues Archiv

für Sächsische Geschichte und Altertumskunde, 28. Band, Dresden 1907, S. 67

66 Goethes sämmtliche Werke. Vollständige Ausgabe in sechs Bänden. Vierter Band, Stuttgart 1866, S. 97

67 Johannes Kunisch, Friedrich der Große. Der König und seine Zeit, München 2004, S. 24

68 Charlotte Pangels, Königskinder im Rokoko. Die Geschwister Friedrichs des Großen, München 1976, S. 321.

69 Klepper, Der König und die Stillen, S. 42

Heiratspläne und Hofintrigen

1 Eduard Vehse, Friedrich Wilhelm I. und Friedrich der Große als Kronprinz. Eine intime Geschichte des Berliner Hofes in den Jahren 1713 bis 1740. Neu herausgegeben von Heinrich Conrad, München 1914, S. 39

2 Vehse, Friedrich Wilhelm I., S. 17

3 Vehse, Friedrich Wilhelm I., S. 19

4 Hegemann, S. 161

5 Droysen, Aus den Briefen der Königin Sophie Dorothea, S. 42

6 Oster, Wilhelmine von Bayreuth, S. 74

7 Oster, Wilhelmine von Bayreuth, S. 48

8 Vehse, Illustrierte Geschichte, S. 196

9 Förster, Friedrich Wilhelm I. Dritter Band. Urkundenbuch, S. 80

10 Oster, Wilhelmine von Bayreuth, S. 56

11 Oster, Wilhelmine von Bayreuth, S. 56 f.

12 Oster, Wilhelmine von Bayreuth, S. 58

13 Friedrich von Raumer, Beiträge zur neueren Geschichte aus dem britischen Museum und Reichsarchive, Leipzig 1836, S. 504

14 Oster, Wilhelmine von Bayreuth, S. 104

Eine Flucht und ihre Folgen

1 Lavisse, S. 116

2 Carl Hinrichs, Der Kronprinzenprozess, Hamburg 1936, S. 27 f.

3 Johann David Erdmann Preuß, Friedrichs des Großen Jugend und Thronbesteigung, Berlin 1840, S. 50

4 Kolb, S. 147 f.

5 Kolb, S. 166

6 Hinrichs, S. 55
7 Kolb, S. 147
8 Lavisse, S. 130
9 Vehse, Illustrierte Geschichte, S. 213 f.
10 Richard Wolff (Hrsg.), Vom Berliner Hofe zur Zeit Friedrich Wilhelms I. Berichte des Braunschweiger Gesandten in Berlin 1728–1733, Berlin 1914, S.154
11 Raumer, S. 517
12 Hans Droysen, Graf Seckendorff und Kronprinz Friedrich, in: Forschungen zur Brandenburgischen und Preußischen Geschichte, 28. Band, München/Leipzig 1915, S. 478
13 Koser, Kronprinz, S. 231
14 Kugler, S. 51 f.
15 Hinrichs, S. 82 ff.
16 Hans Wagner, Das Reisejournal des Grafen Seckendorff vom 15. Juli bis zum 26. August 1730, in: Mitteilungen des Österreichischen Staatsarchivs, 10. Band, Wien 1957, S. 224
17 Wagner, S. 225
18 Siehe dazu: Kunisch, S. 32
19 Schüßler, S. 48
20 Wagner, S. 226
21 Wagner, S. 229
22 Wagner, S. 233
23 Wagner, S. 235
24 Raumer, S. 529 ff.
25 Koser, Kronprinz, S. 57
26 Förster, Jugendjahre, S. 59
27 Jürgen Kloosterhuis, Katte. Ordre und Kriegsartikel. Aktenanalytische und militärhistorische Aspekte einer »facheusen« Geschichte, Berlin 2006, S.53
28 Für das gesamte erste Verhör Friedrichs siehe: Hinrichs, S. 25 ff.
29 Wagner, S. 189
30 Für das gesamte zweite und dritte Verhör Friedrichs siehe: Hinrichs, S. 28 ff.
31 Hinrichs, S. 36
32 Hinrichs, S. 36
33 Hinrichs, S. 37 f.
34 Zu den ausführlichen ersten Aussagen Kattes siehe: Hinrichs, S. 44 ff.

35 Koser, Kronprinz, S. 49
36 Kolb, S. 193 f.
37 Theodor Fontane, Wanderungen durch die Mark Brandenburg. Zweiter Teil: Das Oderland, Frankfurt am Main 1984, S. 300
38 Droysen, Aus den Briefen der Königin Sophie Dorothea, S. 238 f.
39 Droysen, Aus den Briefen der Königin Sophie Dorothea, S. 240
40 Kolb, S. 186
41 Raumer, S. 521
42 Kolb, S. 195
43 Oster, Wilhelmine von Bayreuth, S. 110
44 Raumer, S. 523
45 Raumer, S. 549
46 Schüßler, S. 50
47 Kolb, S. 206 ff.
48 Raumer, S. 525
49 Koser, Kronprinz, S. 63
50 Hinrichs, S. 38 ff., S. 112
51 Hinrichs, S. 83
52 Koser, Kronprinz, S. 59
53 Kloosterhuis, S. 66
54 Hinrichs, S. 81
55 Raumer, S. 525
56 Für das gesamte Verhör siehe: Hinrichs, S. 90 ff.
57 Hinrichs, S. 79
58 Hinrichs, S. 44 ff.
59 Krauske, Briefe, S. 457
60 Hinrichs, S. 40
61 Hinrichs, S. 58
62 Wolff, S. 162
63 Raumer, S. 539
64 Raumer, S. 543
65 Hinrichs, S. 43/65
66 Ulrich Eisenhardt, Deutsche Rechtsgeschichte, München 1995, S. 264
67 Hinrichs, S. 114
68 Oster, Wilhelmine von Bayreuth, S. 115
69 Gustav Berthold Volz (Hrsg.), Friedrich der Große und Wilhelmine von Baireuth. Band 1: Jugendbriefe 1728–1740, Leipzig 1924, S. 68

70 Kloosterhuis, S. 65
71 Zu den Voten des Kriegsgerichts siehe: Hinrichs, S. 117 ff.
72 Hinrichs, S. 132
73 Hinrichs, S. 133
74 Hinrichs, S. 136 f.
75 Hinrichs, S. 137
76 Beneckendorff. Zehnte Sammlung, S. 35
77 Beneckendorff. Zehnte Sammlung, S. 40
78 Siehe dazu Detlef Merten, Der Katte-Prozess, Berlin/New York 1980, S. 37
79 Lavisse, S. 149
80 Gerhard Zimmermann/Hans Branig (Hrsg.), Fürsprache. Monarchenbriefe zum Kronprinzenprozess Küstrin 1730, Berlin/Darmstadt/Wien 1965, S. 17
81 Rudolf Endres, Versuche Wiens zur Einflussnahme auf Kronprinz Friedrich von Preußen, in: Jahrbuch für fränkische Landesforschung, Neustadt an der Aisch 1969, S. 2
82 Zimmermann/Branig, S. 28
83 Zitat von Buddenbrock in: Fontane, Spreeland, S. 252
84 Wolff, S. 166
85 Pierre Gaxotte, Friedrich der Große, Frankfurt am Main/Berlin/Wien 1973, S. 86
86 Nachweis des Zitats und zu dem Komplex des Bestätigungsrechts unter Friedrich Wilhelm I. und Friedrich dem Großen insgesamt siehe: Jürgen Regge, Kabinettsjustiz in Brandenburg-Preußen. Eine Studie zur Geschichte des landesherrlichen Bestätigungsrechts in der Strafrechtspflege des 17. und 18. Jahrhunderts, Berlin 1977, S. 142
87 Merten, S. 42
88 Fontane, Oderland, S. 326
89 Hinrichs, S. 142
90 Kloosterhuis, S. 76
91 Pangels, Königskinder, S. 68
92 Ahnert, S. 211
93 Fontane, Oderland, S. 326
94 Fontane, Oderland, S. 308
95 Schüßler, S. 49
96 Für die gesamte Kabinettsordre siehe: Hinrichs, S. 143 f.
97 Hinrichs, S. 145

98 Hinrichs, S. 146 f.
99 Hegemann, S. 230
100 Gaxotte S. 91, Fischer-Fabian, S. 190
101 Theodor Hoffbauer, Die Kattetragödie in Cüstrin, Posen 1905, S. 44
102 Hoffbauer, S. 46
103 Hinrichs, S. 362
104 Hinrichs, S. 177
105 Wilhelm Petsch, Doris Ritter, in: Westermanns Monatshefte, Band 27, Braunschweig 1870, S. 262
106 Hegemann, S. 232

Küstrin – oder: Ein Kronprinz als Lehrling

1 Conrad Bornhak, Preußische Staats- und Rechtsgeschichte, Berlin 1903, S. 175
2 Hinrichs, S. 180
3 Hinrichs, S. 169 ff.
4 Dietrich Rohmer, Vom Werdegang Friedrichs des Großen. Die politische Entwicklung des Kronprinzen, Greifswald 1924, S. 13
5 Vehse, Friedrich Wilhelm I., S. 254
6 Volz, Friedrich der Große im Spiegel seiner Zeit, S. 48
7 Arnheim, S. 55
8 Volz, Friedrich der Große im Spiegel seiner Zeit, S. 13 f.
9 Gustav Berthold Volz, Friedrich der Große und seine Leute, in: Hohenzollern-Jahrbuch 12, Berlin/Leipzig 1908, S. 191
10 Volz, Friedrich der Große und seine Leute, S. 193
11 Volz, Friedrich der Große und Wilhelmine von Baireuth, S. 70 f.
12 Hegemann, S. 253 f.
13 Rohmer, S. 10 f.
14 Koser, Kronprinz, S. 79
15 Gaxotte, S. 103
16 Max Lehmann, Friedrich der Große und die Prädestination, in: Historische Zeitschrift, 67. Band, München/Leipzig 1891, S. 480
17 Lavisse, S. 183
18 Volz, Friedrich der Große im Spiegel seiner Zeit, S. 18
19 Koser, Kronprinz, S. 83
20 Volz, Friedrich der Große im Spiegel seiner Zeit, S. 32
21 Otto Bardong, Friedrich der Große. Ausgewählte Quellen zur

deutschen Geschichte der Neuzeit, Band 22, Darmstadt 1982, S. 29 f.

22 Volz, Friedrich der Große im Spiegel seiner Zeit, S. 38

23 Gaxotte, S. 103

24 Preuß, Œuvres, Band 27.3, S. 15 f.

25 Koser, Kronprinz, S. 84 f.

26 Koser, Kronprinz, S. 85 f.

27 Gaxotte, S. 108

28 Preuß, Œuvres, Band 27.3, S. 21

29 Hein, Friedrich der Große, S. 25

30 Preuß, Œuvres, Band 27.3, S. 57

31 Preuß, Œuvres, Band 27.3, S. 59

32 Max Hein (Hrsg.), Briefe Friedrichs des Großen. Erster Band, Berlin 1914, S. 22

33 Arnheim, S. 60

34 Fontane, Oderland, S. 333

35 Thomas Carlyle, Friedrich der Große, Berlin 1929, S. 133

36 Rohmer, S. 14

37 Rohmer, S. 14

38 Arnheim, S. 72

39 Meta Baetke (Hrsg.), Briefe Friedrichs des Großen an seine Freunde, Jena 1942, S. 52

40 Volz, Friedrich der Große und seine Leute, S. 185

41 Fontane, Oderland, S. 359

42 Hegemann, S. 259

43 Hegemann, S. 260

44 Baetke, S. 54

45 Fontane, Oderland, S. 365

46 Fontane, Oderland, S. 358

47 Volz, Friedrich der Große und Wilhelmine von Baireuth, S. 70

48 Oster, Wilhelmine von Bayreuth, S. 120

49 Oster, Wilhelmine von Bayreuth, S. 137

50 Volz, Friedrich der Große und Wilhelmine von Baireuth, S. 71

51 Carlyle, S. 136

52 Carlyle, S. 136

53 Kolb, S. 283; Schüßler, S. 286; Hans Pleschinski (Hrsg.), Voltaire – Friedrich der Große. Aus dem Briefwechsel, Zürich 1992, S. 396

54 Volz, Friedrich der Große und Wilhelmine von Baireuth, S 71

55 Wolff, S. 14

56 Pangels, Königskinder, S. 78

57 Volz, Friedrich der Große im Spiegel seiner Zeit, S. 38

58 Volz, Friedrich der Große und Wilhelmine von Baireuth, S. 71

59 Volz, Friedrich der Große im Spiegel seiner Zeit, S. 45 f.

60 Koser, Kronprinz, S. 99

61 Hein, Briefe Friedrichs des Großen, S. 24

62 Volz, Friedrich der Große und Wilhelmine von Baireuth, S. 76

63 Volz, Friedrich der Große im Spiegel seiner Zeit, S. 44

64 Hein, Briefe Friedrichs des Großen, S. 23

65 Preuß, Œuvres, Band 27.3, S. 59 f.

66 Koser, Kronprinz, S. 100

67 Koser, Kronprinz, S. 101, Carlyle, S. 144

68 Lavisse, S. 225

69 Hein, Briefe Friedrichs des Großen, S. 33

70 Gaxotte, S. 120

71 Preuß, Œuvres, Band 27.3, S. 64

72 Volz, Friedrich der Große und Wilhelmine von Baireuth, S. 84

73 Ernst Poseck, Die Kronprinzessin. Elisabeth Christine. Gemahlin Friedrichs des Großen, Stuttgart 1952, S. 137

74 Volz, Friedrich der Große und Wilhelmine von Baireuth, S. 86

75 Koser, Kronprinz, S. 103

76 Endres, S. 5

77 Raumer, S. 564

78 Förster, Friedrich Wilhelm I. Dritter Band. Urkundenbuch, S. 83

79 Kunisch, S. 61

80 Förster, Friedrich Wilhelm I. Dritter Band. Urkundenbuch, S. 86

81 Rohmer, S. 15

82 Theodor Fontane, Wanderungen durch die Mark-Brandenburg. Erster Teil: Grafschaft Ruppin, Frankfurt am Main 1984, S. 97

83 Kunisch, S. 55

Regimentskommandeur in Neuruppin

1 Förster, Friedrich Wilhelm I. Dritter Band, S. 224

2 Paul Becher, Der Kronprinz Friedrich als Regiments-Chef in Neu-Ruppin 1732–1740, Berlin 1892, S. 13

3 Becher, S. 8

4 Preuß, Œuvres, Band 16, S. 164

5 Becher, S. 27
6 Becher, S. 30
7 Becher, S. 29
8 Koser, Kronprinz, S. 116
9 Becher, S. 35
10 Volz, Friedrich der Große und Wilhelmine von Baireuth, S. 240
11 Volz, Friedrich der Große und Wilhelmine von Baireuth, S. 249
12 Volz, Friedrich der Große und Wilhelmine von Baireuth, S. 269 ff.
13 Preuß, Œuvres, Band 27.3, S. 101 f.
14 Becher, S. 36
15 Becher, S. 37
16 Koser, Kronprinz, S. 118
17 Baetke, S. 61
18 Becher, S. 3
19 Fontane, Grafschaft Ruppin, S. 85
20 Becher, S. 6
21 Arnheim, S. 82
22 Fontane, Grafschaft Ruppin, S. 88
23 Baetke, S. 97
24 Georg Thouret, Friedrich der Große als Musikfreund und Musiker, Leipzig 1898, S. 2
25 Becher, S. 63
26 Hein, Briefe Friedrichs des Großen, S. 48
27 Hein, Briefe Friedrichs des Großen, S. 49
28 Oppeln-Bronikowski/Volz, Gespräche, S. 21
29 Preuß, Œuvres, Band 27.3, S. 67 f.
30 Hein, Briefe Friedrichs des Großen, S. 45
31 Gaxotte, S, 127
32 Preuß, Œuvres, Band 27.3, S. 70 f.
33 Preuß, Œuvres, Band 27.3, S. 76
34 Preuß, Œuvres, Band 27.3, S. 83
35 Anna Eunike Röhrig, Familie Preußen. Die Geschwister Friedrichs des Großen, Taucha 2008, S. 47
36 Röhrig, Familie Preußen, S. 47
37 Poseck, S. 148
38 Poseck, S. 148
39 Hein, Briefe Friedrichs des Großen, S. 40 f.
40 Poseck, S. 173 f.

41 Droysen, Graf Seckendorff und Kronprinz Friedrich, S. 496
42 Poseck, S. 178 f., und Förster, Friedrich Wilhelm I. Dritter Band, S. 140
43 Förster, Friedrich Wilhelm I. Dritter Band, S. 138
44 Förster, Friedrich Wilhelm I. Dritter Band, S. 149
45 Droysen, Graf Seckendorff und Kronprinz Friedrich, S. 499
46 Förster, Friedrich Wilhelm I. Dritter Band, S. 152
47 Preuß, Œuvres, Band 27.3, S. 115
48 Gaxotte, S. 128
49 Volz, Friedrich der Große und Wilhelmine von Baireuth, S. 143

Glückliche Zeiten in Rheinsberg

1 Preuß, Friedrichs des Großen Jugend, S. 173 f.
2 Preuß, Friedrichs des Großen Jugend, S. 174
3 Oppeln-Bronikowski/Volz, Gespräche, S. 23
4 Andrew Hamilton, Rheinsberg. Das Schloss, der Park, Kronprinz Fritz und Bruder Heinrich. Ausgewählt und herausgegeben von Franz Fabian, Berlin/Weimar 1992, S. 58
5 Christian Graf von Krockow, Rheinsberg. Ein preußischer Traum, Leipzig 1992, S. 28 f.
6 Raumer, S. 570
7 Peter Baumgart, Kronprinzenopposition. Friedrich und Friedrich Wilhelm I., in: Oswald Hauser (Hrsg.), Friedrich der Große in seiner Zeit, Köln/Wien 1987, S. 1
8 Arnheim, S. 119
9 Willy Norbert, Friedrichs des Großen Rheinsberger Jahre, Berlin 1911, S. 88
10 Vehse, Illustrierte Geschichte, S. 300
11 Gustav Mendelssohn-Bartholdy, Friedrich der Große in seinen Briefen und Erlassen sowie in zeitgenössischen Briefen, Berichten und Anekdoten, München/Leipzig 1913, S. 93
12 Mendelssohn, S. 93 f.
13 Kunisch, S. 76
14 Karin Feuerstein-Praßer, Die preußischen Königinnen, Regensburg 2000, S. 170 f.
15 Hegemann, S. 405
16 Feuerstein-Praßer, Die preußischen Königinnen, S. 172
17 Hegemann, S. 411

18 Helmut Schnitter (Hrsg.), Gestalten um Friedrich den Großen, Band 1, Reutlingen 1993, S. 84

19 Hegemann, S. 405

20 Volz, Friedrich der Große und Wilhelmine von Baireuth, S. 312

21 Kunisch, S. 75

22 Hegemann, S. 361

23 Koser, Kronprinz, S. 121

24 Hegemann, S. 364

25 Norbert, S. 25

26 Fischer-Fabian, S. 209

27 Arnheim, S. 143 ff.

28 Jens Häseler, Ein Wanderer zwischen den Welten. Charles Etienne Jordan (1700–1745), Sigmaringen 1993, S. 72

29 Häseler, S. 89

30 Arnheim, S. 154 f.

31 Häseler, S. 117

32 Baetke, S. 132

33 Arnheim, S. 155

34 Baetke, S. 136

35 Schüßler, S. 27

36 Arnheim, S. 169

37 Baetke, S. 285

38 Baetke, S. 131

39 Volz, Friedrich der Große und Wilhelmine von Baireuth, S. 312

40 Arnheim, S. 201

41 Volz, Friedrich der Große und Wilhelmine von Baireuth, S. 353

42 Volz, Friedrich der Große im Spiegel seiner Zeit, S. 69

43 Das Zitat und zu dem Themenkomplex insgesamt: Ulrike Liedtke, Die Rheinsberger Hofkapelle von Friedrich II., Rheinsberg 1995, S. 58 f.

44 Volz, Friedrich der Große und Wilhelmine von Baireuth, S. 309

45 Volz, Friedrich der Große und Wilhelmine von Baireuth, S. 309

46 Liedtke, S. 63

47 Oster, Wilhelmine von Bayreuth, S. 210

48 Volz, Friedrich der Große und Wilhelmine von Baireuth, S. 310

49 Thouret, S. 19

50 Liedtke, S. 157

51 Liedtke, S. 116

52 Thouret, S. 20

53 Zu Friedrichs Entwicklung als Komponist siehe sehr ausführlich Liedtke, S. 21 ff.

54 Volz, Friedrich der Große und Wilhelmine von Baireuth, S. 118

55 Volz, Friedrich der Große und Wilhelmine von Baireuth, S. 135

56 Volz, Friedrich der Große und Wilhelmine von Baireuth, S. 297

57 Sebastian Haffner/Wolfgang Venohr, Preußische Profile, Königstein im Taunus 1980, S. 62

58 Pleschinski, S. 7 f.

59 Ernst Schulin, Jeder Tropfen Tinte ein Geistesfunke. Friedrich der Große und Voltaire in: DAMALS 3/1994, S. 26

60 Botond, S. 67

61 Schulin, S. 27

62 Schulin, S. 28

63 Volz, Friedrich der Große und Wilhelmine von Baireuth, S. 313

64 Bardong, S. 76

65 Volz, Friedrich der Große und Wilhelmine von Baireuth, S. 331

66 Volz, Friedrich der Große und Wilhelmine von Baireuth, S. 332

67 Reinhold Koser, König Friedrich der Große. Erster Band, Stuttgart 1893, S. 502

68 Volz, Friedrich der Große und Wilhelmine von Baireuth, S. 335

69 Schüßler, S. 105 f.

70 Botond, S. 17 f.

71 Botond, S. 18

72 Friedrich Benninghoven/Helmut Börsch-Supan/Iselin Gundermann (Hrsg.), Friedrich der Große, Berlin 1986, S. 54

73 Benninghoven, S. 54

74 Theodor Schieder, Friedrich der Große. Ein Königtum der Widersprüche, Berlin 1983, S. 107

75 Schieder, S. 107

76 Mendelssohn, S. 99 f., Schieder, S. 109 ff.

77 Gustav Berthold Volz (Hrsg.), Der Große König. Werke, Briefe und Gespräche, Berlin 1923, S. 158 f.

78 Kugler, S. 133

79 Volz, Friedrich der Große und Wilhelmine von Baireuth, S. 395

80 Volz, Friedrich der Große und Wilhelmine von Baireuth, S. 400

81 Hein, Briefe Friedrichs des Großen, S. 136

82 Volz, Friedrich der Große und Wilhelmine von Baireuth, S. 328

83 Volz, Friedrich der Große und Wilhelmine von Baireuth, S. 292

84 Koser, Kronprinz, S. 216

85 Koser, Kronprinz, S. 217
86 Johann David Erdmann Preuß, Friedrich der Große. Eine Lebensgeschichte. Band 1, Berlin 1832, S. 133
87 Mendelssohn, S. 99
88 Wolfgang Ribbe/Hansjürgen Rosenbauer (Hrsg.), Preußen. Chronik eines deutschen Staates, Berlin 200, S. 91

Literatur

Ahnert, Rainer: Friedrich und Katte. Der Kronprinzenprozess, Friedberg 1982.

Arnheim, Fritz: Der Hof Friedrichs des Großen. Erster Teil: Der Hof des Kronprinzen, Berlin 1912.

Aster, Friedrich: Journal über die Anwesenheit des Königs von Preußen im Jahr 1728. Aus den Papieren des Grafen Flemming, in: Dresdner Geschichtsblätter, VII. Jahrgang, Nr. 1, Dresden 1899, S. 137–148.

Baetke, Meta (Hrsg.): Briefe Friedrichs des Großen an seine Freunde, Jena 1942.

Bardong, Otto: Friedrich der Große. Ausgewählte Quellen zur deutschen Geschichte der Neuzeit, Band 22, Darmstadt 1982.

Baumgart, Peter: Kronprinzenopposition. Friedrich und Friedrich Wilhelm I., in: Oswald Hauser (Hrsg.), Friedrich der Große in seiner Zeit, Köln/Wien 1987, S. 1–16.

Becher, Paul: Der Kronprinz Friedrich als Regiments-Chef in Neu-Ruppin von 1732–1740, Berlin 1892.

Beck, Friedrich/Schoeps, Julius H. (Hrsg.): Der Soldatenkönig Friedrich Wilhelm I. in seiner Zeit, Potsdam 2003.

Beneckendorff, Carl Friedrich von: Karakterzüge aus dem Leben König Friedrich Wilhelms I. nebst verschiedenen Anekdoten, Berlin 1787 (Nachdruck Wiesbaden 1982).

Benninghoven, Friedrich/Börsch-Supan, Helmut/Gundermann, Iselin (Hrsg.): Friedrich der Große. Ausstellung des Geheimen Staatsarchivs Preußischer Kulturbesitz anlässlich des 200. Todestages König Friedrichs II. von Preußen, Berlin 1986.

Berger, Günter/Wassermann, Julia (Hrsg.): Bagatellen aus Berlin. Briefe Friedrichs II. an Wilhelmine von Bayreuth, Berlin 2011.

Berney, Arnold: Friedrich der Große. Entwicklungsgeschichte eines Staatsmannes, Tübingen 1934.

Beschorner, Hans: Das Zeithainer Lager von 1730, in: Neues Archiv für Sächsische Geschichte und Altertumskunde, 28. Band, Dresden 1907, S. 50–113.

Bleckwenn, Hans: Unter dem Preußen-Adler. Das brandenburgisch-preußische Heer 1640–1807, München 1978.

Bled, Jean-Paul: Friedrich der Große. Biographie, Düsseldorf 2006.

Bornhak, Conrad: Preußische Staats- und Rechtsgeschichte, Berlin 1903.

Botond, Anneliese (Hrsg.): Voltaire über den König von Preußen. Memoiren, Frankfurt am Main 1967.

Bratuscheck, Ernst: Die Erziehung Friedrichs des Großen, Berlin 1885.

Brode, Reinhold: Friedrich der Große und der Conflict mit seinem Vater. Zur inneren Geschichte der Monarchie Friedrich Wilhelms des Ersten, Leipzig 1904.

Carlyle, Thomas: Friedrich der Große, Berlin 1929.

Clark, Christopher: Preußen. Aufstieg und Niedergang. 1600–1947, München 2007.

Cramer, Friedrich Matthias Gottfried: Zur Geschichte Friedrich Wilhelms I. und Friedrichs II., Könige von Preußen, Leipzig 1833.

Dietrich, Reinhard (Hrsg.): Die politischen Testamente der Hohenzollern, Köln/Wien 1986.

Dilthey, Wilhelm: Studien zur Geschichte des deutschen Geistes, darin: Friedrich der Große und die deutsche Aufklärung, Stuttgart 1992.

Droysen, Hans: Aus den Briefen der Königin Sophie Dorothea, in: Hohenzollern-Jahrbuch 17, Berlin/Leipzig 1913.

Droysen, Hans: Graf Seckendorff und Kronprinz Friedrich, in: Forschungen zur brandenburgischen und preußischen Geschichte, 28. Band, München/Leipzig 1915, S. 475–506.

Droysen, Johann Gustav: Geschichte der preußischen Politik. Vierter Teil. Dritte Abteilung. Friedrich Wilhelm I. Erster und Zweiter Band, Leipzig 1869.

Eisenhardt, Ulrich: Deutsche Rechtsgeschichte, München 1995.

Eckert, Helmut: Fürstenreise und Fluchtversuch. König und Kronprinz von Preußen, Sinsheim-Steinsfurt 1982.

Endres, Rudolf: Versuche Wiens zur Einflussnahme auf Kronprinz Friedrich von Preußen, in: Jahrbuch für fränkische Landesforschung, Neustadt an der Aisch 1969, S. 1–17.

Fassmann, David: Leben und Thaten des Allerdurchlauchtigsten und Großmächtigsten Königs von Preußen Friderici Wilhelmi, Hamburg/Breslau 1735 (Neudruck: Wiesbaden 1981).

Feuerstein-Praßer, Karin: Die preußischen Königinnen, Regensburg 2000.

Feuerstein-Praßer, Karin: Friedrich der Große und seine Schwestern, Regensburg 2006.

Fischer-Fabian, Sebastian: Preußens Gloria. Der Aufstieg eines Staates, München 1979.

Förster, Friedrich Christoph: Friedrichs des Großen Jugendjahre, Bildung und Geist, Berlin 1823.

Förster, Friedrich Christoph: Friedrich Wilhelm I. König von Preußen. Drei Bände, Potsdam 1834/35.

Fontane, Theodor: Wanderungen durch die Mark Brandenburg, München 1984.

Friedrich der Große: Der Antimachiavell oder die Untersuchung von Machiavellis »Fürst«, bearbeitet von Voltaire, Leipzig 1991.

Gaxotte, Pierre: Friedrich der Große, Frankfurt am Main/Berlin/Wien 1973.

Giese, Friedrich: Preußische Rechtsgeschichte, Berlin/Leipzig 1920.

Gooch, George P.: Friedrich der Große, Göttingen 1951.

Haake, Paul: Der Besuch des preußischen Soldatenkönigs in Dresden 1728, in: Forschungen zur brandenburgischen und preußischen Geschichte, 47. Band, Berlin 1935, S. 358–377.

Häseler, Jens: Ein Wanderer zwischen den Welten. Charles Etienne Jordan (1700–1745), Sigmaringen 1993.

Haffner, Sebastian/Venohr, Wolfgang: Preußische Profile, Königstein im Taunus 1980.

Hamilton, Andrew: Rheinsberg. Das Schloss, der Park, Kronprinz Fritz und Bruder Heinrich. Ausgewählt und herausgegeben von Franz Fabian, Berlin/Weimar 1992.

Hegemann, Werner: Das Jugendbuch vom großen König oder Kronprinz Friederichs Kampf um die Freiheit, Hellerau 1930.

Hein, Max (Hrsg.): Briefe Friedrichs des Großen. Erster Band, Berlin 1914.

Hein, Max: Friedrich der Große. Ein Bild seines Lebens und Schaffens, Berlin 1922.

Henning, Herzeleide und Eckart (Hrsg.): Bibliographie Friedrich der Große 1786–1986, Berlin/New York 1986.

Hinrichs, Carl: Der Kronprinzenprozess, Hamburg 1936.

Hoffbauer, Theodor: Die Kattetragödie in Cüstrin, Posen 1905.

Jochums, Gabriele (Hrsg.): Bibliographie Friedrich Wilhelm I. Schrifttum von 1688 bis 2005, Berlin 2005.

Kathe, Heinz: Der »Soldatenkönig« Friedrich Wilhelm I., Berlin 1976.

Klepper, Jochen: Der König und die Stillen im Lande, Witten/Berlin 1956.

Klepper, Jochen (Hrsg.): In tormentis pinxit. Bilder und Briefe des Soldatenkönigs, Stuttgart 1959.

Kloosterhuis, Jürgen: Katte. Ordre und Kriegsartikel. Aktenanalytische und militärhistorische Aspekte einer »facheusen« Geschichte, Berlin 2006.

Kolb, Annette (Hrsg.): Wilhelmine von Bayreuth. Eine preußische Königstochter. Glanz und Elend am Hof des Soldatenkönigs in den Memoiren der Markgräfin Wilhelmine von Bayreuth, Frankfurt am Main 1990.

Koser, Reinhold: Aus den letzten Tagen König Friedrich Wilhelms I., in: Hohenzollern-Jahrbuch 8, Berlin/Leipzig 1904, S. 23–52.

Koser, Reinhold: Briefwechsel Friedrichs des Großen mit Grumbkow und Maupertuis, Leipzig 1898.

Koser, Reinhold: Friedrich der Große als Kronprinz, Stuttgart 1886.

Koser, Reinhold: Geschichte Friedrichs des Großen. Erster Band, Stuttgart/Berlin 1921.

Koser, Reinhold: König Friedrich der Große. Erster Band, Stuttgart 1893.

Krauske, Otto: Die Briefe König Friedrich Wilhelms I. an den Fürsten Leopold zu Anhalt-Dessau 1704–1740, Berlin 1905.

Krauske, Otto: Vom Hofe Friedrich Wilhelms I., in: Hohenzollern-Jahrbuch 5, Berlin/Leipzig 1901.

Krockow, Christian Graf von: Die preußischen Brüder. Prinz Heinrich und Friedrich der Große, Stuttgart 1996.

Krockow, Christian Graf von: Friedrich der Große. Lebensbilder, Bergisch-Gladbach 1986.

Krockow, Christian Graf von: Rheinsberg. Ein preußischer Traum, Leipzig 1992.

Kroll, Frank-Lothar: Die Hohenzollern, München 2008.

Kroll, Frank-Lothar (Hrsg.): Preußens Herrscher. Von den ersten Hohenzollern bis Wilhelm II., München 2000.

Kugler, Franz: Geschichte Friedrichs des Großen, Leipzig 1856.

Kunisch, Johannes: Friedrich der Große. Der König und seine Zeit, München 2004.

Kuntke, Bruno: Friedrich Heinrich von Seckendorff (1673–1763), Husum 2007.

Lange, Karl: Preußische Soldaten im 18. Jahrhundert, Oberhausen-Schmachtendorf 2003.

Langer, Werner: Friedrich der Große und die geistige Welt Frankreichs, Hamburg 1932.

Lavisse, Ernest: Die Jugend Friedrichs des Großen 1712–1733, Berlin 1919.

Liedtke, Ulrike (Hrsg.): Die Rheinsberger Hofkapelle von Friedrich II., Rheinsberg 1995.

Mendelssohn-Bartholdy, Gustav: Friedrich der Große in seinen Briefen und Erlassen sowie in zeitgenössischen Briefen, Berichten und Anekdoten, München/Leipzig 1913.

Merten, Detlef: Der Katte-Prozess, Berlin/New York 1980.

Mittenzwei, Ingrid (Hrsg.): Friedrich II. von Preußen. Schriften und Briefe, Leipzig 1985.

M. L.: Friedrich der Große und die Prädestination, in: Historische Zeitschrift. Neue Folge 31. Band, München/Leipzig 1891, S. 474–485.

Molo, Walter von: Der junge Fritz in Rheinsberg, Berlin/Wien 1923.

Muth, Jürgen: Flucht aus dem militärischen Alltag. Ursachen und individuelle Ausprägung der Desertion in der Armee Friedrichs des Großen, Freiburg im Breisgau 2003.

Neugebauer, Wolfgang: Die Hohenzollern. Zwei Bände, 1996/2003.

Noack, Lothar/Splett, Jürgen: Bio-Bibliographien. Brandenburgische Gelehrte der Frühen Neuzeit, Berlin 2000.

Norbert, Willy: Friedrichs des Großen Rheinsberger Jahre, Berlin 1911.

Oppeln-Bronikowski, Friedrich von: Der Baumeister des preußischen Staates. Leben und Wirken des Soldatenkönigs Friedrich Wilhelms I., Jena 1934.

Oppeln-Bronikowski, Friedrich von/Volz, Gustav Berthold (Hrsg.): Gespräche Friedrichs des Großen, Berlin 1919.

Oster, Uwe A.: Preußen. Geschichte eines Königreichs, München 2010.

Oster, Uwe A.: Wilhelmine von Bayreuth. Das Leben der Schwester Friedrichs des Großen, München 2005.

Pangels, Charlotte: Friedrich der Große. Bruder, Freund und König, München 1979.

Pangels, Charlotte: Königskinder im Rokoko. Die Geschwister Friedrichs des Großen, München 1976.

Pantenius, Wilhelm Moritz (Hrsg.): Erlasse und Briefe des Königs Friedrich Wilhelm I. von Preußen, Leipzig 1918.

Petsch, Wilhelm: Doris Ritter, in: Westermanns Monatshefte, Band 27, Braunschweig 1870.

Pleschinski, Hans (Hrsg.): Voltaire – Friedrich der Große. Aus dem Briefwechsel, Zürich 1992.

Poseck, Ernst: Die Kronprinzessin. Elisabeth Christine. Gemahlin Friedrichs des Großen, Stuttgart 1952.

Preuß, Johann David Erdmann: Die Lebensgeschichte des großen Königs Friedrich von Preußen, Berlin 1834.

Preuß, Johann David Erdmann: Friedrich der Große mit seinen Verwandten und Freunden. Eine historische Skizze, Berlin 1838.

Preuß, Johann David Erdmann: Friedrichs des Großen Jugend und Thronbesteigung, Berlin 1840.

Preuß, Johann David Erdmann (Hrsg.): Œuvres de Frédéric le Grand, 30 Bände, Berlin 1846–1856. Die Werke Friedrichs des Großen sind durch ein Forschungsprojekt der Universität Trier auch digital vollständig erschlossen: http://friedrich.uni-trier.de/de

Pretsch, Hans Jochen: Graf Manteuffels Beitrag zur österreichischen Geheimdiplomatie von 1728 bis 1736, Bonn 1970.

Raumer, Friedrich von: Beiträge zur neueren Geschichte aus dem britischen Museum und Reichsarchive, Leipzig 1836.

Reck-Malleczewen, Fritz: Sophie Dorothee. Mutter Friedrichs des Großen, Berlin 1936.

Regge, Jürgen: Kabinettsjustiz in Brandenburg-Preußen. Eine Studie zur Geschichte des landesherrlichen Bestätigungsrechts in der Strafrechtspflege des 17. und 18. Jahrhunderts, Berlin 1977.

Ribbe, Wolfgang/Rosenbauer, Hansjürgen (Hrsg.): Preußen. Chronik eines deutschen Staates, Berlin 2000.

Ritter, Gerhard: Friedrich der Große. Ein historisches Profil, Leipzig 1936.

Röhrig, Anna Eunike: Die heimliche Gefährtin Friedrichs von Preußen. Das Schicksal der Doris Ritter, Taucha 2003.

Röhrig, Anna Eunike: Familie Preußen. Die Geschwister Friedrichs des Großen, Taucha 2008.

Rohmer, Dietrich: Vom Werdegang Friedrichs des Großen. Die politische Entwicklung des Kronprinzen, Greifswald 1924.

Schieder, Theodor: Friedrich der Große. Ein Königtum der Widersprüche, Berlin 1983.

Schmidt, Eberhard: Beiträge zur Geschichte des preußischen Rechtsstaates, Berlin 1980.

Schnitter, Helmut (Hrsg.): Gestalten um den Soldatenkönig. 2 Bände, Reutlingen 1994.

Schnitter, Helmut (Hrsg.): Gestalten um Friedrich den Großen. 2 Bände, Reutlingen 1993.

Schoeps, Hans-Joachim: Preußen. Geschichte eines Staates, Frankfurt am Main/Berlin 1966.

Schüßler, Willy (Hrsg.): Friedrich der Große. Gespräche mit Henri de Catt, München 1981.

Schulin, Ernst: Jeder Tropfen Tinte ein Geistesfunke. Friedrich der Große und Voltaire, in: DAMALS 3/1994, S. 26–31.

Seidel, Paul/Koser, Reinhold: Die äußere Erscheinung Friedrichs des Großen, in: Hohenzollern-Jahrbuch 1, Berlin/Leipzig 1897, S. 88–104.

Seidel, Paul: Die Kinderbildnisse Friedrichs des Großen und seiner Brüder, in: Hohenzollern-Jahrbuch 12, Berlin/Leipzig 1908, S. 20–35.

Simon, Edith: Friedrich der Große. Das Werden eines Königs, Tübingen 1963.

Stiftung Stadtmuseum Berlin (Hrsg.): Im Dienste Preußens. Wer erzog Prinzen zu Königen?, Berlin 2001.

Thouret, Georg: Friedrich der Große als Musikfreund und Musiker, Leipzig 1898.

Vehse, Eduard: Friedrich Wilhelm I. und Friedrich der Große als Kronprinz. Eine intime Geschichte des Berliner Hofes in den Jahren 1713 bis 1740. Neu herausgegeben von Heinrich Conrad, München 1914.

Vehse, Eduard: Geschichte des preußischen Hofs und Adels und der preußischen Diplomatie, Hamburg 1851.

Vehse, Eduard: Illustrierte Geschichte des preußischen Hofes bis zum Tode Kaiser Wilhelms I., Stuttgart 1901.

Venohr, Wolfgang: Der Soldatenkönig. Revolutionär auf dem Thron, Frankfurt am Main/Berlin 1988.

Venohr, Wolfgang: Fridericus Rex. Porträt einer Doppelnatur, Bergisch-Gladbach 1985.

Venohr, Wolfgang: Fritz der König. Leben und Abenteuer Friedrichs des Großen mit Bildern von Adolph von Menzel, Bergisch-Gladbach 1981.

Volz, Gustav Berthold (Hrsg.): Ausgewählte Werke Friedrichs des Großen, Berlin 1919.

Volz, Gustav Berthold (Hrsg.): Der Große König. Werke, Briefe und Gespräche, Berlin 1923.

Volz, Gustav Berthold (Hrsg.): Die Werke Friedrichs des Großen. Erster

Band: Denkwürdigkeiten zur Geschichte des Hauses Brandenburg. Zweiter Band: Geschichte meiner Zeit, Berlin 1912/13. Die »Denkwürdigkeiten« sind, herausgegeben von Klaus Förster, 1975 auch als Taschenbuch erschienen.

Volz, Gustav Berthold (Hrsg.): Friedrich der Große im Spiegel seiner Zeit. Erster Band: Jugend und Schlesische Kriege bis 1756, Berlin 1926.

Volz, Gustav Berthold: Friedrich der Große und seine Leute, in: Hohenzollern-Jahrbuch 12, Berlin/Leipzig 1908, S. 183–209.

Volz, Gustav Berthold (Hrsg.): Friedrich der Große und Wilhelmine von Baireuth. Band 1: Jugendbriefe 1728–1740, Leipzig 1924. Ein Teil der Briefe ist neu übersetzt und herausgegeben worden von Günter Berger und Julia Wassermann: Bagatellen aus Berlin. Briefe Friedrichs II. an Wilhelmine von Bayreuth, Berlin 2011.

Wagner, Hans: Das Reisejournal des Grafen Seckendorff vom 15. Juli bis zum 26. August 1730, in: Mitteilungen des Österreichischen Staatsarchivs, 10. Band, S. 186–242, Wien 1957.

Wehinger, Brunhilde (Hrsg.): Geist und Macht. Friedrich der Große im Kontext der europäischen Kulturgeschichte, Berlin 2005.

Weise, Alfred: Rheinsberg und der junge Friedrich, Jena 1925.

Wörner, Friedrich J.: Burgen und Schlösser der Hohenzollern. Geschichte und Baukultur einer Dynastie, Solingen 1981.

Wolff, Richard (Hrsg.): Vom Berliner Hofe zur Zeit Friedrich Wilhelms I. Berichte des Braunschweiger Gesandten in Berlin 1728–1733 (= Schriften des Vereins für die Geschichte Berlins. Heft XLVIII und XLIX), Berlin 1914.

Zimmermann, Gerhard/Branig Hans (Hrsg.): Fürsprache. Monarchenbriefe zum Kronprinzenprozess Küstrin 1730, Berlin/Darmstadt/Wien 1965.

Register

Bildnachweis

akg-images, Berlin:
   Tafeln 2, 3 oben links, 3 unten, 4 unten, 5, 6, 8, 9, 11 bis 15
Stiftung Preußische Schlösser und Gärten Berlin-Brandenburg:
   Tafeln 1, 3 oben rechts, 4 oben, 7, 10, 16

PIPER

Uwe A. Oster
Preußen

Geschichte eines Königreichs. 384 Seiten mit 28 farbigen
Abbildungen auf Tafeln. Gebunden

Sie alle waren Preußen: die Baumeister Schlüter und Schinkel,
die Reformer Gneisenau, Hardenberg und Stein ebenso wie
der große Schriftsteller Fontane. Uwe A. Oster schreibt keine
reine Herrschergeschichte, sondern erzählt auch von den
Menschen, die dem Staat erst sein Gesicht verliehen. Dazu
zählen der »Soldatenkönig« und sein berühmter Sohn,
Friedrich II., aber auch die Hugenotten, die im aufgeklärten
Preußen Zuflucht fanden. Oster würdigt das Wirken des
Staatsmanns Bismarck, zeigt aber auch die dunklen Seiten des
Soldatenstaats, so etwa die Unterdrückung der demokra-
tischen Revolution 1848/49. Seine Darstellung öffnet unseren
Blick neu auf eine Epoche, die Deutschland bis heute be-
einflusst – im Guten wie im Schlechten.

01/1883/01/R

Das Haus Hohenzollern

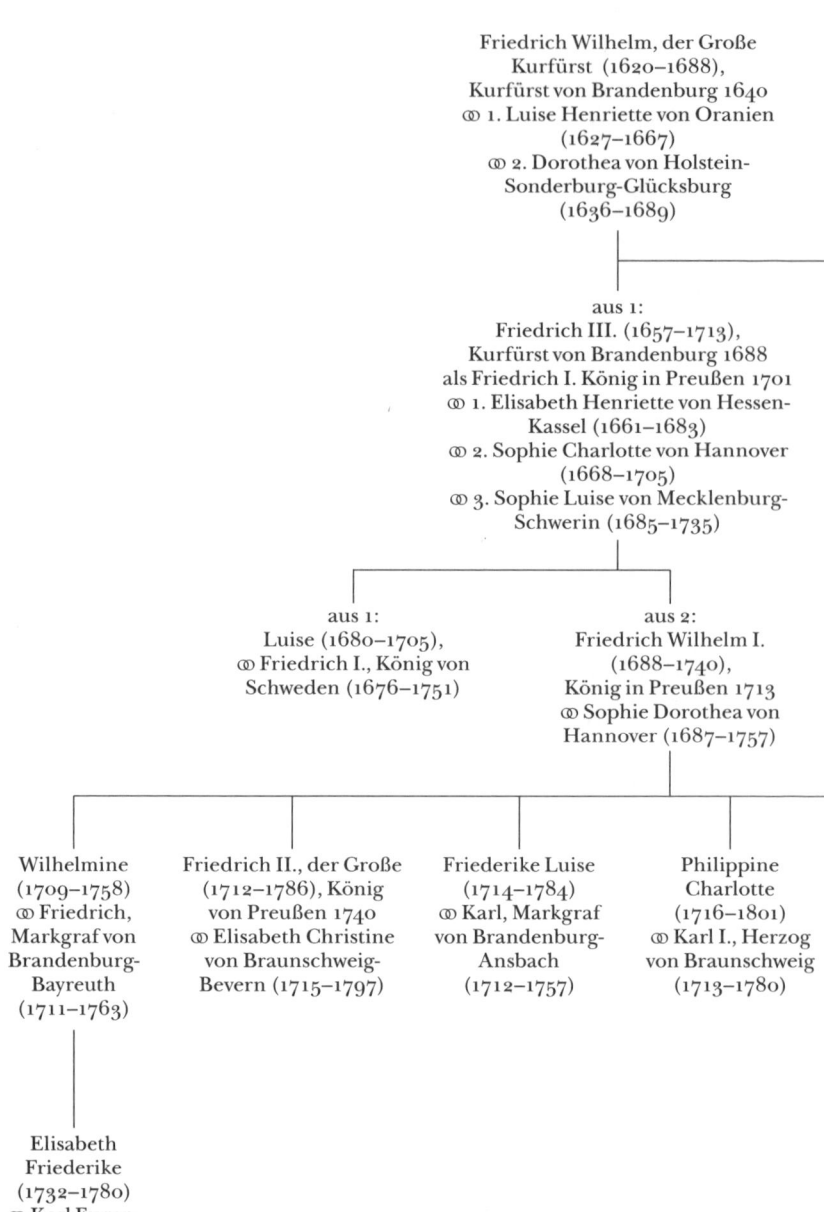

Friedrich Wilhelm, der Große
Kurfürst (1620–1688),
Kurfürst von Brandenburg 1640
⚭ 1. Luise Henriette von Oranien
(1627–1667)
⚭ 2. Dorothea von Holstein-
Sonderburg-Glücksburg
(1636–1689)

aus 1:
Friedrich III. (1657–1713),
Kurfürst von Brandenburg 1688
als Friedrich I. König in Preußen 1701
⚭ 1. Elisabeth Henriette von Hessen-
Kassel (1661–1683)
⚭ 2. Sophie Charlotte von Hannover
(1668–1705)
⚭ 3. Sophie Luise von Mecklenburg-
Schwerin (1685–1735)

aus 1:
Luise (1680–1705),
⚭ Friedrich I., König von
Schweden (1676–1751)

aus 2:
Friedrich Wilhelm I.
(1688–1740),
König in Preußen 1713
⚭ Sophie Dorothea von
Hannover (1687–1757)

Wilhelmine
(1709–1758)
⚭ Friedrich,
Markgraf von
Brandenburg-
Bayreuth
(1711–1763)

Friedrich II., der Große
(1712–1786), König
von Preußen 1740
⚭ Elisabeth Christine
von Braunschweig-
Bevern (1715–1797)

Friederike Luise
(1714–1784)
⚭ Karl, Markgraf
von Brandenburg-
Ansbach
(1712–1757)

Philippine
Charlotte
(1716–1801)
⚭ Karl I., Herzog
von Braunschweig
(1713–1780)

Elisabeth
Friederike
(1732–1780)
⚭ Karl Eugen,
Herzog von
Württemberg
(1728–1793)